EN TUNISIE

SOUVENIRS

DE SEPT MOIS DE CAMPAGNE

« Ouvrez au nom de la France ! » Le lieutenant Arthuis, du 6ᵉ hussards, frappant de sa canne la porte de Kairouan dite « Bab-el-Khoukh » (26 octobre).

EN
TUNISIE

SOUVENIRS

DE SEPT MOIS DE CAMPAGNE

PAR

DICK DE LONLAY

Attaché aux États-majors des généraux Ritter et Caillot

DESSINS ET CROQUIS DE L'AUTEUR

TROISIÈME ÉDITION

PARIS

E. DENTU, ÉDITEUR

LIBRAIRE DE LA SOCIÉTÉ DES GENS DE LETTRES

PALAIS-ROYAL, 15-17-19, GALERIE D'ORLÉANS

1882

Tous droits réservés.

A Monsieur P<small>AUL</small> *DALLOZ,*

Directeur du *Moniteur Universel.*

M<small>ON CHER</small> D<small>IRECTEUR</small>,

Voilà bientôt neuf années que vous m'avez accueilli dans la grande famille du Moniteur Universel, où toujours vous m'avez encouragé et soutenu de votre bienveillance et de vos bons conseils.

Aussi la dédicace de mon premier ouvrage vous revenait-elle de droit, comme faible témoignage de ma profonde reconnaissance et de mon inaltérable dévouement.

DICK DE LONLAY.

Paris, ce 15 Mars 1882.

La musique sur la dunette de la *Ville d'Oran*.

CHAPITRE PREMIER

De Marseille à la Calle.

Sur les quais de la Joliette. Le départ. Vive la France ! L'embarquement. La vie à bord. En vue de la Corse. Gaieté des soldats.

A bord de la *Ville d'Oran*, 13 avril.

Il est quatre heures du soir ; le transatlantique *la Ville d'Oran*, où je viens de m'embarquer avec deux bataillons et l'état-major du 22ᵉ de ligne, fouette de son hélice les flots bleuâtres du port de la Joliette et se met en route pour la Calle.

Marseille aujourd'hui ne se reconnaît plus : la vieille cité marchande des Phocéens est devenue une ville de guerre. A chaque instant, des régiments d'infanterie et de cavalerie débarquent du chemin de fer et traversent les rues, clairons et musique en tête ; partout on ne voit plus que des pantalons rouges.

Toutes ces troupes se rendent aussitôt, guidées par des hussards, sur les quais, et s'embarquent à bord des magnifiques paquebots de la Compagnie transatlantique qui ont été réquisitionnés à cet effet.

Quand, ce matin, je suis arrivé à la Joliette, l'aspect était des plus pittoresques. Les deux bataillons du 22e de ligne avaient fait halte sur le quai d'embarquement, déposé les sacs et formé les faisceaux. Je retrouve là le véritable type de notre brave petit fantassin, le képi crânement enfoncé sur la nuque, les pans de la capote retroussés, le bidon et le quart à droite, la musette en toile blanche à gauche.

A une heure commencent les préparatifs d'embarquement : une chaîne de soldats est établie du quai au ponton contre lequel est amarré le paquebot ; tous les fusils des deux bataillons sont passés rapidement de main en main et descendus à fond de cale, par crainte de l'humidité pendant la traversée. Les hommes s'embarquent ensuite ; la toile de tente, qui a été supprimée pour les troupes de France, leur a été rendue et est repliée sur le sac, avec un pain de munition et une boîte de conserves.

A deux heures, des sonneries de clairon et les accords d'une marche militaire retentissent sur le boulevard des Dames. C'est un bataillon du 3e de ligne qui va partir pour Oran, sur le paquebot *Abd-el-Kader* qui chauffe dans le port de la Joliette à côté de notre transatlantique. En ce moment, une foule énorme encombre le quai ; des centaines de barques chargées de curieux circulent autour des navires.

A trois heures et demie, le paquebot *Abd-el-Kader*

part pour Oran, quand le navire est arrivé au milieu du port, un capitaine d'infanterie et un sous-lieutenant de turcos débouchent en courant sur le quai et constatent avec stupeur le départ du vapeur. Une barque, heureusement, les conduit à force de rames et accoste le transatlantique à la sortie du port : une échelle leur est jetée par-dessus le bord et, grâce à elle, nos retardataires parviennent à rejoindre leurs camarades.

A trois heures et demie, la musique du 22ᵉ de ligne prend place sur la dunette arrière de la *Ville d'Oran*. L'embarquement est entièrement terminé : les 35 officiers et les 1.015 sous-officiers, caporaux et soldats de ce régiment sont à bord. Les chaînes de l'ancre, hissées par le cabestan, remontent avec un grincement strident. La machine lâche sa vapeur et siffle à plusieurs reprises. La passerelle est retirée, quelques retardataires arrivent à toutes jambes et escaladent le bordage. La musique entame la marche du régiment et le paquebot se met en marche. Les officiers de la garnison de Toulon, debout sur le quai, saluent leurs camarades en agitant leurs képis. Bonne chance ! au revoir ! à bientôt ! leur crie-t-on.

Des milliers de curieux se pressent sur la jetée. A la sortie du port, une immense acclamation salue notre passage : « Vive le 22ᵉ de ligne ! » Les soldats, grimpés partout, sur les cordages, sur le gaillard d'avant et les bastingages, répondent par les cris de : « Vive la France ! »

Le coup d'œil en ce moment est magnifique, éclairé par un gai soleil de printemps. En face de nous, les blanches maisons de Marseille, s'étageant sur les pentes jaunâtres et dénudées des montagnes de la

Provence, la Joliette et le vieux port hérissés de centaines de mâts; la jetée et la pointe du phare couvertes de curieux, la flèche dorée de Notre-Dame-de-la-Garde, la patronne des marins, le château d'If, et, autour de nous, des centaines de balancelles, penchées sous l'effort de leurs larges voiles rouges et blanches, sautant comme des mouettes sur la pointe des vagues.

Le temps est magnifique. Le paquebot file à toute vapeur, sur une mer aussi calme qu'un lac, dans la direction d'Ajaccio. La plupart de nos soldats, qui n'ont jamais quitté l'intérieur, sont tout surpris de se trouver transportés en pleine immensité et ouvrent de grands yeux.

— Mais savez-vous, mon capitaine, qu'il y a ici beaucoup d'eau? dit à son officier le brosseur de l'adjudant-major du 1er bataillon, brave et honnête Jurassien qui n'a jamais quitté ses montagnes.

A la nuit, nous montons sur le pont et restons longtemps assis sur les fauteuils de la dunette. La lune éclaire au loin les flots de sa lumière argentée; peu à peu les feux des côtes de Provence se perdent dans la brume. Quelques mouettes suivent de leur vol rapide le sillage du navire.

A huit heures, les clairons sonnent la retraite; les hommes se roulent dans leurs couvertures et s'endorment sur le pont; le silence se fait peu à peu. Le refrain d'une vieille chanson militaire, de celles qui, loin du pays, font venir les larmes aux yeux, arrive jusqu'à nous :

Nous avons pris armes et bagages,
Pour ma part j'ai quat' ball' dans l' dos.

Bientôt, tout se tait. On n'entend plus à bord que le grincement monotone de l'hélice et le pas cadencé de l'officier de quart qui arpente la passerelle.

14 avril, 5 h. soir.

Ce matin, à quatre heures, un piétinement formidable sur le plafond de ma cabine m'éveille en sursaut; tous les hommes sont déjà debout et préparent le premier déjeuner. « Allons! les hommes de corvée, appellent les sous-officiers; au café et au biscuit! »

Impossible de dormir : je monte sur la dunette. En face du gaillard d'avant apparaissent de petits îlots rocailleux aux teintes rougeâtres. Nous arrivons en vue des îles Sanguinaires, situées à l'entrée de la baie d'Ajaccio. Bientôt les côtes escarpées de la Corse se dégagent du brouillard, et au delà d'un promontoire nous apercevons au loin les maisons de la capitale de la Corse. Un petit vapeur, monté par le capitaine du port, s'approche pour recevoir le courrier de France. Notre paquebot stoppe : une barque accoste, montée par des mariniers trapus, aux traits bronzés et énergiques. Beaucoup de soldats du 22ᵉ sont Corses et regardent tout pensifs leurs chères montagnes. Aussi, avec quelle joie adressent-ils la parole en patois à leurs compatriotes!

Au bout de quelques minutes, la *Ville d'Oran* reprend sa marche et la barque s'éloigne.

— *Adio, bona chença!* (au revoir, bonne chance!) crient les marins à leurs pays.

L'aspect du navire, devenu une véritable ville flottante, est des plus curieux à étudier. Semblables à une véritable fourmilière, les soldats ont envahi tout le navire : sur le pont, dans le faux-pont et sur le gaillard d'avant, on ne voit que des képis rouges. Sous le gaillard, les hommes se rendent par escouades et font leur toilette autour de la pompe qui amène l'eau de mer. En avant de la dunette, quelques sybarites, étendus sur des paquets de cordages, font la sieste comme de véritables Orientaux. Dans un coin sommeille le brave Roland, le chien du régiment, magnifique épagneul qui a suivi les hommes à leur départ du quartier de Romans et n'a pas voulu les quitter.

Durant toute la journée notre navire longe les hautes falaises désertes et arides qui forment la côte ouest de la Sardaigne. A peine aperçoit-on, dans une anse, quelques misérables cabanes de pêcheurs de corail.

Après dîner la musique se réunit sur la dunette et fait entendre ses airs les plus populaires et les plus gais que les soldats accompagnent en chœur. Au moment où commence l'air du *Beau Nicolas*, nos braves dumanets n'y tiennent plus, et se mettent à danser sur le pont un galop effréné, aux applaudissements des officiers qui encouragent l'entrain et la bonne humeur de la troupe.

La Calle : Tente du Caïd des Beni-Salah.

CHAPITRE II

La Calle.

Le débarquement. Aspect de la Calle. Les chefs arabes. Le salut au drapeau. A l'hôtel d'Orient. Le filet de lion. Au camp des goumiers.

En vue de la Calle, 15 avril, 5 h. du matin.

Nous n'avons guère dormi la nuit dernière. Le capitaine de la *Ville d'Oran* nous avait annoncé qu'au point du jour nous arriverions en vue de la Calle. Aussi beaucoup d'entre nous ont préféré rester sur la dunette, enveloppés dans leurs manteaux.

Vers quatre heures, une lueur rougeâtre monte dans l'horizon qui nous fait face. Le jour se lève peu à peu et une bande noirâtre se détache dans la brume du matin. Nous sommes en vue de la Calle. Des senteurs d'orangers et de citronniers arrivent jusqu'à nous. La *Ville d'Oran* ralentit sa marche. Bientôt le soleil se lève, dissipe le brouillard et éclaire de ses chauds rayons la côte algérienne.

Au pied des pentes couvertes de vergers, de champs d'orge et de blé s'élèvent les maisons du petit port de la Calle dont l'accès est des plus difficiles. Le moindre vent en interdit l'entrée même aux plus petites chaloupes. Il y a deux jours le 141e de ligne voulut débarquer sur ce point, mais fut obligé de rétrograder sur Bône. Le 22e de ligne sera donc le premier régiment de notre expédition qui aura débarqué sur ce point. Notre paquebot stoppe et jette l'ancre à un kilomètre de la côte auprès d'un brick marchand.

De ce point, l'aspect de la Calle est des plus pittoresques. Sur une petite presqu'île s'élèvent les vieux remparts qui entouraient jadis les établissements fondés au xvie siècle pour la pêche du corail, et qui ont donné le nom de presqu'île de France à cet endroit. Là sont situés aujourd'hui les casernes et le cercle militaire. A droite et formant l'autre côté du petit port, une pointe escarpée surmontée par un blockaus appelé Fortin-du-Moulin. En arrière, la ville proprement dite et le fort Neuf. Au-dessus serpentent dans la verdure la route et le télégraphe de Bône. Plus à droite, les flots viennent se briser sur deux îlots rocailleux, le premier occupé par des cabanes de pêcheurs de sardines, le second désert et témoin de nombreux naufrages, comme l'indique son nom de l'*Ile Maudite*. Sur la gauche se détachent les pentes rocailleuses du Djebel-Ellaouir, dont la crête sert de démarcation entre la France et la Tunisie, et tout au

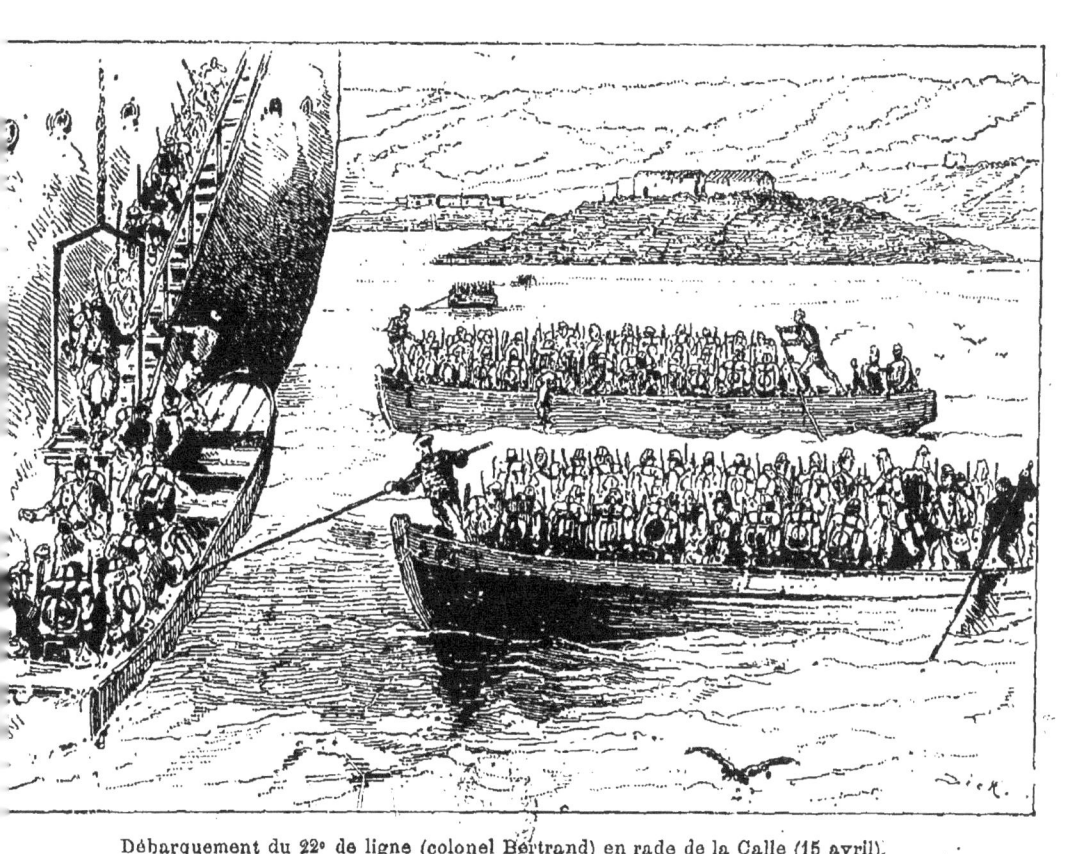

Débarquement du 22e de ligne (colonel Bertrand) en rade de la Calle (15 avril).

loin la pointe du cap Negro et la baie de Tabarca, en plein pays khroumir.

A cinq heures, le capitaine du port arrive à bord et vient prendre ses dispositions avec le colonel Bertrand pour le débarquement du régiment. Le seul moyen de transport consiste en des barques de grande dimension, manœuvrées chacune par deux marins maltais, l'un à l'avant, l'autre à l'arrière.

Le débarquement commence aussitôt : les soldats sont répartis par escouade de 20 à 30 hommes dans chacun de ces canots ; le capitaine de Ramel, adjudant-major du 3e bataillon, met pied à terre le premier, aux applaudissements de la population européenne de la Calle. Commencée à cinq heures, cette opération du débarquement, effectuée à l'aide de quelques chalands improvisés, est entièrement terminée à huit heures.

Quand tous ses soldats ont débarqué sans encombre, le colonel, semblable au capitaine de navire, quitte la *Ville d'Oran* le dernier, et accompagné de l'état-major et du drapeau du régiment, monte en chaloupe et se dirige vers le quai où l'attendent, rangés en bataille, les deux bataillons. Au moment où la chaloupe accoste, le drapeau est tiré de son étui en toile cirée et fait claquer fièrement, sous la brise de la mer, ses plis tricolores où sont inscrits, en lettres d'or, les noms de Hondschoote, Marengo, Lutzen et Anvers. La musique joue la marche du 22e, les troupes présentent les armes, et le pavillon français est arboré au mât de la municipalité.

Une dizaine de cheiks, portant le burnous rouge de commandement bordé de franges vertes, se dirigent vers l'état-major. Tous ces indigènes, de haute sta-

1.

ture, le visage entouré du *haïk* en mousseline blanche, serré autour du front par le *habel* (corde en poil de chameau) sont superbes d'allures ; sur le burnous de l'un deux sont attachées les médailles militaires de Crimée et d'Italie. A l'approche du colonel Bertrand, ils s'arrêtent en faisant le salut militaire. Celui-ci, qui est un vieux turco, et compte vingt ans d'Afrique, les salue en arabe.

— *Salamou Alikoum !* (que le salut soit sur vous !)

— *Salam Alek, ou el Kheir bik !* (le salut soit sur toi et le bien avec toi !) répondent les cheiks en s'inclinant avec une dignité toute patriarcale.

Dans la foule se trouvent de nombreux Arabes qui contemplent les *grand'capotes*, rangés en bataille, c'est ainsi que l'Arabe appelle nos régiments d'infanterie de ligne ; parmi eux doivent se trouver des Khroumirs. Tous les jours, des gens de ces tribus descendent de leurs montagnes vendre leurs denrées au marché de la Calle et observer nos préparatifs militaires. Impossible de les distinguer, car ils portent le même costume et présentent le même type que les indigènes des environs. Ceux-ci seuls pourraient les reconnaître et nous les indiquer, mais ils s'en garderaient bien, car ils s'exposeraient à la vengeance des Khroumirs, et dût la vengeance se faire attendre dix années, ils finiraient par tomber sous le flissa de ces farouches montagnards.

Le régiment se met alors en marche, et va établir son campement aux portes de la ville, sur la route qui conduit au cimetière, dans un terrain sablonneux bordé de haies épaisses de cactus, d'aloès et de figuiers de Barbarie. Les tentes sont rapidement dressées, et nos jeunes soldats montrent dans ce travail tout nouveau pour eux beaucoup de zèle et d'initiative. Au moment où je passe devant le front d'une compagnie (la 1re du 1er), un jeune fourrier à physionomie franche et ouverte, vient à moi :

— Bonjour, monsieur Dick, vous ne me reconnaissez pas ? Il y a deux ans, j'étais à Paris, typographe au *Petit Moniteur*, avec Denoël, le metteur en pages ; je me nomme Verhiepe, et vous ai reconnu tout de suite. Quand vous écrirez à Paris, soyez assez bon pour me rappeler au souvenir du journal.

Tout ému de cette rencontre inattendue, j'ai serré la main au vaillant *typo* et lui ai promis de faire sa commission.

La chaleur, cette après-midi, a été accablante : le thermomètre marquait trente degrés à l'ombre, et le siroco, venant du sud, commençait à s'élever, nous brûlant le visage de son souffle embrasé par le vent du désert.

Le campement installé, nous redescendons en ville et allons déjeuner dans une gargote pompeusement décorée du nom de *Grand Hôtel d'Orient*. Cet établissement est tenu par un Italien, véritable type du bandit des Abruzzes.

Après ce déjeuner de campagne, où nous avons mangé un filet de lionne parfaitement authentique, viande coriace et au fumet de bête fauve, nous allons visiter le camp arabe installé autour du fortin de la Tour. Près de cinq cents indigènes de la tribu voisine des Beni-Salah, goums et *amars* (convoyeurs), campent en cet endroit, sous la conduite d'un peleton de spahis. Au centre s'élèvent les tentes en poil de chameau des cheiks, de couleur marron foncé à raies jaunes. Les chevaux et mulets, les pieds entravés, paissent l'herbe qui tapisse les pentes voisines.

Les cheiks viennent à notre rencontre et nous emmènent à la tente du *kaouadji* (cafetier). Nous nous installons sur des nattes, les jambes croisées à la turque ; le kaouadji nous sert dans de petites tasses en faïence bleuâtre le café fait à l'orientale. Un nombreux cercle d'indigènes, drapés dans leurs longs burnous, se forme autour de nous, et grâce au capitaine Ducouray, qui sert des turcos, la conversation s'engage :

— Vous venez combattre les Khroumirs ? nous demande-t-on.

— Oui, répond le capitaine, nous sommes venus pour vous défendre, car vous êtes Français et notre pays ne veut pas que l'on moleste et pille ses enfants.

— Bien ; que le Seigneur vous protège, disent les cheiks en nous tendant leurs mains nerveuses, couvertes de tatouages bleus.

Demain matin, nous partons au point du jour pour Remel-Souk, situé à 22 kilomètres de la Calle, et où se trouve le quartier du général Ritter.

Grand'garde de turcos en face du bordj du Hammam.

CHAPITRE III

Remel-Souk.

En route. Le daïra. Au café maure. Le siroco. Les grandes capotes. La rivière des poissons. Halte au camp des faucheurs. Le galant daïra. L'arrivée au camp. Bravo! les conscrits! Remel-Souk. Le camp. La Khroumirie. Chez le général Ritter. Une fière parole. Les débuts de la campagne. Le cantinier-reporter. Le bordj du Hammam. La danse des chevaux. Les généraux tunisiens au camp français. Le voilà, Nicolas! Le camp des turcos. Le chef khroumir. Pendant la nuit. Les signaux ennemis. Le général Vincendon. Départ de la brigade Ritter. Les grecs arabes! Le premier blessé. Le signe des Khroumirs. Arrivée des généraux Forgemol et Delebecque. Le biscuit-ville, les chacals.

Bordj de Remel-Souk, 17 avril.

Ce matin, à trois heures et demie, un cavalier indigène me réveille : « Sidi, ton cheval est prêt, il faut partir. » Je me lève en maugréant, et vais ouvrir ma fenêtre. Un magnifique clair de lune éclaire la ville de la Calle encore toute endormie. Pas la moindre brise dans l'air, le siroco souffle de plus en plus. La journée sera chaude.

A la porte, un Arabe tient en main la propre monture du cheik des Beni-Salah, que celui-ci a voulu me prêter pour aller jusqu'à Remel-Souk, où je pourrai facilement trouver un autre cheval. Le harnachement est à l'arabe, en cuir brodé de soie, ainsi que la selle en velours et les larges étriers incrustés d'argent. A quelques pas attend un *daïra* (cavalier de tribu), drapé dans son manteau bleu, le fusil en travers de la selle, et qui doit m'escorter jusqu'au campement du général Ritter.

A quatre heures un quart du matin, j'arrive au campement du 22e, après m'être arrêté pour prendre le café à un caravansérail maure déjà ouvert, et où de nombreux Arabes, assis sur des bancs, font cercle autour d'un orchestre des plus primitifs, composé de deux musiciens : l'un tire des sons aigus d'une flûte en bois blanc, le second gratte un tambour de basque et chante une mélopée plaintive en langue nègre. Deux dumanets du régiment entrent en ce moment dans le café à peine éclairé par une lampe fumeuse, et sur cette musique barbare se livrent à une bamboula effrénée, qui scandalise au plus haut point le grave auditoire.

Au camp tout est déjà en mouvement. Les tentes sont abattues, roulées sur le sac, le café bout dans les marmites d'escouade. A quatre heures et demie, les clairons sonnent le boute-charge; les hommes mettent le sac au dos et forment les rangs. En ce moment, de gros nuages grisâtres viennent couvrir l'horizon et interceptent les rayons du soleil qui commençait à monter à l'horizon. A cinq heures, le régiment se met en marche, traverse les rues de la Calle, et s'engage sur la route de Bône, qui serpente sur le flanc de la montagne. Je prends la tête de la colonne avec mon daïra qui nous sert de guide, et nous précédons les éclaireurs de la compagnie d'avant-garde.

A trois kilomètres de la ville, et après avoir traversé un bois de chênes-liège, nous quittons la grande route, et prenons sur la gauche un chemin de traverse à peine tracé à travers une série de collines boisées et rocailleuses. L'escalade est des plus rudes pour nos petits fantassins, chargés du sac et de la tente-abri. Néanmoins ces braves gens, dont plus de la moitié font aujourd'hui leur première étape depuis l'entrée au régiment, montrent la plus grande ardeur.

A un moment, et après deux courtes haltes du régiment, mon daïra, en montant une pente escarpée, où nos chevaux peuvent à peine avancer, me dit en riant :
— Grand'capotes essoufflés tout de suite. — Ce mot est entendu par les deux premiers éclaireurs qui nous suivent; quelques instants après l'un d'eux s'écrie :
— Cristi, que je suis éreinté! — Ferme ton bec, riposte son camarade, l'Arbi pourrait t'entendre et se moquer de nous.

De distance en distance, nous rencontrons de petits postes de spahis échelonnés le long de la route, pour le service de la correspondance.

A huit heures le régiment fait halte dans une vallée où se trouve un immense lac d'eau saumâtre, connu dans le pays sous le nom de *Guerah-Mta-Oued-el-Hout* (lac de la rivière des poissons). Au pied de la montagne sont établis un détachement du 59° chargé de la réparation de la route et une dizaine de daïras qui campent sous un gourbi en branches d'arbre recouvertes de feuilles de maïs. A cent mètres de là, au milieu des champs, nous apercevons un douar dont les gourbis en terre séchée au soleil sont entourés d'épaisses haies de ronces et d'épines.

Contre le gourbi des daïras nous apparaît la première femme arabe qu'il nous soit donné de contempler depuis notre débarquement. Le type est loin d'être tentant et n'est pas fait pour mériter le nom de plus belle moitié du genre humain. Cette *moukère*, aux traits déformés et brunis par le soleil, a la tête et le cou entourés d'une mousseline jadis blanche. Elle est vêtue d'une robe courte, à larges manches, en indienne bleue, serrée à la taille, sur laquelle pendent plusieurs rondelles en fer-blanc découpées sans doute dans une boîte à sardines. Aux oreilles sont accrochés de grossiers anneaux en cuivre. Cette femme traîne par la bride un petit âne chargé d'herbes fraîches pour les chevaux des daïras. Un galant cavalier indigène s'avance en se dandinant, et lui adresse sans doute un gracieux compliment, car la moukère s'incline, lui embrasse la main et la porte à son front, pendant que son mari, vieil Arabe à barbe blanche et vêtu d'un burnous en lambeaux, la pousse devant lui avec son *matraque* (bâton), en grondant entre ses dents : *Chouïa! chouïa!* (Attends! attends!)

Pendant que nous déjeunons assis sur nos cantines que l'on a déchargées des mulets du convoi, nous entendons des cris et des aboiements aigus retentir dans la direction du douar, et nous apercevons deux de nos soldats se sauvant en ayant à leurs trousses tous les chiens de la tribu. Ayant voulu s'introduire auprès des gourbis, sans doute pour regarder les moukères, ils ont été entourés par les chiens qui leur ont mordu les mollets et ont même endommagé le fond de leurs pantalons. La leçon a été bonne ; espérons qu'elle guérira nos fantassins de leurs velléités galantes.

Après trois quarts d'heure de grande halte, le régiment se remet en marche. Vers dix heures, après avoir traversé un second douar, nous découvrons du sommet d'une colline la vallée de Remel-Souk, le bordj et les tentes du camp du général Ritter échelonnées sur les pentes environnantes.

A 100 mètres du campement, les troupes font halte pour secouer la poussière de la route. Le drapeau est tiré de son étui, la musique joue la marche du 22e et le régiment s'avance au pas accéléré, pendant que les zouaves et les turcos accourent de tous côtés pour voir défiler les grand'capotes. Les petits fantassins se piquent d'honneur sous les regards de l'armée d'Afrique, et enlèvent le pas avec beaucoup de crânerie, les files serrées comme à la parade.

— Bravo ! les conscrits ! crient les zouaves. Le régiment va se former sur la face sud du camp, le premier bataillon à droite, le troisième à gauche de la vallée. La place de notre campement est des plus pittoresques et occupe les pentes de deux collines, séparées par la route qui longe l'Oued-el-Khébir. Cet endroit se nomme *Remel-Souk* (marché du sable) ; sur le haut de la colline de droite, se trouve un *bordj*, ou enceinte fortifiée, composée d'un corps d'habitation et de deux pavillons recouverts en tuiles et entourés par une haute muraille percée de meurtrières. A un long mât fixé sur le toit flotte le drapeau tricolore. Là habite Mohamed-Ben-Ramdan, caïd des Ouled-Arid.

A côté de ce bordj, le général Ritter a établi son quartier général; en avant de ses hautes tentes coniques et de ses gourbis en feuillage, un turco en pantalon de toile monte la garde contre son fanion de commandement en soie rouge et bleue, frangée d'or. Contre le quartier, le vieux chef Ramdan, caïd honoraire de la Calle, campe sous une vaste tente en poil de chameau, entouré de ses goumiers et de ses daïras. En avant, les spahis de l'escorte, les gendarmes de la prévôté, et une section d'artillerie de montagne avec de petites pièces se chargeant par la bouche. Sur la pente et jusqu'au fond de la vallée, le 1er bataillon du 22e fait face à la Tunisie.

Au pied du bordj est construit un marché arabe où les cultivateurs se réunissent tous les mardis pour vendre leurs denrées. Tout autour, les *mercantis*, indigènes, maltais et français, ont établi leurs boutiques en plein air. Cet endroit est appelé par nos soldats *Coquinville* ou *Gouapeville*, et jamais nom n'a mieux été mérité. Sur l'autre colline, et en montant vers le sommet, l'ambulance, la poste, le trésor, les campements d'un escadron du 3e spahis, d'une section du 4e hussards, le 3e bataillon du 22e et enfin, à cent mètres de la crête, le 2e bataillon du 2e zouaves et le 4e bataillon du 1er tirailleurs.

Au haut de la colline, à travers les branches des chênes-liège, nous voyons briller les armes de la grand'garde, fournie aujourd'hui par une compagnie de turcos, et tout au loin, masquées derrière des buissons, les sentinelles avancées du camp. Sur cette colline, connue sous le nom de Mekemen-Merdess, un sanglant combat a eu lieu, en 1853, entre nos troupes et les Arabes révoltés.

Comme je le disais, l'aspect de ce camp est des plus pittoresques, avec ses centaines de tentes se détachant en taches éclatantes sur le fond vert des collines, les gourbis en feuillage, les cuisines en plein vent, dont la fumée grisâtre se déroule en spirales sur l'azur du ciel, et ces milliers de soldats s'agitant de tous côtés comme une véritable fourmilière. Du quartier du général Ritter, on embrasse en face du camp un panorama splendide; les hautes montagnes des Khroumirs et des Beni-Mazen se déroulent sous nos yeux, séparées de nos troupes par une étroite vallée où serpentent les bords ombragés de l'Oued-Melila, rivière qui sert de limite entre la France et la Tunisie, et où nos cavaliers vont faire boire leurs chevaux sous la protection de la grand'garde du 22e de ligne.

A droite le kef (pic) de Cettara, dominant les prairies, les taillis de chênes-liège et les champs labourés des Beni-Mazen. A deux kilomètres en arrière de la rivière, nous apercevons un douar de cette tribu composé de dix-huit tentes en poil de chameau. Un autre douar est installé au pied du Kef-Cettara, derrière une pointe de rochers sur laquelle un poste nous observe nuit et jour : de nombreux troupeaux paissent dans les taillis. A gauche de ce pic passe une route qui longe le pays des Khroumirs et va jusqu'à Fernana.

En arrière s'aperçoivent les cimes bleuâtres du Kef-Gueloub-el-Téran, appartenant à la tribu des Razouans. Sur la gauche du Kef-Cettara se déroulent les pentes escarpées du Djebel-Adissa, dont la moitié appartient aux Beni-Mazen et l'autre moitié aux Khroumirs. A partir de ce point, tout le pays qui s'élève au delà de l'Oued-Melila appartient à ces pillards. En face du Mekemen-Merdess, occupé par nos zouaves et turcos, se trouvent le Kef-el-Hammam, avec le bordj de ce nom, un petit camp tunisien et la longue chaîne escarpée et couverte de taillis de la Sera Sidi-Abdallah-ben-Djemel et, en arrière, le col de Fedj-Mana, par où les beys essayèrent plusieurs fois de pénétrer chez les Khroumirs. A partir de ce point la frontière quitte l'Oued-Melila et suit la crête du Kef-Cheh.

Dans l'après-midi, je me présente, avec mes lettres de créance, au quartier du général Ritter, où ce brave officier me reçoit avec cette rondeur et cette affabilité qui caractérisent nos officiers de l'armée d'Afrique. A peine âgé de cinquante ans, le général Ritter est, dans toute l'acception du mot, un beau militaire ; de haute taille, le regard droit et plein de franchise, cet officier inspire la sympathie et la confiance au premier aspect. Depuis trente-trois ans le général n'a pas quitté l'Algérie, où il a toujours été commandant de cercle. Parlant l'arabe aussi couramment que le français, il est rompu aux finesses et aux ruses diplomatiques des indigènes ; dès 1866, cet officier, qui fut appelé au commandement de la subdivision de Bône, étudiait les Khroumirs et prévoyait ce qui vient d'arriver.

Aussitôt après le combat d'El-Aïoun, du 31 mars dernier, le général Ritter arrivait à Remel-Souk avec une poignée de troupes. Après avoir visité El-Aïoun, ce brave officier partit en avant pour se rendre au bordj de Remel-Souk, en suivant la route qui longe la frontière et qui a été construite par nos soldats. A hauteur du bordj du Hammam, occupé par les Tunisiens, un officier du bey vint sommer le général de quitter cette route, laquelle, prétendait-il, appartenait à son pays. Celui-ci n'avait avec lui que deux spahis et un convoi de mulets. Reculer, c'était nous exposer à une humiliation sanglante aux yeux des Arabes; aussi, bien que près de deux cents Tunisiens fussent rangés en bataille à peu de distance, le général Ritter n'hésita pas.

— Un général français ne recule jamais, dit-il fièrement à l'envoyé tunisien. Je passerai par cette route qui nous appartient et que nos soldats ont construite. Quant à toi, ajouta-t-il, tu vas marcher à ma gauche, et si tes hommes font le moindre mouvement, je te brûle la cervelle.

Le Tunisien, intimidé, le suivit sans répondre, et le général passa avec ses deux spahis et quelques tringlos devant les deux cents hommes du bey, assurant encore, une fois de plus, le prestige de la France sur nos peuplades algériennes.

En arrivant à Remel-Souk, le général Ritter s'empressa d'examiner les cartes de la Tunisie que venait de lui adresser le ministère de la guerre. Sur ces cartes, les massifs des montagnes de la frontière étaient parfaitement indiqués; malheureusement, à l'endroit le plus important, c'est-à-dire dans la région des Khroumirs, un large vide blanc occupait la carte avec ce seul mot pour toute explication : *Khroumirs*.

Le général se mit aussitôt à l'ouvrage, et grâce à sa parfaite connaissance de la contrée, ainsi qu'à ses nombreuses relations avec les Arabes de la frontière, cet officier supérieur put, en quatre jours, dresser une carte des plus complètes de ces contrées jusqu'alors inconnues, qu'il envoya au général Osmont, avec un plan de campagne qui vient d'être adopté, et d'après lequel nos troupes vont, sous peu de jours, attaquer ces pillards insoumis.

Au camp de Remel-Souk, en arrière du campement du 22⁰ de ligne, se trouve la tente du *mercanti* (cantinier civil), qui suit le régiment depuis son départ de la Calle. Cette après-midi, notre chef de popote se rend à cette cantine avec des sapeurs pour y faire des acquisitions pour notre mess. Le cantinier, tout en lui débitant ses carottes, ses oignons et ses conserves, lui adresse mystérieusement les paroles suivantes, que je garantis textuelles :

— Mon lieutenant, il y a-t-il indiscrétion à vous demander s'il y a du nouveau? car, dans ce cas j'écrirais à mon journal; je suis ancien officier de francs-tireurs et correspondant spécial de l'*Indépendant de Constantine*.

Le lieutenant fut « épaté », comme on dit au régiment, et il y avait de quoi.

Dans la soirée, nous entendons quelques coups de feu retentir au delà du Mekemen-Merdess, tirés par nos sentinelles avancées. Ce sont les turcos qui viennent de faire feu sur un indigène monté à âne, qui venait de passer l'Oued-Melila et voulait traverser nos lignes sans répondre au qui-vive des sentinelles avancées.

A la tombée de la nuit, nous rentrons sous nos tentes, et après nous être étendus sur de maigres couches d'asphodèles, nous nous endormons, malgré le siroco qui fait rage, de ce sommeil du laboureur et du juste inventé par les poètes.

Bordj de Roumel-Souk, 17 avril.

Ce matin, au point du jour, je suis éveillé par la

diane, et, comme l'homme vertueux, j'assiste au lever de l'aurore. Profitant de la fraîcheur qui règne encore dans la vallée, je monte à cheval et me rends aux grand'gardes des turcos contempler le camp tunisien du Hammam. Les sentinelles des tirailleurs, espacées les unes des autres par une distance moyenne de 60 mètres environ, observent l'horizon, le fusil à la bretelle. Au pied de la pente tapissée d'alfa où nous nous tenons, s'étendent sur une largeur de 800 mètres environ des champs d'orge et de blé admirablement cultivés. Au delà, la rivière de l'Oued-Melila, qui sert de frontière, et à un demi-kilomètre en arrière le bordj tunisien du Hammam, ou marché du *thnine* (lundi).

Ce bordj, qui affecte la même forme que celui de Remel-Souk, en opposition duquel il a été construit, est situé au pied du Kef-el-Hammam.

En avant s'étendent trois rangées de tentes coniques et de tentes-abris.

Deux à trois cents hommes de l'armée tunisienne environ doivent camper en cet endroit. En ce momen quelques cavaliers mènent leurs chevaux boire à la rivière, des patrouilles explorent les environs; les sons du *teboul* (tambour de basque) arrivent jusqu'à nous : ce sont, me dit un turco, les soldats du bey qui font danser leurs chevaux aux accords de cet instrument.

Depuis l'agression des Khroumirs, trois généraux tunisiens campent dans ce bordj : Si-Youmès-el-Dziri, gouverneur de Béja; Si-Allala-Djouini, envoyé exprès du bey, et Si-Taïeb-el-Mesmouri, gouverneur de Tabarca. Il y a dix jours environ, ces trois généraux demandèrent au général Ritter de leur accorder une entrevue ; celui-ci, après avoir pris avis de ses chefs, leur fit répondre qu'il les attendait. Ces trois beys arrivèrent à Remel-Souk dans leurs uniformes de gala, montés sur des chevaux caparaçonnés de harnais couverts d'or.

Aux nombreuses questions des envoyés du bey, le général Ritter répondit par ces simples paroles : « Je ne sais rien ; je suis venu ici pour protéger nos frontières contre les attaques des Khroumirs. » Au moment où les Tunisiens allaient se retirer, le général Ritter leur dit :

« Vu la chaleur qui règne aujourd'hui, je vous ai fait préparer des rafraîchissements dans une tente où mes officiers vont vous conduire. »

Les beys remercièrent, et, pour regagner la frontière, traversèrent le camp, où nos braves *zouzous* les accompagnèrent jusqu'aux sentinelles avancées en leur fredonnant :

Les voilà, Nicolas,
Ah ! ah ! ah !

En redescendant au camp, je traverse les campements du 4ᵉ bataillon du 1ᵉʳ tirailleurs. L'aspect de ces troupes est des plus typiques et bien fait pour tenter le pinceau d'un peintre militaire.

Tous les turcos sont de vieux soldats ; la plupart sont chevronnés : beaucoup d'entre eux ont pris part à la campagne de 1870. Dans un coin les cuisiniers, en blouse et pantalon de toile, préparent le couscous des escouades. Tous sont de haute taille, aux membres secs et nerveux, les mains et le front chargés de tatouages bleuâtres. Presque tous sont Kabyles ; quelques-uns sont des nègres du Soudan et portant la tête rasée jusqu'au-dessus des oreilles. Beau-

coup sont couchés sur l'herbe, la tête découverte sous
ce brûlant soleil de 35 degrés, et se chauffent comme
des lézards. Les guidons verts des compagnies, ornés
du croissant et de l'étoile, flottent aux faisceaux.

Je remarque que beaucoup de ces fils du Prophète
boivent du vin, de l'eau-de-vie, voire même de l'absinthe, et jurent en français comme des enragés. Fait
curieux : le turco, au régiment, est propre, fait l'esprit
fort, se moque du Coran, d'Allah, des marabouts, et
se grise volontiers. Quand il quitte le service, serait-il resté vingt ans sous nos drapeaux, avec le burnous
et le chapelet de ses compatriotes, il reprend la crasse
et le fanatisme de ses coreligionnaires.

Au bas du campement, s'élèvent les tentes marquises des officiers, entourées de *dzribas*, haies en branches d'arbre pour tempérer les rayons du soleil et
arrêter les chevaux échappés dans le camp. Les officiers français portent le pantalon large, la tunique
bleue de ciel plissée à la taille et ouverte sur un gilet
blanc. Les lieutenants et sous-lieutenants indigènes
ont conservé la veste et le pantalon des soldats, couverts en revanche de broderies de soie noire et de
galons d'or.

Tous ces officiers me font le plus charmant accueil et le capitaine Guillet, adjudant-major du bataillon, veut à toute force me faire goûter au fameux
couscouss. Nous nous asseyons en rond sur les ruines
d'un vieux cimetière indigène, à l'ombre d'un gigantesque chêne-liège, contre lequel les tirailleurs ont
élevé une boule en terre glaise surmontée d'un croissant. Un turco apporte un énorme bol en bois contenant le couscouss ou minuscules boulettes de farine
cuites à l'étuvée, ainsi que le poulet bouilli. Un autre

verse sur le tout un morceau de beurre et la *merga*, ou jus de la viande cuite avec le couscouss : on mêle le tout, et franchement cela n'est pas mauvais.

Cette après-midi j'ai aperçu au quartier général un vieux chef khroumir, Amar-ben-Mansour, caïd de Selloul, qui habite la portion de terrain située entre le Mekemen-Merdess et l'Oued-Melila, sur notre territoire. Officier de l'ordre du Nicham, il a été investi par le bey de Tunis, et vient tous les jours à notre campement, avec l'autorisation des beys campés à El-Hammam. Amar paraît sincèrement dévoué à notre cause et joue gros jeu : aussi a-t-il prié le général Ritter de lui donner asile au bordj de Remel-Souk, aussitôt l'ouverture des hostilités, ainsi qu'à ses quatre fils et à sa famille, sans quoi il courrait grand danger d'être massacré par ses compatriotes.

C'est un vieillard de haute taille, légèrement voûté, portant la barbe blanche, courte et rude ; le visage est osseux, et ses yeux enfoncés sous d'épais sourcils sont brillants de finesse et d'astuce. Il porte le long burnous en laine à capuchon, le haïk en mousseline brodée. Les pieds et les jambes sont nus.

A six heures et demie du soir, le 7e bataillon de chasseurs et le 141e de ligne, formant le premier échelon des troupes de France débarquées à Bône, arrivent à notre camp, qui devient décidément le point de concentration des troupes envoyées contre les Khroumirs. La chaleur est lourde et accablante, et ces troupes, qui devaient arriver à onze heures du matin, ont dû faire halte en forêt sur les bords de l'Oued-el-Kebir pour laisser passer la chaleur. Les petits chasseurs enlèvent crânement le pas ainsi que les soldats du 141e, malgré ces quatre rudes journées d'étapes. Beaucoup de zouaves, turcos et soldats du 22ᵉ sont allés à leur rencontre et portent les sacs de leurs frères d'armes.

Le siroco souffle avec rage pendant la nuit, menaçant d'arracher les tentes de leurs piquets : les chevaux, effrayés, brisent leurs cordes, parcourent le camp au galop, bousculent les faisceaux, s'abattent dans les tentes ; de tous côtés on n'entend que ces cris, poussés par des cavaliers indigènes qui s'adressent à leurs coursiers échappés : *Dour ! aroua !* (Tourne ! viens !)

Camp de Remel-Souk, 18 avril.

Ce matin, les grand'gardes de tirailleurs établies sur les sommets du Mekemen-Merdess ont aperçu vers cinq heures un certain mouvement dans le camp tunisien établi au pied du bordj du Thnine ou du Hammam. Un escadron est sorti de ce campement en ordre de bataille, et a fait une reconnaissance, en suivant la rive gauche de l'Oued-Melila, qui nous sert de frontière. Ces cavaliers du bey portaient la veste noire et le long burnous blanc flottant. Fait curieux, les flanqueurs de cet escadron, au lieu d'être déployés de notre côté, longeaient la base de Djebel-Adissa, où se tiennent des postes khroumirs.

Dans l'après-midi, arrive le général Vincendon, précédant la colonne du 96ᵉ et du 40ᵉ de ligne. Cet officier général, appelé au plus brillant avenir, est tout jeune, et a servi longtemps au 2ᵉ zouaves, où il s'est particulièrement distingué lors de l'expédition du Mexique, au siège de Puebla. Ces arrivées continuelles de troupes semblent inquiéter beaucoup les tribus tunisiennes. A la nuit, tous les pics et sommets des montagnes qui nous font face se couvrent de feux.

A certains moments, deux, trois, quatre feux apparaissent sur un point pour disparaître et reparaître de nouveau. Ce sont les Arabes qui se font des signaux par ces lueurs intermittentes, en couvrant et découvrant les foyers avec des tapis et des burnous.

A midi, le général Ritter quitte Remel-Souk, se dirigeant vers Oum-Teboul, où il doit prendre le commandement de la brigade de zouaves et de tirailleurs. Très brillant ce départ : le général fièrement campé sur son cheval blanc, aux crins flottants, et entouré de ses spahis perchés sur la haute selle en maroquin brodé de soie, le long burnous écarlate gonflé par le vent. Les deux bataillons de zouaves et de tirailleurs établis sur le Mekemen-Merdess lèvent leur camp et défilent dans la même direction, les hommes en pantalon de toile et en guêtres de drap bleu. Les officiers marchent sur le flanc gauche, en distribuant des poignées de mains à leurs camarades du camp, qui sont venus assister au départ. — Bonne chance ! au revoir ! chez les Khroumirs ! Rendez-vous général à Tunis. — Espérons qu'aucun de ces braves garçons ne manquera plus tard à l'appel.

Tous ces officiers de tirailleurs sont chaussés de souliers de chasse et de la haute guêtre en cuir jaune : la tunique est ouverte sur la large ceinture de laine faisant plusieurs fois le tour de la taille, et indispensable pour les nuits glaciales de l'Algérie. Quelques-uns même ont attaché dans le dos, le *medel*, immense chapeau de paille que coiffent les Arabes pendant l'été.

En revenant au camp, j'entends un vacarme épouvantable dans le marché de Remel-Souk. Ce sont deux Arabes qui, en jouant avec des cartes espagnoles, se sont mutuellement trichés; les cartes, qui avaient été biseautées avec une habileté digne de nos Parisiens, sont déchirées, et les deux joueurs, tenant leur *bou-sadi* (petit couteau arabe), allaient en venir aux mains, quand survient un spahi qui, armé d'un long *matraque* (bâton), rosse consciencieusement les adversaires et les met ainsi d'accord.

Camp de Remel-Souk, 19 avril.

Les sons de la musique militaire de la marche des drapeaux nous réveillent ce matin dans nos tentes, bien avant que la diane ait retenti. Il est quatre heures. Le premier échelon de la brigade Vincendon quitte le camp, se rendant à ses positions d'El-Aïoun.

A midi, au moment où les clairons du camp sonnent douze coups pour donner ainsi l'heure réglementaire, nous voyons arriver le général Galand, qui doit prendre le commandement de la brigade de Remel-Souk.

Aujourd'hui, un sergent-major du 22e de ligne, en maniant son révolver, lâche accidentellement la détente de cette arme qui était chargée, et une balle lui traverse le mollet. Tant pis pour sa maladresse : il sera privé de l'honneur de suivre son régiment sur les sommets des Khroumirs.

Un Tunisien du bordj du Hammam en voulant, cette après-midi, traverser l'Oued-Melila pour se rendre au marché de Remel-Souk, est arrêté par les sentinelles du 22e, qui le conduisent au poste de police du régiment. Là, pendant qu'il est assis à terre, un brave gendarme de la prévôté qui vient de débarquer de France s'approche du prisonnier, et soulevant son turban, regarde attentivement le front de celui-ci. Le Tunisien, croyant sa dernière heure venue, roule des yeux effarés.

— Est-ce que vous vous occupez de phrénologie, gendarme ? demande un loustic.

— Non, répond avec dignité le gendarme, que je cherche seulement le signe des Khroumirs : on m'a dit qu'il était sur la tempe, mais je ne sais plus précisément si c'est à droite ou à gauche.

Vers quatre heures, arrivée du 20e chasseurs à pied, des 18e et 57e de ligne et de deux batteries d'artillerie de montagne, dont les pièces d'acier brillant au soleil sont de véritables petits bijoux se chargeant par la culasse et pouvant, à une distance de 3,500 mètres, envoyer un obus au milieu des Khroumirs.

A la nuit, l'aspect du camp, avec ses collines illuminées en cent endroits par les feux de bivouac, offre un magnifique spectacle que nous nous attardons pendant de longues heures à contempler, assis devant nos tentes et parlant des amis absents et de la France.

Bordj de Remel-Souk, 21 avril.

Le deuxième échelon de la brigade Vincendon ainsi que ce général quittent le camp, ce matin, à destination d'El-Aïoun. A neuf heures un peloton de chasseurs d'Afrique, le taconnet recouvert de la coiffe de toile blanche, la large ceinture rouge roulée sur la veste bleue à collet jaune, débouche au grand trot par la route du Tarf, précédant le général Forgemol, escorté d'un nombreux état-major. Son fanion tricolore de commandant en chef est porté par un jeune maréchal des logis de chasseurs d'Afrique, M. de Galliffet, fils du commandant du 9ᵉ corps.

Pendant la nuit, nous sommes constamment éveillés par les cris aigus de nombreuses bandes de chacals qui viennent rôder autour du camp, pour déterrer les corps de quelques mulets qu'on a enterrés, dans la journée, le long de la route du Tarf. Les chiens des douars voisins répondent par des aboiements prolongés et ce vacarme infernal dure jusqu'au jour.

Bordj de Remel-Souk, 22 avril.

Ce matin arrive à Remel-Souk le général de division Delebecque, vieux soldat d'Afrique et du Mexique, qui doit commander, sous les ordres directs du général Forgemol, les trois brigades Vincendon, Galand et Ritter. Afin d'assurer nos communications, quand nous pénétrerons dans le pays des Khroumirs, on décide d'établir un grand centre d'approvisionnements à Remel-Souk. Dans ce but, on entoure le bordj de tranchées et on forme ainsi un vaste camp qui sera gardé par deux bataillons du 18ᵉ de ligne.

Danses et feu de joie des turcos à Demnet-Rebah.

CHAPITRE IV

El-Aïoun. — Demnet-Rebah.

De Remel-Souk à El-Aïoun. Les *lascars negros*. La pluie. Le bord d'Oum-Téboul. Les éclaireurs arabes. Le général Ritter et son état-major. Le col de Rejala. Le camp la nuit. Un réveil désagréable. Mangeons-en bien aujourd'hui. Le candil des tirailleurs. *Dan de lou!* La chasse marocaine. Enthousiasme des goumiers.

Camp d'El-Aïoun, 23 avril, 2 h. soir.

Bien avant le jour, je suis réveillé par un daïra (gendarme indigène) qui doit m'accompagner jusqu'à Oum-Teboul. Il a plu abondamment la nuit dernière: le ciel est pur et l'horizon d'une transparence admirable. Après avoir serré la main à mes amis du 22ᵉ de ligne, je m'engage sur la route d'El-Aïoun dont je suis séparé par une distance de 13 kilomètres

Tout me fait présager un heureux voyage, quand, à une demi-heure de marche seulement de Romel-Souk, de gros nuages noirs poussés par un violent vent de nord-ouest obscurcissent rapidement l'azur du ciel et crèvent sur la vallée, d'où monte la route d'El-Aïoun sur les premiers contreforts du Kef-Cheb, dont la crête sert de limite à la France et à la Tunisie.

Le pays que je traverse, avec ses nombreuses pentes et vallées couvertes de forêts de chênes-liège, est magnifique et rappelle les plus beaux sites de la Suisse et du Guipuzcoa. A chaque instant, je croise de nombreuses bandes de convoyeurs indigènes, assis sur le cou de leurs mulets, et des estafettes de spahis, le capuchon rouge rabattu sur le haïk, la carabine en travers de la selle, ainsi que des hussards enveloppés du grand manteau bleu, le fourreau du sabre battant contre l'étrier.

La route que nous parcourons vient d'être faite par le génie; nos malheureux chevaux buttent et glissent à tout moment sur ce sol de terre glaise détrempé par la pluie. Ne tenant nullement à rouler dans les ravins qui nous entourent, je mets pied à terre; mon daïra en fait autant et prend les deux chevaux par la bride.

A neuf heures du matin, nous débouchons dans la vallée de l'Oued-Djenane; après avoir traversé à gué ce petit cours d'eau, nous arrivons au pied de la montagne d'El-Aïoun. Une grand'garde de chasseurs à pied est établie en cet endroit dans un champ de maïs. Les petits *lascars negros* (diables noirs), comme les appellent les Arabes, sont couverts de boue de la tête aux pieds. Durant les averses continuelles qui viennent d'avoir lieu, ces braves soldats n'ont songé qu'à préserver leurs armes qui sont aussi brillantes que si elles venaient d'être prises au râtelier.

Le camp du général Vincendon est installé sur ce piton escarpé, au pied duquel sont situées les ruines d'un vieux bordj. De ce campement l'on a devant soi le centre des positions khroumires. Sur un petit piton, à 500 mètres en avant de nos positions, est installée une compagnie de grand'garde. C'est dans les broussailles du ravin qui fait face à ce poste avancé qu'a eu lieu le combat du 31 mars dernier.

Tout au fond de l'horizon, j'aperçois les pentes boisées du Djebel-om-Sekkek, où les ennemis sont installés sur la pente qui nous appartient et gardent l'entrée du fedj (défilé) de Kahla, conduisant à Babouche, au centre du pays des Khroumirs.

La pluie continue toujours par ondées.

Vers une heure de l'après-midi, une véritable trombe d'eau s'abat sur le piton d'El-Aïoun, traversant les tentes, renversant les faisceaux d'armes et convertissant le terrain en un bourbier glissant sur lequel il est presque impossible de marcher. En ce moment arrivent deux batteries d'artillerie de montagne venant de Remel-Souk. Les hommes, en pantalons et blouses de toile, trempés jusqu'aux os, soutiennent de l'épaule les mulets chargés des pièces démontées qui butent et piétinent à chaque pas.

A deux heures, arrivée des généraux Forgemol, Delebecque, Galland, Ritter qui viennent tenir conseil au camp du général Vincendon. N'étant pas admis à connaître les secrets des dieux, je reprends avec mon daïra la route de Oum-Teboul, après avoir serré la main à mon vieil ami Bourde, le correspondant spécial du *Temps*, qui est arrivé à El-Aïoun.

Bordj de Oum-Teboul, 23 avril, 4 h. soir.

La pluie s'est arrêtée pour le moment, mais reste toujours menaçante : de gros nuages gris roulent leurs flocons épais sur les pentes du Kef-Cheb et des montagnes voisines. La route que nous suivons traverse tantôt des bois de chênes-liège, de pins maritimes, de frênes, de châtaigniers et de noyers, où des centaines de rossignols, perchés dans les branches, chantent à plein gosier, tantôt des fourrés épais et presque impénétrables de bruyères, de genêts épineux et de lentisques.

Ces hautes broussailles servent de tanières, me dit mon daïra, à de nombreux chats-tigrés ; en effet, par moments, nos chevaux pointent les oreilles, hennissent et se cabrent, mais il n'y a aucun danger à redouter, car ces fauves n'attaquent jamais les voyageurs.

A quatre heures, j'arrive au bordj d'Oum-Teboul, vaste bâtiment carré à murailles crénelées, situé au pied du pic de la Mine. A quelque distance dans la plaine, j'aperçois les gourbis abandonnés et l'emplacement des troupes du général Ritter sur le bord du lac Tonga. Craignant que ses soldats ne contractassent des fièvres pernicieuses dans ce bas-fond malsain, le général a eu l'excellente idée de lever son camp ce matin et de le transporter à quatre kilomètres en avant, dans la vallée de Demnet-Rebah, au pied même des positions occupées par les Khroumirs.

Camp de Demnet-Rebah, 23 avril, 9 h. soir.

Un temps de galop, et, par une pluie battante, je suis à quatre heures et demie au campement, qui est établi sur une pente sablonneuse, couverte de bruyères, de genêts épineux et de lentisques. J'ai là sous les yeux un vrai camp africain de forme carrée : le côté faisant face à l'ennemi et les deux lignes parallèles formées par les zouaves et les tirailleurs, le sommet par le génie et le 59e. A l'intérieur le train, l'artillerie, l'ambulance ; au centre, à l'ombre de deux grands chênes, les tentes coniques de l'état-major.

A cinq heures, les compagnies de grand'garde, en pantalon de toile, le manteau et le pantalon de drap roulés au haut du sac, vont prendre position sur le sommet des collines boisées de l'autre côté du Demnet-Rebah. Ces compagnies sont guidées par une dizaine d'Arabes de la contrée, les jambes nues, le burnous effrangé rabattu sur le long moukala à multiples capucines de cuivre pour préserver les bassinets du contact de la pluie.

Presque au même instant, débouchent au galop, par la route d'Oum-Teboul, un spahi rouge et un daïra bleu, la carabine au poing, précédant le général Ritter qui revient du conseil de guerre tenu aujourd'hui sur ce point. Ce vaillant officier avec sa moustache crânement retroussée, sa fière prestance militaire, la croix de commandeur au cou, le dolman à tresses noires entr'ouvert sur le haut-tablier en poils de sanglier, rappelle le type de ces anciens officiers de la maison militaire du roi, mousquetaires et chevau-légers, qui à Fontenoy, au moment d'aborder les grenadiers anglais, saluaient l'ennemi de l'épée et s'écriaient en se tournant vers le front de leurs troupes : « Messieurs les maîtres, assurez vos chapeaux, nous allons avoir l'honneur de charger. »

Derrière le général, je retrouve ses officiers d'ordonnance, de vieilles connaissances de Remel-Souk : MM. Barbier et Mouline, capitaines attachés au bureau arabe, Sabatier, capitaine-adjudant-major du 59e de ligne, Barruch, interprète militaire et Rémy, aide-interprète. C'est avec ces quelques officiers que, depuis le combat d'El-Aïoun jusqu'à l'arrivée du général Forgemol, c'est-à-dire du 31 mars dernier jusqu'au 21 avril, le général Ritter a eu la tâche écrasante de tout préparer et organiser, de Remel-Souk jusqu'à la mer: emplacement des camps, reconnaissance du pays ennemi, etc. Ces officiers d'élite, dans ces délicates fonctions, se sont montrés à la hauteur de leur digne chef, et à l'arrivée du grand état-major tout était en état.

Aujourd'hui, le capitaine d'état-major Calvel est arrivé au camp pour exercer les fonctions de chef d'état-major du général Ritter.

Je retrouve aussi le vieux caïd Ramdan, et le maréchal des logis du 3e spahis, Krediri, porte-fanion du général. Ce sous-officier indigène, qui est un fils de grande tente, d'une intelligence remarquable, a suivi dans son enfance les cours de nos écoles, où il a appris, chose rare pour un Arabe, non seulement à lire, mais aussi à écrire couramment le français.

Du quartier général nous découvrons, au delà des collines boisées occupées par nos grand'gardes, les hauteurs où se tiennent les ennemis. En face la crête de Kef-Cheb, qui sert de limite; à gauche, les cimes dentelées des montagnes de Haddeda, dont les pentes rocailleuses sont garnies à la base de fourrés épais de broussailles. Contre un douar et au pied de deux petits mamelons s'ouvre le col de Kef-Rejala, qui serpente sur le flanc de la montagne et, dans la soirée, nous apercevons sur les crêtes les silhouettes de quelques sentinelles khroumires, le capuchon pointu rabattu sur la tête, se découpant sur l'horizon.

A la nuit, l'aspect de notre campement devient des plus typiques : de grands feux sont allumés sur le front de bandière de chaque compagnie, et les zouaves et les turcos viennent y sécher leurs vêtements trempés par la pluie. Le moral des troupes est excellent ; tout est bruit et gaieté : les zouaves chantent en chœur les refrains de nos cafés-concerts : le *Beau Nicolas ; Tiens ! voilà Mathieu ;* la *Sœur de l'emballeur,* etc. Les turcos, aux sons du tambour et de la flûte kabyles, dansent en battant des mains : les spahis et les goums font entendre les chants arabes dont le rythme, lent et plaintif, rappelle les *malaguenas* que j'ai entendues durant les guerres d'Espagne, au camp des cazadores.

Devant la tente du général Ritter, les spahis de l'escorte ont allumé un amas de broussailles contre lequel les silhouettes des officiers de l'état-major se détachent sur le fond pourpre des flammes.

A la nuit, la pluie reprend avec violence ; nous nous glissons sous nos tentes ; le sol est excellent et sec, grâce au sable sur lequel nous nous sommes campés et qui absorbe l'humidité. Bientôt nous nous endormons, au bruit monotone de la pluie qui fouette notre toile et aux galopades furieuses des chevaux qui parcourent le camp en tous sens. Deux de ces animaux, dans leur course effrénée, se prennent les pieds dans les cordes de la tente de l'interprète militaire et s'abattent sur la toile. Celle-ci cède et s'écroule, laissant à découvert notre malheureux ami qui dormait profondément, étendu sur son lit de camp et se réveille tout à coup sous une pluie battante.

Camp de Demnet-Rebah, 24 avril.

La pluie continue encore à tomber dans la matinée, et doit, il me semble, retarder le commencement de nos opérations militaires : car sur ces terrains détrempés nos troupes seraient accablées de fatigue dans leur escalade. En outre, l'artillerie ne pourrait, de ses positions, battre les hauteurs ennemies, voilées en ce moment par les nuages.

A midi, le ciel s'éclaircit, le soleil se dégage des nuages, et en quelques minutes, sous ses brûlants rayons, nos toiles de tente sont entièrement sèches. A ce moment, le général de division Delebecque arrive chez le général Ritter. Une longue-vue marine est installée sur un trépied et braquée sur les positions ennemies. Après avoir approuvé le plan d'attaque de ce dernier, le général Delebecque retourne à son campement du bordj de Oum-Teboul.

Le bruit que nous devons attaquer demain se répand rapidement dans le camp et remplit de joie nos vaillants soldats. Chacun graisse et nettoie son fusil, aiguise la pointe de sa baïonnette. En mangeant la soupe de midi, les zouaves chantent à tue-tête ce vieux refrain :

Mangeons-en bien aujourd'hui, car peut-être
Ni vous ni moi n'en mangerons demain.

Puis, suivant la coutume de nos colonnes d'Afrique, les soldats vont abattre dans la montagne des arbres entiers et les traînent jusqu'au campement. Sur le front de chaque compagnie de zouaves et de turcos se dresse un *candil*, immense bûcher atteignant la hauteur de de près de dix mètres et auquel les troupes doivent mettre le feu au moment du départ pour l'attaque. Sur le sommet des candils des zouaves, sont arborés de petits drapeaux blancs avec cette inscription : « Mort aux Khroumirs. »

A la nuit, tous ces bûchers s'embrasent : aucun vent ne règne dans la vallée, et sur tous les points du camp de hautes colonnes de flammes, pailletées d'étincelles, s'élèvent dans le ciel. Le camp est illuminé à *giorno*. Chez les turcos, la scène devient absolument fantastique. Tous ces tirailleurs, au visage bronzé, se détachant sur les flammes, semblent de vrais démons ; partout retentit leur cri de guerre : « *You ! You !* » Un vieux caporal, Mohamed-ben-Mahi, le loustic du 4ᵉ bataillon du 1ᵉʳ régiment, entre dans le cercle formé par les turcos et exécute une *cachucha* insensée, pendant que ses camarades frappent en cadence dans leurs mains en criant son nom sur le rythme pour l'encourager.

Deux autres tirailleurs lui succèdent, et nous donnent une représentation de la danse des almées. L'un tient dans ses mains deux mouchoirs, le second s'est caché le visage avec un foulard, et se livre à des déhanchements qui excitent au plus haut point l'enthousiasme des tirailleurs. Ceux-ci chantent en chœur pour soutenir la danse de leurs camarades : *Dan de lou, ya dan de lou, dan de lou*, et ainsi de suite pendant des heures entières. *Dan de lou* est un refrain qui, chez les Arabes, est la dénomination d'un homme imaginaire qui suit les femmes galantes. Le chœur évoque son nom afin de l'attirer et d'exciter les danseurs. Pour récompenser ceux-ci de leurs fatigues, les officiers leur collent sur la peau du front des pièces d'argent qui restent fixées ainsi durant tout le temps de la danse, celle-ci durât-elle des heures entières.

Viennent ensuite des exercices de dislocation : des turcos déposent à terre sur leur mouchoir une épingle et se renversant en arrière, attrapent celle-ci avec les dents. Deux Marocains s'arment ensuite de leurs fusils et nous figurent la chasse marocaine, en s'ajustant et en bondissant à travers les flammes.

L'exemple devient contagieux : des centaines de turcos, en vrais fils du feu, comme les appelait le général Bourbaki, sautent à travers les flammes en se tenant par la main et forment une immense farandole.

Aux sons de la retraite, tout bruit cesse, le silence renaît dans le camp et les bûchers abandonnés s'éteignent peu à peu.

Hélas! à ce moment arrive une estafette du général Delebecque qui nous envoie contre-ordre pour notre attaque de demain, les troupes d'El-Aïoun ne pouvant avancer sur le terrain glaiseux et glissant de la vallée de l'Oued-Djenane.

La bataille est remise, et chacun regagne tristement sa tente.

Camp de Demnet-Rebah, 25 avril.

Ce matin, de nombreux goums arrivent au camp, sous la conduite de cheiks au manteau rouge à franges vertes. Ces goums, présentant une force de 200 fantassins et 100 cavaliers armés de fusils de toute provenance, sont placés sous les ordres du capitaine Barbier du bureau arabe, et devront assurer nos communications, quand nous entrerons en pays ennemi. Afin d'éviter toute erreur, et pour que nos soldats ne les prennent pas pour des Khroumirs, on vient de leur distribuer, afin de les faire reconnaître, de larges bandes de laine amarante, que ces indigènes arboreront comme signe distinctif autour de leur haïk.

Les 1er et 3e tirailleurs escaladant le Kef-Bababrick.

CHAPITRE V

Le Kef-Bababrick.

L'ordre d'attaque. Attaque de Bababrick. L'artillerie. Escalade des zouaves et des turcos. Marche du convoi. Gaieté des zouaves. Sur la crête de Bababrick. Vue générale du pays des Khroumirs. La maladie du général Ritter. Evacuation de Bababrick. Transport du général Ritter. La pluie. Marche sur El-Aïoun. Les sapeurs du génie. Le bon Dieu et les montagnes. L'esprit de corp. Tiens, voilà Mathieu!

Camp de Demnet-Rebah, 25 avril, 10 h. soir.

Enfin, nous marchons en avant! Cette après-midi, une estaffette est arrivée du grand état-major, apportant au général Ritter cet ordre si impatiemment attendu de tous. Demain, au point du jour, nos troupes se mettront en marche pour tourner les hauteurs défendant le col de Bababrick : déjà les sapeurs du génie ont frayé à travers les taillis un chemin provisoire pour permettre à l'artillerie de campagne d'aller prendre position sur le petit mamelon boisé qui s'élève à l'entrée du col.

Dans la soirée, le capitaine Calvel, chef d'état-major de notre brigade, rentre au camp, de retour de la reconnaissance qu'il est allé faire avec le lieutenant-colonel Rousset, du 1er tirailleurs, jusqu'à la hauteur faisant face au défilé. De cet endroit, ces officiers ont aperçu une cinquantaine de Khroumirs disséminés par groupes sur la crête du Kef-Rejala : les uns étaient assis, leurs fusils entre les jambes ; les autres étaient embusqués derrière des blocs de pierre, leurs longs moukalas appuyés sur les anfractuosités du rocher, le canon dirigé contre notre camp.

La nouvelle de la marche en avant se répand dans le camp et remplit de joie nos troupiers. Chez les zouaves, ce sont des cris d'allégresse et des cabriolades insensées : les turcos allument de nouveaux *candils* (feux de joie) et recommencent leurs danses de la veille : le chœur chante en battant des mains un refrain de circonstance : *Kredem bataille ! Kredem bataille !* (Demain nous travaillerons la bataille.)

La même ardeur belliqueuse remplit les autres indigènes : spahis et volontaires du goum ; aucun ne veut rester demain au camp ; tous demandent à marcher en avant. Le capitaine Barbier, de l'état-major du général Ritter, est obligé de promettre à ses deux spahis de les emmener avec lui à la colonne d'attaque.

« Tu comprends, mon capitaine, nous ne sommes pas des femmes ; si nous restons ici, nous sommes déshonorés et nous n'aurons plus qu'à nous brûler la cervelle. »

Quant aux goumiers à pied qu'on a chargés de porter demain des peaux de bouc remplies d'eau pour donner à boire aux soldats engagés pendant et après le combat, ces braves gens sont venus tout surexcités trouver en députation le général Ritter, en disant qu'ils voulaient avoir l'honneur de combattre auprès de nous, et qu'ils ?n'étaient pas venus pour faire le service de simples porteurs d'eau.

Hauteurs de Bababrick (pays des Khroumirs),
26 avril, 8 h. soir.

Ce matin, à trois heures tout s'éveille dans notre camp, les troupes désignées pour l'attaque prennent silencieusement les armes. Zouaves et turcos laissent au campement les sacs et emportent seulement le manteau roulé en bandoulière, le sac de toile contenant la réserve de cartouches, le bidon, le quart et le pantalon de toile. Les hauteurs du Kef-Rejala et du Kef-Haddeda situées des deux côtés du col de Bababrick doivent être enlevées, la première par deux bataillons de tirailleurs sous les ordres du colonel Gerder du 3ᵉ régiment (3ᵉ bataillon du 1ᵉʳ, commandant Gay de Taradel, et 1ᵉʳ bataillon du 3ᵉ, capitaine adjudant-major Meaux, faisant les fonctions de commandant); la deuxième, par deux bataillons de zouaves du 3ᵉ régiment sous les ordres du colonel Cajard, commandants Bounin et Beaudoin.

A trois heures et quart, ces troupes se mettent en marche et bientôt le bruit de leurs pas ainsi que le cliquetis des sabres-baïonnettes se perd dans le silence de la nuit. Peu après, le général Ritter, escorté du goum, se rend à l'emplacement où l'artillerie doit prendre position.

3.

A six heures moins le quart, le général Delebecque, avec son fanion blanc et rouge et son escorte de hussards, arrive au galop d'Oum-Teboul, et va rejoindre le général Ritter dans la batterie de pièces de montagne.

A six heures et demie, un globe de fumée blanchâtre s'élève sur la crête du mamelon de notre batterie : une détonation sourde et prolongée retentit : c'est notre artillerie qui vient d'ouvrir son feu sur une bande de Khroumirs qui se tenait en avant des trois pitons du Kef-Rejala. Cinq obus sont envoyés successivement, et avec la plus grande précision vont éclater sur la cime. Nous voyons les burnous flottants des ennemis disparaître au plus vite.

Sept heures : les sonneries. En avant, retentissent dans les colonnes d'attaque qui commencent à monter le long des pentes où, sous le soleil levant, l'acier des armes brille en milliers de points lumineux. Zouaves et turcos s'avancent en compagnies disposées par échelons ; au loin retentit le canon de notre flotte qui bombarde Tabarca.

En vrais fils des héros de l'Alma, les zouaves grimpent comme des chats sur les pentes escarpées des montagnes de droite.

A gauche, la colonne des tirailleurs s'allonge comme un long serpent sur les pentes du Kef-Rejala. Bientôt les vestes bleu de ciel débouchent sur un petit plateau ; les turcos poussent leur fameux cri de guerre: « You ! you! » et filent en avant comme des boulets

A chaque instant nous nous attendons à recevoir la fusillade des Khroumirs, mais nos troupes ont beau avancer de plus en plus, les crêtes restent toujours silencieuses et sont bientôt couronnées.

A huit heures et demie, les troupes forment les faisceaux et allument le feu pour préparer le repas de midi qu'elles ont bien gagné, car il leur a fallu à peine une heure pour franchir ces pentes escarpées qui s'élèvent à une hauteur de 450 mètres au-dessus du fond de la vallée.

A neuf heures, ordre arrive au camp de charger les sacs sur des mulets et de les transporter sur les hauteurs, sous la garde des deux bataillons laissés le matin dans la vallée. Cet immense convoi, qui se déroule au moins sur une longueur de 6 kilomètres, se met en marche à la file indienne en suivant un étroit sentier, que les sapeurs du génie terminent en ce moment, et pratiqué dans le col sur l'ancienne piste tracée par les Arabes de la contrée.

Rien de plus curieux que cette longue colonne cheminant à travers les broussailles, les taillis de chênes-liège et de myrtes, les cris des convoyeurs arabes, les mulets roulant avec leurs charges, les jurons des *bachamars* (chefs des convoyeurs), qui, avec leur bâton, activent les retardataires. La chaleur est étouffante ; heureusement parvenus à une certaine hauteur, nous apercevons au loin, à travers les éclaircies, les vagues bleues de la Méditerranée, dont la brise par moments arrive jusqu'à nous.

A trois heures seulement, nous arrivons au sommet du col de Bababrick. De cet étroit plateau, dont les pentes sont taillées à pic, du côté de la Tunisie, nous dominions, jusqu'à ses dernières limites, le pays inconnu des Khroumirs. Tout à l'horizon, les cimes bleuâtres du Djebel-Balta qui servent de limite au pays de ces pillards et à la Tunisie ; à nos pieds, la vallée de l'Oued-Djenane, coulant à travers des collines couvertes de brouissailles et de taillis, défrichées de place en place. Aucun douar n'apparaît; de loin en loin, quelques vestiges de campement où ces tribus nomades ont dû planter leurs tentes. A gauche, se perdant dans la brume, le cap Négro, en arrière de la plage sablonneuse où l'Oued-Djenane, devenu Oued-El-Kebir, après avoir traversé la gorge étroite du Kranguet-Eddeba, se jette dans la Méditerranée dont les vagues frangées d'écume viennent battre les falaises des montagnes des Meknas, au pied desquelles est située la rade de Tabarka. A droite, au-dessus d'El-Aïoun, les crêtes rocailleuses du Djebel-Umskek où s'avancent les colonnes Vincendon et Galand, dont nous apercevons les lignes de fumée. Un ravin boisé, au pied de ces collines, est fouillé par leur artillerie. Les obus y éclatent à chaque instant. Une de nos batteries de montagne s'avance à l'extrémité du Kef-Bababrick sur l'éperon de Chabat-Froūr et lance quelques projectiles dans la vallée.

A la tombée de la nuit, nos troupes établissent leur campement sur la hauteur du Fedj-Bababrick, dans un terrain pierreux semé de ronces, de genêts épineux, de myrtes et d'oliviers sauvages qu'on est obligé de déblayer à coups de pioche et de hache pour tendre les cordes des piquets.

Un triste accident vient péniblement affecter notre brigade tout entière. Le brave général Ritter est atteint, vers sept heures, d'une violente congestion cérébrale, provenant des fatigues et des préoccupations incessantes qu'il a eues à supporter depuis le commencement du mois. On le dépose évanoui et inerte sur son lit de camp, autour duquel se pressent ses officiers, les cheiks et les spahis d'escorte.

Le général est adoré de ses hommes ; aussi est-ce avec une vive émotion que nous voyons ces braves Arabes s'agenouiller et embrasser ses mains froides et glacées. Un chirurgien des zouaves arrive en toute hâte et pratique une saignée qui paraît beaucoup soulager le malade : la parole lui revient peu à peu, mais une violente fièvre l'agite ; dans les mots entrecoupés qui lui échappent, perce la constante préoccupation de cet intelligent officier pour les troupes de sa brigade : « Faites placer les grand'gardes... assurez les ravitaillements .. » Bientôt il s'assoupit et s'endort d'un sommeil nerveux et agité.

Nous interrogeons anxieusement le chirurgien : l'attaque a été rude ; mais grâce à sa robuste constitution, le général est sauvé. Malheureusement, de longs jours de repos lui seront nécessaires pour se rétablir, et on devra l'évacuer le plus vite possible sur l'hôpital militaire de la Calle. Quel coup terrible pour le vaillant officier ! Avoir à lui seul, avec ses quelques officiers d'ordonnance, tout préparé et organisé depuis un mois pour cette expédition, et après avoir reçu le commandement de la plus belle brigade de notre division, se voir forcé de quitter ses zouaves et ses tirailleurs en plein succès et au début des opérations militaires !

Ce soir, le camp est triste et silencieux : la nouvelle de la maladie du général s'est rapidement répandue parmi les troupes, qui adoraient leur chef, toujours si bon et si rempli de sollicitude envers eux.

Les feux sont éteints de bonne heure pour ne pas servir de point de mire aux Khroumirs qui doivent rôder dans les environs.

Camp de Demnet-Rebah, 27 avril, 2 h. soir.

Ce matin, bien avant la sonnerie de la diane, un froid glacial nous réveille dans nos tentes dont les toiles sont couvertes de rosée. Il est quatre heures : de gros nuages gris couvrent à quelques mètres seulement au-dessus de nos têtes les cimes du Kef-Rejala et du Kef-Bababrick.

Le général Delebecque, commandant notre division, donne l'ordre aux troupes d'évacuer ces hauteurs escarpées et arides et d'aller s'établir à El-Aïoun pour assurer les communications des brigades Vincendon et Galand.

A cinq heures, on abat les tentes et les colonnes redescendent dans la vallée par le sentier du col.

Afin de transporter le général Ritter au camp de Demnet-Rebah, les chirurgiens font apporter un brancard d'ambulance sur lequel on dépose le malade étendu sur un matelas et enveloppé de nombreuses couvertures. Pour que le corps ne vienne pas à glisser dans la descente, les spahis enroulent autour du brancard leurs longues ceintures de soie rouge. Une trentaine d'Arabes du goum doivent le transporter. Six hommes chargent le brancard sur leurs solides épaules, et se relayeront de distance en distance avec leurs camarades.

Ce convoi, au lieu de prendre le chemin du col, et afin de conduire le malade plus rapidement à l'ambulance de Demnet-Rebah, s'engage sur la pente presque à pic que les zouaves ont escaladée hier matin, et suit un sentier que les sapeurs ont frayé cette nuit. Une dizaine de goumiers à pied et autant de zouaves forment l'avant-garde, précédant le brancard du général ; grâce aux robustes montagnards arabes qui le supportent et se cramponnent aux pierres et aspérités des rochers avec leurs pieds nus, le malade ne reçoit pas de grandes secousses durant ce long trajet.

L'escorte est formée par les officiers, les spahis et les goumiers. Tous, vu la pente extrême du sentier, nous avons dû mettre pied à terre et tenir nos chevaux en main.

En arrivant au fond de la vallée, une pluie torrentielle se déclare : trempés jusqu'aux os, exténués, couverts de boue, nous arrivons à neuf heures à l'ambulance de notre camp. Après un nouveau pansement, le général est transporté au bordj d'Oum-Téboul, d'où une voiture d'ambulance le conduira à la Calle.

Le commandement provisoire de notre brigade est confié au colonel Gerder, commandant le 3e tirailleurs.

Par ordre du général Delebecque, une double ration de vin est accordée à nos troupes, qui doivent repartir aujourd'hi à deux heures, et attendent depuis ce matin sous une pluie battante, les armes en faisceaux.

Camp d'El-Aïoun, 27 avril, 10 h. soir.

A deux heures, notre brigade se met en marche ; une compagnie de turcos forme l'avant-garde, précédant le colonel Gerder et son état-major. A deux kilomètres en avant du bordj d'Oum-Teboul, notre colonne quitte la route, et, obliquant sur la gauche, traverse à gué l'Oued-Demnet-Rebah, et s'engage sur une pente boisée. Une compagnie du 2e régiment du génie nous précède, frayant le chemin en abattant les arbres des taillis et en jetant des fascines sur les ruisseaux. La conduite de nos sapeurs est vraiment admirable. Depuis trois jours ces braves gens, exténués de fatigue, couverts de boue, travaillent sans relâche à nous donner accès dans ce pays boisé et escarpé.

A deux heures et demie, nous arrivons au chemin de fer pratiqué sur les flancs du pic de la Mine, et après avoir suivi cette voie, nous débouchons sur la route d'Oum-Teboul à El-Aïoun. De distance en distance, des goumiers drapés dans leurs burnous, le fusil en travers de l'arçon de la selle, se tiennent aux embranchements de la route pour indiquer la direction à notre colonne.

Il pleut toujours à torrents, le chemin en terre glaise se convertit en un épais bourbier où hommes et chevaux enfoncent jusqu'à mi-jambe.

— Si le bon Dieu était passé par ici en créant le monde, dit un zouave, pour sûr il n'aurait pas fait les montagnes si hautes, et dire qu'à Paris les écrivains ont plein la bouche du beau ciel d'Afrique ! Blagueurs, va !

— Vous devez être bien fatigué ? demandai-je un moment à un jeune zouave qui cheminait à côté de moi en tirant la jambe.

— Jamais, monsieur, me répondit-il ; la fatigue est inconnue chez nous : aux zouaves, on marche ou on crève.

Vers cinq heures, notre tête de colonne arrive en vue d'El-Aïoun ; le camp est désert et abandonné deux compagnies d'infanterie laissées à sa garde se sont retranchées au sommet de la colline, autour des tentes de l'ambulance et des approvisionnements.

Après avoir traversé le petit ruisseau appelé l'Oued-el-Aïoun, notre colonne établit son campement sur un coteau faisant face au camp et que surmonte un piton boisé connu dans le pays sous le nom de Kef-Hallou. L'étape d'aujourd'hui a été rude, même pour des troupes d'Afrique, les soldats sont exténués : malgré cela, les zouaves arrivent en marquant le pas et en chantant à tue-tête :

Tiens, voilà Mathieu !

Les tentes sont vite dressées sur ce sol argileux, parsemé de grosses pierres. Au milieu de ce bourbier, combien regrettons-nous les dunes sablonneuses de notre campeméent de Demnet-Rebah !

El Aïoun. — Le loto au camp des Turcos.

CHAPITRE VI

El-Aïoun.

Arrivée du lieutenant Chollat. Mort du lieutenant Paillet. Arrivée des blessés à El-Aïoun. Le 22ᵉ de ligne au combat du 26 avril. Traits de courage. La tourmente du 28 avril. Le camp de la Mélasse. Le général Caillot. Le soleil. Attaque des grand'gardes. Le fortin de Hallou. Le télégraphe optique. Le loto des tirailleurs. La ronda. Retour de la chaleur. La vie au camp.

Camp d'El-Aïoun, 28 avril.

Ce matin, à huit heures, un bataillon de zouaves et un autre de tirailleurs reçoivent l'ordre de prendre les armes et de former l'escorte d'un convoi de soixante mulets chargés de pain, et d'un troupeau de bœufs qui doivent être conduits aux brigades Vincendon et Galand, qui sont campées à 8 kilomètres d'El-Aïoun, sur les crêtes dominant la vallée de l'Oued-Djenane. Du petit piton El-Kef-Hallou, où se tiennent la grand'-garde de notre camp et notre poste de télégraphie optique, on aperçoit les tentes de ces deux colonnes, la première à Kef-Cheraga (rocher de l'Est), la seconde à Hadjera-Memoura, à 2 kilomètres en arrière.

A huit heures et demie, le lieutenant Chollat, du 5ᵉ hussards, commandant le goum de la brigade Vincendon, arrive à El-Aïoun, avec une vingtaine de cavaliers indigènes escortant 300 mulets à vide venant du camp du Kef-Cheraga, sans avoir seulement aperçu le moindre burnous de Khroumir.

Ce jeune officier s'est signalé lors de l'attaque du 26 avril par un hardi coup de main, qui l'a fait proposer pour la croix par le général Vincendon. Au moment où la brigade pénétrait sur les crêtes occupées par l'ennemi, le lieutenant Chollat aperçut au milieu d'une clairière, dans un ravin boisé, une large tente en laine marron à raies blanches et quelques gourbis. Il se précipita aussitôt au galop dans cette direction suivi de ses goumiers. Malheureusement, au moment où il allait déboucher dans la clairière, des chasseurs prirent sa troupe pour un parti khroumir et lui envoyèrent une décharge qui heureusement n'atteignit personne, mais les arrêta dans leur attaque. Quand le lieutenant Chollat, après s'être fait reconnaître, arriva au douar, tous les Khroumirs avaient fui avec leurs familles et leurs troupeaux, abandonnant tente, gourbis, ainsi que de nombreux sacs d'orge et de farine, qui furent *razziés* (de *razzia*, pillage).

Dans l'attaque du 26, nous raconte cet officier, le 7ᵉ bataillon de chasseurs qui tenait la tête de la colonne à l'attaque du défilé eut à subir quelques pertes : un homme tué et six blessés ; mais entraînés par leurs chefs, entre autres un lieutenant qui tua un cheik khroumir à coups de révolver, les chasseurs enlevèrent bientôt les hauteurs ; l'ennemi se réunit alors sur l'arrière-garde, ses cavaliers venant caracoler et agiter leurs fusils à un kilomètre de nos tirailleurs. Dans cet engagement, un sous-lieutenant de réserve du 40e de ligne fut légèrement blessé à la cuisse.

Les 57e et 22e de ligne sont venus au-devant des turcos et des zouaves, et le convoi de vivres est entré au camp du général Galand où la disette commençait à se faire sentir. Le pain était inconnu : on en était réduit au biscuit ; hier un mercanti qui suivait la colonne avait vendu cinq francs un pain noir et mal cuit de trois livres.

Chaque nuit les Khroumirs, en se glissant dans les broussailles, viennent tirailler aux abords de ce camp, où nos soldats ont été obligés d'élever des parapets en terre contre leurs tentes pour garantir celles-ci des projectiles ennemis.

Le 26 au soir, au moment où cette brigade établissait son campement, les Khroumirs ont fait feu, à une distance de vingt mètres, sur l'ambulance, et trois de leurs balles ont traversé la toile d'une tente où étaient déposés des blessés. Ce même soir, et au même moment, un jeune sous-lieutenant du 22e de ligne, M. Paillet, sorti de Saint-Cyr en 1876, plaçait les sentinelles de la grand'garde, quand, s'étant avancé sur un rocher qui formait saillie sur un ravin, un individu embusqué dans les broussailles lui tira de bas en haut un coup de feu dont la balle lui perça le crâne. La mort fut instantanée. Les soldats de la grand'garde firent feu, mais inutilement, sur son agresseur qui était vêtu d'une jaquette en drap marron, chaussé de hautes bottes et coiffé d'un feutre mou. On suppose que c'est un aventurier italien qui a pris du service dans les bandes des Khroumirs.

La mort du lieutenant Paillet a été un véritable deuil pour sa grande famille, le 22ᵉ de ligne, où il était universellement aimé et estimé. Pendant mon séjour à Remel-Souk, j'avais eu l'occasion de voir plusieurs fois ce jeune officier qui paraissait appelé au plus brillant avenir. La veille de mon départ pour Oum-Teboul, où je devais rejoindre la brigade Ritter, je fus, avec M. Paillet, passer la soirée chez l'officier du bureau arabe installé au bordj de Remel-Souk. Revenus au camp, et au moment de rentrer sous nos tentes, le jeune officier me serra la main.

— Bon voyage! me dit-il, au revoir, à bientôt chez les Khroumirs. — Pauvre garçon : c'était adieu pour toujours qu'il m'avait dit.

A six heures du soir, onze blessés et trois malades arrivent à l'ambulance d'El-Aïoun, portés à dos de mulets par des cacolets et des litières suspendues. Sur la première litière est couché un jeune sous-lieutenant du 40ᵉ, à la moustache naissante : la garde de l'ambulance lui présente les armes.

Sept de ces blessés appartiennent au 22ᵉ de ligne. J'interroge l'un de ceux-ci, du nom de Kymerlet. natif du Jura, qui porte sa main droite en écharpe : une balle lui a troué le poignet à une distance de quinze mètres, au moment où il ajustait un ennemi; une seconde balle lui a troué le drap de son pantalon; ce qui ne peut consoler ce brave garçon, c'est d'avoir été blessé après avoir seulement tiré deux coups de fusil.

Le 26, la brigade Galand quitta, me raconte-t-il, son campement de Remel-Souk et s'engagea sur la route frontière d'El-Aïoun.

En voyant déboucher les pantalons rouges, les femmes khroumires poussèrent leur fameux you! you! se frappant les lèvres avec la paume de la main. A ces appels, les Khroumirs arrivent en masse; leurs burnous gris sale grouillent dans toutes les broussailles. Ils commencèrent le feu à huit cents mètres de nos troupes, que leurs balles n'atteignaient pas. Peu à peu ils se rapprochent en rampant, marchant deux par deux et armés de fusils de toutes sortes et de tous calibres : longs moukalas, fusils de chasse à double canon, tromblons de cuivre, etc. Tous étaient à pied, les uns couverts de burnous, les autres coiffés de calottes rouges ou bleues; on a même remarqué que les Khroumirs porteurs de coiffures rouges étaient les meilleurs tireurs des bandes ennemies. Seuls, les chefs étaient montés sur de petits chevaux et agitaient des étendards multicolores servant sans doute à effectuer des signes de ralliement.

Les plus grandes masses ennemies tombèrent sur la 1re compagnie du 1er bataillon du 22e de ligne, qui escortait à l'arrière-garde les bagages du général Vincendon, et l'enveloppèrent complètement. Heureusement, les conscrits étaient commandés par un vieux turco, le capitaine Ducouray : « Sacs à terre, à la baïonnette! » cria-t-il à ses hommes en s'élançant sur les Khroumirs qui agitaient leurs fusils et leurs flissas en poussant de véritables hurlements et se sauvèrent dans toutes les directions.

Dans cette charge un jeune soldat est cerné dans un fourré par une quinzaine de Khroumirs qui veulent le faire prisonnier. Bien que seul, il se défend comme un lion, tue trois ennemis à coups de baïonnette ; les autres s'enfuient. Et une demi-heure après, notre dumanet que l'on croyait tué, revient tranquillement retrouver sa compagnie, la cigarette aux lèvres.

Vers trois heures seulement, l'artillerie de la brigade Galand se fit entendre ; quelques obus bien dirigés balayèrent des groupes de cavaliers qui, se croyant hors de notre portée, exécutaient de brillantes fantasias. L'un de ces projectiles, pointé par un lieutenant d'artillerie, alla éclater au milieu d'une dizaine de cavaliers, qui furent tous atteints et restèrent sur place. Nos fantassins, témoins de ce coup habile, applaudirent à outrance en criant : « Vive l'artillerie ! »

Dans cet engagement du 26, le 22e de ligne eut donc sept blessés et deux tués, le sous-lieutenant Paillet et le fusilier Thouvenon, atteint d'une balle au bas-ventre. Ce dernier, neveu du capitaine Rochat, commandant la 2e compagnie du 1er bataillon, s'était engagé, il y a trois mois environ, dans la compagnie de son oncle, que ce trépas a presque rendu fou de douleur et de désespoir.

Parmi les blessés transportés aujourd'hui à l'ambulance d'El-Aïoun se trouve un jeune sous-lieutenant réserviste du 40e de ligne, qui tenait garnison à Marseille. Lors du départ de son bataillon pour l'Algérie, M. Truilhet (Albert), tel est le nom de ce courageux jeune homme, demanda l'autorisation de marcher avec sa compagnie. Au combat du 26, cet officier, qui courait en avant de ses hommes pour débusquer les Khroumirs abrités derrière des gourbis, reçut à cent mètres de distance une balle qui lui perça la cuisse droite; il roula à terre en criant : « Feu de peloton! » Une salve bien dirigée abattit plusieurs assaillants et entre autres celui qui avait blessé M. Truilhet.

Camp d'El-Aïoun, 29 avril.

La nuit dernière vers minuit, une trombe horrible de pluie torrentielle s'est abattue sur notre camp. Secoués par les rafales du vent, les piquets de nos tentes se courbent. Les toiles se gonflent et menacent de se déchirer. Réveillé en sursaut, j'allume ma bougie, et que vois-je de mon lit de camp? un véritable torrent boueux et jaunâtre descendant de la montagne et entraîné par la pente du terrain traverse ma tente, autour de laquelle on avait négligé de creuser des rigoles, entraînant mes bottes, mon pliant, etc. De tous côtés le camp se réveille, surpris par cette inondation: les chevaux effarés rompent leurs cordes, galopent en tous sens et s'abattent dans les tentes qu'ils entraînent à terre. Les soldats, trempés jusqu'aux os, se réunissent autour des feux qu'ils allument à grand'peine et qui bientôt fument et s'éteignent sous la pluie.

Au jour, l'aspect de notre camp est lamentable, et bien fait pour mériter le surnom de *campement de la Mélasse*, que les zouaves viennent de lui donner: partout le terrain est raviné, converti en profondes ornières; nos pauvres chevaux nagent jusqu'au ventre dans la boue; les armes en faisceaux, les tentes ainsi que nos vêtements sont couverts d'une épaisse couche de limon. Malgré tout, la bonne humeur n'abandonne pas nos soldats. De nombreuses rigoles sont creusées en tous sens pour faire écouler l'eau. Le sol des tentes est recouvert de cailloux mêlés aux cendres chaudes des feux de bivouac ; du bois voisin les turcos rapportent une grande quantité de feuillage vert qu'ils étendent dans les rues du camp. Quelques tirailleurs soulèvent de grosses pierres parsemées sur le terrain où nous campons, donnent la chasse aux énormes scorpions qui s'y sont réfugiés et les croquent avec délices : — C'est aussi bon que les figues ! me dit avec satisfaction l'un d'entre eux.

Camp d'El-Aïoun, 30 avril.

Aujourd'hui, dès l'aurore, le ciel est pur et dégagé de tout nuage. Un brillant soleil éclaire de ses rayons notre camp et sèche rapidement le cloaque de boue épaisse où nous pataugions depuis quatre jours.

Dans l'après-midi, le canon retentit dans la direction du Djebel-Umskek, où sont établis les camps retranchés des brigades Vincendon et Galand. Je me rends aussitôt au mamelon Hallou qui domine le cours de la vallée de l'Oued-Djenane, et où est installé dans un fortin l'appareil de télégraphie optique qui nous met en communication instantanée avec les deux autres brigades. Cet appareil consiste en une boîte carrée, montée sur un trépied, véritable chambre noire, dans laquelle une grosse lentille en cristal fait passer un rayon de soleil qui est aperçu au loin. Un petit levier en cuivre masque à volonté la lumière à intervalles plus ou moins égaux, et ces traits entrecoupés aperçus par l'autre camp reproduisent les lettres de l'alphabet ainsi que l'appareil Morse les reproduit par l'électricité.

De ce point élevé, où est installée une section de zouaves, on aperçoit au loin, à 6 kilomètres de distance, les tentes de nos deux brigades sur la crête du Djebel-Umskek, — la première, au Kef-Cheraga, la seconde à Oadja-Menkoura. A droite, sur les pentes boisées de cette chaîne, serpente la route qui conduit à ces campements et que suit en ce moment un convoi de ravitaillement. En arrière du Djebel-Dourereg, les Khroumirs grouillent par centaines sur les flancs sablonneux et arides de la Sera Sidi-Abdallah-Ben-Djemel. Protégés par des blocs de pierre, ils envoient de nombreux coups de fusil sur notre convoi. Le général Galand fait marcher en avant une section d'artillerie de montagne. Après quelques décharges, l'ennemi se réfugie aussitôt dans des excavations rocheuses, d'où il continue à inquiéter la marche de notre convoi: un obus bien pointé va éclater en plein dans un de ces refuges; aussitôt les Khroumirs remontent les pentes à toutes jambes et disparaissent de l'autre côté de la montagne.

Au pied du mont Hallou, l'Oued-Djenane, qui traverse tout le pays des Khroumirs, prend sa source; sur le côté gauche de la vallée, et en avant du mont Haddeda, j'aperçois des champs de blé et d'orge dévastés; les moissons ont été foulées aux pieds des chevaux; là a eu lieu le premier combat du 31 mars, où 200 zouaves et soldats du 59e de ligne, dirigés par le capitaine Barbier, chef du bureau arabe de la Calle, tinrent tête, pendant toute une journée, à plus de 1.500 Khroumirs.

Vers deux heures du soir, d'épaisses colonnes de fumée noirâtre s'élèvent en tourbillonnant en avant de Kef-Cheraga; c'est le goum du général Vincendon qui vient d'incendier les douars de la tribu khroumire des Ouled-Cedra. Partis ce matin à sept heures et appuyés par le 7e bataillon de chasseurs, nos braves goumiers ont enlevé plusieurs douars, où ils ont pris sept tentes en poil de chameau, du blé, de l'orge, des armes et incendié, à leur départ, les gourbis. Dans cette razzia, le cheik Ahmed-Ben-Salad, chef de la tribu des Ouled-Nahd, qui tenait la tête de la charge, a eu son cheval blessé sous lui.

Camp d'El-Aïoun, 1er mai.

Ce matin, en traversant le campement des tirailleurs, j'ai eu sous les yeux un curieux spectacle. C'est aujourd'hui jour de prêt. Messieurs les turcos touchent quotidiennement la somme de 35 centimes, ce qui, pour cinq jours, fait le total de 1 fr. 75.

Chacun sait combien les Arabes, et surtout les turcos, sont joueurs : aussi, ce matin, toutes les tentes étaient vides ; les turcos, dispersés dans tous les coins et recoins, se livraient avec délices à leur passe-temps favori. Les uns, assis en rond, jouaient au loto : dans chaque escouade, un tirailleur possède un jeu de loto et le loue à ses camarades un sou la partie ; chez leurs voisins les zouaves les turcos ont appris, en appelant chaque numéro, à faire suivre celui-ci d'un sobriquet plus ou moins bizarre, et ce qui rend le fait encore plus comique, c'est d'entendre cet argot français prononcé avec l'accent arabe. Je crois qu'il sera curieux pour nos lecteurs de connaître quelques-unes de ces appellations soldatesques.

1. Ciri Bernir (lisez Sarah Bernhardt). Vous voyez que les turcos sont de vrais boulevardiers ;

5. L'alène du schouflik (tailleur) ;

10. Putez-vous, mesdames, à qui aura les gros sous, etc., etc.

J'en passe et des meilleurs ; mais le français, dans ses mots, ne pouvant braver l'honnêteté, je suis forcé de passer sous silence certaines appellations plus que rabelaisiennes.

La passion du turco pour le jeu du loto est telle que, pendant des marches de colonne, j'ai vu des tirailleurs chargés du sac, le fusil à la bretelle, tenir tout en cheminant des cartons et marquer, pendant que l'un d'eux appelait les numéros.

Il existe un autre jeu qui passionne plus encore les indigènes que le loto : c'est la *ronda*, jeu d'importation espagnole qui se joue avec des cartes de ce pays et exige quatre partenaires, deux contre deux ; ce jeu qui entraîne de nombreuses querelles, où presque toujours les tirailleurs finissent par jouer du couteau, est sévèrement prohibé du camp.

Malgré cela, ce matin, dans toutes les broussailles et dans le fond du ravin où coule l'Oued-El-Aïoun, on n'apercevait que des tirailleurs accroupis, et jouant à la ronda, avec force cris et gesticulations : à l'approche de chaque officier, nos turcos rabattaient leurs capuchons sur la tête et s'enfuyaient, comme une véritable bande de moineaux, pour achever plus loin leur partie interrompue.

Camp d'El-Aïoun, 2 mai.

La chaleur de la température s'élève de plus en plus : nous restons toujours stationnaires ; aussi sur ces collines arides et dévastées d'El-Aïoun, nos journées s'écoulent-elles avec une monotonie désespérante.

Voulez-vous savoir comment se passent les heures au camp? Vous verrez que l'existence que nous menons ici est loin de ressembler à la vie du parfait Parisien.

Le matin, vers cinq heures, nous sommes généralement réveillés par les sons de la diane.

Si ce jour-là, la colonne ne doit pas marcher, nous nous retournons sur notre lit de camp, et, ramenant nos couvertures, essayons de nous rendormir. Mais hélas! la toile s'entr'ouvre bientôt, livrant passage à la tête bronzée de notre spahi d'ordonnance.

— Allons, lève-toi, *Sidi* (Monsieur), nous dit-il, dans son jargon franco-arabe, il être cinq heures.

— Comment! Ben-Sib, répondons-nous en bâillant, il ne peut pas être encore cinq heures.

— *Nam, Sidi* (oui, monsieur), *fissa, fissa* (vite, vite), capitaine M. Barbir attend vous pour le *kaoua* (café).

Nous nous levons : la toilette n'est pas longue à faire; chose curieuse, à Paris, on s'habille en se levant; ici, au contraire, nous quittons nos vêtements, et après nous être fait verser sur les épaules le contenu de plusieurs *guerbas* (vases en terre où les Arabes conservent l'eau) nous nous habillons de nouveau.

Il est six heures : le soleil ne commence qu'à monter derrière les crêtes des montagnes khroumires; il fait encore frais; c'est le meilleur moment de la journée jusqu'à dix heures. Nous en profitons pour flâner dans le camp et aller voir nos amis des zouaves et des tirailleurs.

Onze heures. Nous nous réunissons à la popote qui

4.

est installée sous la grande tente conique de nos spahis, et nous nous asseyons autour de la table avec cet air affamé que présentaient jadis les voyageurs de la diligence au relais de leur patache.

Après un déjeuner de campagne, pris dans un service d'étain, plats, gobelets, fourchettes et cuillers, et dont le couscouss, les poulets et les œufs des douars voisins fournissent tous les frais, nous reprenons le café; c'est incroyable la quantité de café qui se consomme dans le camp; on en boit à toute heure du jour et de la soirée.

La chaleur est accablante à midi : aussi aucun bruit ne se fait en ce moment entendre dans le camp; tout le monde fait la sieste ; les Français sous leurs tentes dont les côtés ont été relevés pour laisser passer un peu d'air, les indigènes étendus au soleil, la tête seulement recouverte par un mouchoir. Un silence de mort règne sur ce campement de plus de 4,000 hommes; on entend seulement le cri-cri monotone des grillons et des sauterelles; seuls, une dizaine de turcos, formant le peloton de punition, tournent en rond, pendant plusieurs heures, sous ce ciel de plomb, sac au dos et un bâton de tente sur l'épaule en guise de fusil.

Trois heures : le soleil commence à baisser, le camp se réveille; nous nous réunissons devant la tente du capitaine Barbier, située au centre de notre campement; rien de plus curieux que l'aspect de cette petite colonie. Contre les immenses tentures en poil de chameau des tentes du goum, se dresse la tente du capitaine Barbier, énergique officier qui, engagé volontaire pendant la campagne de Crimée, ramenait, après l'assaut de Malakoff, la compagnie d grenadiers du 61ᵉ de ligne où il servait et dont il avait pris le commandement ; il est vrai que cette compagnie était réduite à 7 hommes et que le grenadier Barbier, bien qu'âgé de dix-sept ans, en avait pris la direction comme le plus ancien des survivants. A droite, ma petite tente bonnet de police ; à gauche, la tente marquise de M. Barruch, interprète militaire.

En avant les tentes coniques du colonel Gerder du 3ᵉ tirailleurs, commandant momentanément notre brigade, du capitaine Calvel, chef d'état-major, des capitaines Mouline et Sabatié, officiers d'ordonnance. Tout au fond, le campement de nos amis du 4ᵉ bataillon du 1ᵉʳ tirailleurs, entre autres la tente du commandant Wassemer, brave et énergique officier qui a concentré toutes ses affections sur Coco et Gamin, ses deux chevaux, et Boulot, son petit terrier. Il veille sur eux avec une sollicitude toute paternelle, de toute heure, de tout instant ; si un cheval vient à s'échapper dans le camp, et cet incident se reproduit plus d'une centaine de fois par jour dans un campement algérien, aussitôt on entend la voix perçante du commandant qui fait disposer en tirailleurs une escouade de turcos armés de solides matraques, afin de protéger ses coursiers favoris des ruades et coups de dents des chevaux évadés.

Ajoutons que le commandant Wassemer a conquis tous ses grades à la pointe de son épée, principalement dans la campagne de 1870, où il a été criblé de blessures.

En arrière de notre campement, nos infatigables chevaux arabes sont attachés à l'entrave, sous la garde vigilante de Bou-Ghanem, chaouch du capitaine Barbier, de Ben-Sib et Amara, nos spahis, et d'une dizaine de convoyeurs qui conduisent les mulets portant nos bagages.

Après un dîner dont le menu est le même que celui du déjeuner, et préparé par Haller, notre maître d'hôtel improvisé, les conversations recommencent, les voisins viennent nous voir : souvent nous improvisons un whist. Vers dix heures chacun s'arme d'une bougie, rentre chez soi et s'endort, si les hennissements et les galopades des effrénées des chevaux qui ont rompu leurs entraves le permettent.

Enfin l'ordre si désiré de marcher en avant nous arrive. Demain, nous devons évacuer le camp d'El-Aïoun, et nous porter à 6 kilomètres sur notre droite sur le plateau de Djebabra, où nous rejoindront les deux brigades Vincendon et Galand.

Intérieur de la Zaouïa de Sidi-Youssef.

CHAPITRE VII

Djebabra. — Sidi-Youssef.

Arrivée à Djebabra. Les turcos en fleurs. Les signaux khroumirs. Prise du bordj du Hammam. Soumission et désarmement des Selloul. Le lion et le bœuf. Visite au bordj du Hammam et aux ruines romaines. Une imprudente promenade. Orgueil des Khroumirs. La légende de Sidi-Abdallah. Départ de Djebabra. La vallée de l'Oued-Zéra. Une marche en colonne. La zaouïa de Sidi-Youssef. Soumission des tribus. Types et costumes.

Camp de Djebabra, 3 mai.

A quatre heures du matin, la diane nous réveille; à cinq heures, les troupes prennent les armes, et notre immense colonne commence à se mettre en mouvement. En avant, les goums servant d'éclaireurs et de flanqueurs, le haïk ceint d'une banderole rouge pour se faire reconnaître de nos soldats. Viennent ensuite les zouaves, l'artillerie de montagne, les centaines de mulets du train et de réquisition formant le convoi ; les turcos ferment la marche.

Nous contournons le piton d'El-Aïoun, et après avoir franchi l'Oued de ce nom, nous nous engageons sur la route frontière de Roum-el-Souk. A notre gauche s'étendent des champs de blé ayant appartenu aux Khroumirs, dont la moisson a été saccagée et mangée par les chevaux.

Dans le lointain, sous les premiers rayons du soleil levant, une longue file de baïonnettes étincelle sur les crêtes du Djebel-Umskek : ce sont les autres brigades qui se mettent également en marche.

A six kilomètres d'El-Aïoun, nous arrivons sur une hauteur couverte d'un épais gazon et ombragée par d'énormes chênes : c'est le kef d'Aïn-Snaïm (montagne de la source des cailles); cet endroit mérite bien son nom, car, de tous côtés, de nombreuses cailles chantent dans les blés; mais, en revanche, quelques ruisseaux qui descendent des hauteurs, forment de larges bourbiers où nos mulets roulent et s'abattent à chaque pas.

Au delà de cette hauteur, un vaste panorama s'offre à nos yeux ; nous descendons dans la vallée de l'Oued-Melila, qui servait de frontière aux deux pays. A droite, je reconnais les pentes boisées des collines de Mekemen-Merdès, où, il y a quinze jours encore, se tenaient les sentinelles avancées de notre camp de Remel-Souck et où se perd la route frontière ; au fond, le pays des Beni-Mazen et le Djebel-Adissa ; plus en avant, le bordj tunisien, et, à gauche, les pentes rocheuses de la Scra-Sidi-Abdallah Ben Djemel. Quant aux deux camps tunisiens, plus de trace : il y a cinq jours, les soldats du bey, à la nouvelle de la prise de Tabarca, décampèrent au plus vite, et, ce qui peint bien l'arabe, les Beni-Mazen, qui, auparavant, nous menaçaient de coups de fusil, si nous venions à entrer sur leur territoire, essayèrent de *razzier* (piller) les Tunisiens en fuite.

Le pays que nous traversons est magnifique : partout des champs de blé, d'orge, de trèfle, de vastes taillis et des talus gazonnés couverts de fleurs sauvages. Suivant la coutume du pays, tous les turcos cueillent d'énormes bouquets et les arborent fièrement dans le bourrelet extérieur de leur calotte rouge.

A neuf heures du matin, au moment où notre avant-garde débouche sur le plateau de Djebabra, une épaisse colonne de fumée jaillit d'une excavation rocheuse sur les pentes du Djebel-Adissa, et une forte explosion retentit; ce sont sans doute les Khroumirs qui signalent l'arrivée de notre colonne. De nombreux burnous se font voir sur le sommet du petit Kef du Hammam. Aussitôt le capitaine Mouline, l'interprète militaire Barruch, le cheik Abdallah-Ben-Ali, chef de la smala de Soukharras et 12 de ses cavaliers partent au galop, traversent l'Oued-Melila, et, se divisant en deux petits groupes, enveloppent la colline qu'ils gravissent à fond de train, les goumiers debout sur leurs étriers et agitant leurs fusils ; devant cette démonstration les Khroumirs dégringolent sans armes de la crête et viennent au-devant de nos officiers dont ils baisent la main en demandant l'aman. Ordre leur est donné d'apporter eux-mêmes leurs fusils cette après-midi ; à cette condition, leur douar, qui est situé au sommet de la colline, ainsi que leurs troupeaux, seront respectés. Ces Khroumirs appartiennent aux Ouled-Selloul; ils annoncent que leur tribu entière se soumettra.

Vers dix heures, le général Forgemol arrive de Remel-Souk et visite le campement de notre brigade qui est située en première ligne. A une heure, la brigade Galand se place en seconde ligne, ainsi que la brigade Vincendon, à trois heures.

De tous côtés, nos hommes de corvée coupent avec leurs faucilles l'orge et le blé encore verts que nos chevaux mangent avec délices; les champs de fèves sont consciencieusement récoltés par les zouaves et turcos. Quant aux Khroumirs en armes qui doivent nous disputer le passage conduisant à Fernana, aucune trace.

Quand le lion sort, dit le vieux caïd Brahim-Ben-Mohamed, chef de notre goum, le bœuf va se cacher dans le douar.

Bordj du Hammam, 3 mai.

Cette après-midi, vers quatre heures, nous nous réunissons, avec plusieurs officiers, pour aller visiter ce fameux bordj du Hammam Mta-Ouled-Messellem (bain des enfants de Messelem). Nous partons à cinq, escortés du gendarme maure Abd-el-Kader, ordonnance du grand prévôt du camp qui fait partie de notre caravane. A six cents mètres du camp, nous arrivons à l'Oued-Melila, dont les eaux limpides coulent sur un lit de gros cailloux. A l'endroit du gué quelques turcos lavent leur linge le fusil à l'épaule, car il a été ordonné à chaque soldat qui sortirait du camp d'emporter son arme avec lui.

La rivière franchie à gué, nous gravissons la pente

longue de 300 mètres qui conduit au bordj. Ce bâtiment, de forme carrée, aux murailles blanchies à la chaux et percées de meurtrières, servait de résidence à un employé de la douane tunisienne et à son secrétaire. En avant, de larges cercles tracés en terre, des foyers éteints, des amas de paille et des *dzribas* (haies en épines) indiquent l'ancien emplacement du camp des soldats du bey.

Contre le bordj, des Khroumirs soumis, avec leurs femmes, récoltent au plus vite leurs champs de fèves, afin d'empêcher ceux-ci de subir le sort que viennent d'éprouver les plantations situées aux abords de notre camp. En ce moment, une longue file de ces indigènes se rend à Remel-Souk, conduisant par la bride des mulets chargés de leurs fusils, qu'ils vont remettre en signe de soumission.

Nous pénétrons dans le bordj, véritable type du caravansérail arabe : la porte d'entrée, en chêne épais, a été défoncée ce matin par nos soldats d'avant-garde, qui ont fait sauter les gonds à coups de crosse. La voûte franchie, nous nous trouvons dans une cour empierrée. Un corps de bâtiment à un étage a été construit sur la façade qui regarde notre frontière, et est surmonté d'un petit dôme en maçonnerie. Un escalier délabré conduit à la chambre de l'officier tunisien, long boyau humide, aux murs suintant l'humidité et couverts de champignons : deux étroites fenêtres grillées y laissent pénétrer la lumière. A droite et à gauche, dans la cour, sont installés cinq logements pour les voyageurs; au fond une écurie : tous ces bâtiments sont surmontés d'une plate-forme crénelée qui fait le tour du bordj. Des vases en terre, des cartes à jouer, de nombreuses guenilles, même un lit de camp, témoignent du récent départ des Tunisiens.

Nous ne restons pas longtemps dans l'intérieur de cette construction ; des milliers de puces sautent sur nos vêtements et nous font déguerpir au plus vite.

Désirant voir les sources sulfureuses qui ont donné leur nom à ce bordj, nous appelons quelques Khroumirs pour nous servir de guides : grâce au gendarme maure qui nous sert d'interprète, ces indigènes nous disent que ces sources sont situées sur notre gauche, au milieu d'un bouquet d'arbres qu'ils nous montrent du bordj. La course n'est pas longue : en outre, une compagnie de zouaves est installée en grand'garde en avant de nous ; aussi partons-nous en ouvrant à travers les blés un étroit sentier qui nous conduit à une source d'eau chaude, exhalant une odeur des plus caractéristiques. Guidés par nos indigènes, nous faisons encore cent mètres, et nous débouchons dans une clairière.

Là, nous nous arrêtons frappés d'admiration. Dans ce massif de verdure s'élèvent les ruines d'un magnifique établissemnt thermal du temps des Romains. De hautes murailles en briques, cimentées, à moitié écroulées, marquent encore l'emplacement exact de cette construction antérieure à l'ère chrétienne. Au centre, un immense palmier a poussé et ombrage ces décombres rougeâtres à moitié ensevelis sous le lierre et des myrtes en fleur. Les arceaux voûtés des salles de bain sont encore debout, supportés par de sveltes colonnes à chapiteaux sculptés. Nous sommes, sans doute, les cinq premiers Européens qui aient pu pénétrer en cet endroit ; aussi gravons-nous nos noms sur une des pierres de cet édifice : « Gay de Taradel, commandant au 3ᵉ tirailleurs ; de Ramel, capitaine adjudant-major au 22ᵉ de ligne ; Moinier, capitaine de gendarmerie ; Barruch, interprète militaire ; Dick de Lonlay, rédacteur du *Moniteur universel*.

Notre premier élan d'enthousiasme passé, nous regardons autour de nous, et nous nous apercevons que notre ardeur à rechercher des ruines romaines nous a entraînés à plus d'un kilomètre de distance du bordj, dans d'épais taillis où des ennemis pourraient venir nous canarder à bout pourtant sans être aperçus de nous. Y compris le gendarme maure, nous ne sommes que six personnes, dont quatre ne sont armées que de bâtons et les deux autres de revolvers ; nous reprenons au plus vite le chemin du bordj, où nous attendent deux tirailleurs chargés de veiller sur nos chevaux.

Nous arrivons sans encombre au bordj, et de là au camp, où nos camarades ont remarqué notre pointe imprudente et nous tancent d'importance.

Vers six heures, le capitaine Mouline revient de la reconnaissance qu'il est allé faire avec une dizaine de spahis et goumiers sur la route de Fernana. Il s'est avancé à 6 kilomètres de distance jusqu'à la *zaouïa* (maison d'école) de Sidi-Youssef, construction en pierres sèches, qui vient d'être abandonnée ainsi que plusieurs douars voisins où, sans doute, nous camperons demain. Là commencent, à droite du Djebel-Adissa, les premières pentes de la Sera Sidi-Abdallah-Ben-Djemel. On nous annonce que de nombreux Khroumirs sont massés en cet endroit avec des soldats tunisiens et des Européens ; la présence de ces derniers n'aurait rien d'extraordinaire : déjà au combat du 26 avril, nos officiers ont vu des soldats du bey en uniforme bleu foncé mêlés avec les Khroumirs. En outre, l'individu qui a tué le sous-lieutenant du 22ᵉ de ligne était chaussé de hautes bottes, vêtu d'un veston marron, coiffé d'un feutre pointu et armé d'un fusil de précision : car la balle, tirée à 80 mètres de distance, perça de part en part le crâne du malheureux officier, en lui enlevant le n° 22 brodé sur le devant du képi.

Ces forces ennemies se concentrent en ce moment sur les crêtes de Sera-Sidi-Abdallah, autour du tombeau du marabout de ce nom, qui est considéré par les Khroumirs comme le palladium de leur pays. Ils racontent que toutes les fois que leurs ennemis, soit les Tunisiens, soit les Beni-Mazen, ont voulu les attaquer sur ce point, Sidi-Abdallah-ben-Djemel a lancé de son tombeau des bombes enflammées qui ont mis les agresseurs en fuite et que cette fois leur saint marabout fera encore le même miracle contre les Roumis.

Bientôt nous verrons si les Khroumirs ont raison.

Plateau de Sidi-Youssef, 4 mai.

Notre brigade n'avait reçu aucun ordre d'agir hier soir à son campement de Djebabra : on nous avait seulement avertis que les troupes devaient déjeuner à huit heures et demie du matin. Aujourd'hui, dès le point du jour, nous recevons l'ordre du départ pour neuf heures. Nous devons suivre la vallée de l'Oued-Melila ou Oued-Zera et aller camper au Rmal (plateau) de Sidi-Youssef, à une distance de 10 kilomètres environ.

Il a plu à torrent la nuit dernière. Ce matin les ondées se succèdent encore sans interruption et ont défoncé le sol argileux de la vallée. Dès huit heures.

une compagnie et deux régiments passent en avant afin de nous frayer le chemin. A huit heures trois quarts notre colonne se met en marche, le convoi intercalé entre les tirailleurs et les zouaves, et défile sur la rive droite de l'Oued-Zera (rivière de l'Orge). Jamais ce nom n'a mieux été mérité ; le sentier où nous nous engageons traverse de nombreux champs de blé et d'orge entourés de murs de clôture en pierres sèches. La terre est ici d'une fertilité incroyable ; les moissons sont presque déjà en complète maturité. Sur notre droite, sur les dernières pentes du Djebel-Adissa, nous apercevons, dans un bois de figuiers, les ruines romaines que nous avons visitées hier et que plusieurs palmiers ombragent de leurs larges feuilles. En face de nous s'élèvent les assises rocheuses de la chaîne de Sidi-Abdallah-ben-Djemel, et derrière la pointe la plus escarpée est situé, nous dit un indigène, le tombeau du marabout de ce nom.

Après 8 kilomètres de marche dans la vallée, les trois bataillons de tirailleurs qui forment notre tête de colonne font halte, et les turcos, se déployant en tirailleurs, escaladent les pentes boisées de la droite. A travers les taillis de chênes-liège, nous voyons courir les vestes bleu clair des indigènes et les burnous rouges et blancs de nos goumiers à cheval.

Pendant ce temps, les muletiers de l'artillerie font halte dans la vallée; en arrière, l'ambulance précédée d'un sous-officier du train portant un fanion rouge écarlate. Il n'est nullement besoin, dans ces contrées, d'arborer les insignes de la Convention de Genève, qui ne seraient pas respectés par les Khroumirs. Des « tringlots » en veste bleu clair, le mousqueton en bandoulière, conduisent les mulets de bât et de cacolet ; viennent ensuite les convoyeurs indigènes, chantant à tue-tête leurs chansons gutturales, des branches vertes d'olivier ou de myrte passées dans les plis du haïk. Les trois bataillons de zouaves ferment la marche.

A midi, notre avant-garde débouche sur un vert plateau appelé Rmal-mta-Sidi-Youssef, et qui tient son nom de la zaouïa située sur sa droite.

Pendant que les troupes installent leurs tentes dans des champs de fèves ombragés par d'énormes figuiers de Barbarie et des grenadiers couverts de fleurs, nous nous dirigeons vers cette zaouïa, dont nous sommes séparés par un ravin sablonneux où poussent des lauriers et des genêts épineux.

Cette zaouïa est un petit bâtiment de forme carrée, bâti en pierres sèches avec toiture en chaume, sur un mamelon ombragé de nombreux figuiers et d'où jaillit une source d'eau claire et limpide.

On appelle zaouïa, en Algérie, une maison d'école religieuse où vit un marabout appartenant, pour les Khroumirs, à l'ordre religieux des Rakmania, secte qui fut créée par Abder-Hassan, en l'an 1204. A l'entour de ces zaouïas vivent de nombreux adeptes dont les offrandes servent à recevoir et à nourrir les voyageurs qui viennent y demander l'hospitalité. Presque toujours il se trouve, dans ces établissements, un mokadem ou lettré qui apprend à lire le Koran aux enfants des douars voisins.

L'intérieur de la zaouïa de Sidi-Youssef est des plus pauvres et des plus misérables. On y pénètre par une petite porte basse et voûtée, qui conduit dans une grande pièce carrée, éclairée seulement par les lézardes de la muraille et les fissures du chaume ; sur le sol, des nattes et des paillassons pour le mokadem et ses élèves. A droite, le *Mahareb*, ou excavation servant d'autel, orientée toujours dans la direction de la Mecque. Un bloc de pierre, où les voyageurs déposent leurs offrandes; un vieil étendard à pointe de ferblanc et dont la soie rouge déteinte et effrangée par le temps est roulée autour de la hampe, repose accroché à la muraille où pendent également des planchettes de bois portant, peints en noir sur fond blanc, des versets du Koran, des bouteilles d'huile et une gibera brodée or et argent contenant des papiers religieux

Aucune trace d'indigènes dans cette zaouïa d'où le marabout lui-même a fui, abandonnant sur le seuil ses babouches en peau de chèvre non tannée. Le goumier qui m'accompagne dans cette visite dépose une pièce de 10 centimes sur la pierre aux offrandes et embrasse celle-ci avec ferveur.

Au pied de la zaouïa s'étagent une douzaine de gourbis en pierres sèches, à toitures de chaume, où habitaient les serviteurs du marabout; tous ont fui dans la montagne. Ces gourbis sans portes ni fenêtres, ouverts à tous vents, ont été entièrement déménagés; nous y trouvons seulement des pots en terre ébréchés, des vasques en bois pour servir le couscouss, et des meules en pierre pour écraser les grains des céréales. Un chien et un chat étiques, abandonnés dans la zaouïa, poussent des miaulements et des aboiements lamentables.

Cette après-midi, les Ouled-Selloul ont continué à se soumettre. De tous les sentiers conduisant au camp nous voyons déboucher de nombreuses bandes d'indigènes montés sur des mulets ou des *jadours* (chevaux de petite taille et très pacifiques d'allure); en tête marche le cheik de chaque fraction : l'un d'eux porte, attaché en travers de sa selle, un mouton pour être offert en présent; un autre tient un énorme plateau creux en bois rempli de beurre. Tous ces Khroumirs de haute taille, aux traits farouches et énergiques, ont l'épiderme présentant cette teinte rougeâtre particulière aux peuplades tunisiennes; en somme véritables types de montagnards. Ils parlent un patois arabe, à la prononciation dure et gutturale que notre interprète militaire a toutes les peines du monde à comprendre. Les jambes et les bras sont nus; seuls, les cheiks sont chaussés de mauvaises babouches; selon la mode tunisienne, ils portent une *gandoura*, longue chemise à manches venant jusqu'aux coudes, échancrée autour du cou, de couleur rouge avec de larges galons jaunes; par-dessus, le burnous en laine jaunie et effrangée par les buissons de la montagne.

Le haïk, en mousseline blanche, est le même que celui de nos Arabes. Les traits sont fatigués, et le cercle bleuâtre qui entoure leurs yeux annonce que ces montagnards ont dû passer de longues nuits de veille sur leurs postes d'observation pour guetter la marche de nos colonnes.

Très peu rassurés à leur arrivée dans notre camp, ces Khroumirs reprennent un peu d'assurance devant la bonhomie de nos soldats. Les indigènes de notre goum, tous drapés dans de magnifiques burnous d'une blancheur immaculée, regardent avec un dédain visible ces montagnards aux vêtements salis et misérables.

Plusieurs de ces goumiers entreprennent avec eux

un cours de civilisation qui nous fait rire jusqu'aux larmes :

— Maintenant que vous allez être réunis à notre pays, leur disent-ils, vous allez devenir civilisés. Vous pourrez acheter du savon et vous décrasser ainsi que vos femmes. Vous deviendrez des gens très bien. Si vous le désirez, vous serez libres de vous engager aux tirailleurs ou aux spahis. Vous serez bien vêtus, bien payés, vous aurez de belles armes comme celles-ci.

Et en disant ces mots, ils leur font voir leurs fusils Gras.

Je dois convenir que tout ce beau langage n'avait pas l'air de toucher beaucoup ces Khroumirs, qui se pressaient les uns contre les autres comme un troupeau de moutons effarés, toutes les fois surtout que le canon d'un fusil se dirigeait de leur côté. Ils croyaient, sans doute, leur dernière heure arrivée, et, à dire vrai, si l'un de nous était tombé entre leurs mains avant leur soumission, ils n'auraient certainement pas eu à son égard la même mansuétude.

Le Télégraphe optique au Fedj-Manâ.

CHAPITRE VIII

Fedj-Manâ.

Départ de Sidi-Youssef. Changement de climat. La musique des zouaves. Le marchand de coco. Campement de Fedj-Manâ. Jonction des trois brigades. Dans les nuages. Toujours la pluie. Arrivée du général Caillot. La Medjerda. Un orage.

Vallée de Manâ, 5 mai.

Ce matin, à quatre heures, les brigades Gerder et Galand lèvent le camp et se mettent en marche en suivant la route khroumire de Fernana.

On s'attend aujourd'hui à une résistance sérieuse de la part des Ubenia et des Attatfa : aussi nos troupes se déploient-elles en ordre de bataille; en avant une compagnie de zouaves et le génie pour frayer le chemin; à droite et à gauche, les cavaliers du goum sous les ordres du capitaine Barbier, la crosse du fusil appuyée sur la cuisse, et fouillant tous les plis de terrain ainsi que les bouquets d'arbres.

Viennent ensuite trois bataillons de zouaves, trois bataillons de tirailleurs, le 7e chasseurs à pied, le 22e de ligne, l'artillerie des deux brigades, les bagages le convoi administratif escorté par le 57e de ligne. En partant hier de Djebabra, notre convoi a emporté pour neuf jours de vivres, ce qui indique que nous devons pousser une pointe sérieuse en Tunisie.

Après être descendue du plateau de Sidi-Youssef, notre colonne quitte la vallée de l'Oued-Zera et contourne les flancs escarpés et granitiques du Djebel-Adissa, en traversant de larges collines couvertes d'une végétation magnifique, et de champs admirablement cultivés. Toutes les terres sont ici défrichées. Aucun bouquet de bois en cet endroit ; aussi, les Khroumirs se garderont bien de nous attaquer sur ce terrain découvert et offrant un magnifique champ de tir pour la mousqueterie.

Du reste, l'ennemi continue à être toujours invisible ; c'est à se demander si réellement nous sommes en expédition. Un zouave me soutient qu'il n'existe plus maintenant de Khroumirs, que tous se sont engagés dans nos colonnes comme convoyeurs, à raison de 3 francs par jour, et que, pour sauver l'honneur de son pays, le bey de Tunis va s'en faire expédier une livraison garantie bon teint des Batignolles.

Dans notre marche, nous longeons la base du Djebel-Adissa, comme je l'ai déjà dit, en suivant le côté opposé à celui qui frisait face à notre ancien

campement de Remel-Souk. Nous sommes ici dans le pays de la tribu des Selloul, qui ont fait hier leur soumission. Dans les prés paissent de nombreux troupeaux de moutons, que nos turcos contemplent tristement et se désespèrent de ne pouvoir « razzier ».
— Quelques indigènes accroupis sur des pointes de rochers regardent, impassibles, notre marche d'invasion.

A mesure que nous montons, la température s'abaisse. Bientôt nous arrivons à l'entrée du col de Manâ, où souffle un vent glacial ; nous sommes à 700 mètres d'altitude au-dessus du niveau de la mer. Dans les anfractuosités, quelques petits champs d'un blé maigre et chétif sortant à peine de terre; puis, tout à coup, l'aspect du pays change; plus de trace de végétation : un sol aride, semé de buissons d'épines et de broussailles.

Après une étape de 10 kilomètres, nous arrivons à la vallée de Manâ (vallée de l'homme qui s'enfuit) où nous établissons notre camp : la brigade Gerder sur la crête sud, la brigade Galand sur le versant opposé. Au fond, sur le bord de l'Oued-Manâ, les tentes des états-majors et des ambulances.

En arrivant au campement, les zouaves, qui forment la tête de notre colonne, cueillent des feuilles de roseau et, se les appliquant contre les lèvres en guise de mirlitons, exécutent une série d'airs variés, dignes de lutter avec la musique arabe.

Fait curieux : à un moment, j'entends les cris : « A la fraîche ! Qui veut boire ? » Je m'approche, fort intrigué, et, au milieu d'un cercle de soldats, j'aperçois une haute fontaine en cuivre, portée par un brave industriel marseillais qui, depuis le commencement de la campagne, suit pas à pas nos troupiers, et, pour cinq centimes le verre, leur débite cette boisson si chère au titi parisien : mais, c'est égal, trouver un marchand de coco en plein pays khroumir, sur la crête de Manâ, il y a de quoi être étonné.

Dans l'après-midi, le général Forgemol arrive au camp suivi de la brigade Vincendon.

Sur les crêtes élevées où nous sommes, une température glaciale règne en ce moment; on se croirait en pleine Sibérie : toute la journée des nuages épais ont enveloppé notre campement, nous couvrant d'un brouillard obscur qui permettait à peine de voir à 3 mètres de distance.

A la tombée de la nuit le ciel s'est éclairci ; les étoiles brillent de tous côtés à l'horizon, mais le froid sera vif ; je plains sincèrement les malheureux soldats des grand'gardes qui vont veiller pendant vingt-quatre heures, sur ce terrain dépourvu de bois et exposé à tous les vents.

Camp de Fedj-Manâ, 6 mai.

Le mauvais temps continue sur ces pentes broussailleuses du Fedj-Manâ. Le ciel est ici aussi brumeux qu'à Liverpool et le terrain aussi marécageux qu'en Hollande. Il pleut à toute heure du jour et de la nuit. Les quelques petits ruisseaux qui sillonnent la vallée, enflés comme les grenouilles de la fable par ces averses diluviennes, sont devenus de gros torrents qui ont débordé dans notre camp et converti celui-ci en un véritable lac d'où nos tentes émergent comme autant d'îlots. A chaque instant de gros nuages grisâtres roulent sur les flancs du Fedj-Manâ et nous enveloppent de leurs vapeurs lourdes et humides. Quand nous nous hasardons à sortir de notre abri en toile, nous pataugeons dans un bourbier liquide où nous enfonçons jusqu'à mi-jambe.

Pourtant, malgré toutes ces épreuves, la bonne humeur et la gaieté de nos braves soldats sont inaltérables. Depuis notre arrivée au Fedj-Manâ, la brigade Caillot compte seulement deux malades entrés à l'ambulance. Les zouaves et les turcos sont inépuisables d'entrain.

Trois Khroumirs qui rôdaient aux abords du camp sont arrêtés par la gendarmerie et conduits à la prevôté ; ces individus, vêtus de mauvais burnous usés jusqu'à la corde, étaient sans armes et portaient autour de la taille des cartouchières en cuir graisseux munies à l'intérieur de petits morceaux de roseau contenant de la poudre et des balles. L'une de ces cartouchières était fermée par un vieux bouton en cuivre portant le coq gaulois et cette légende : « Garde mobile, 1848. » Dans cette gibera, on a trouvé une cartouche en cuivre de fusil Gras qui avait déjà servi, et que ce Khroumir ayant ramassée avait voulu utiliser en y mettant de la poudre et un morceau de plomb.

Camp de Fedj-Manâ, 7 mai.

Un coin du ciel bleu se fait entrevoir ce matin au réveil ; le vent tourne au sud-est, et pousse devant lui les nuages qui obscurcissaient encore l'horizon. Le soleil inonde notre camp de sa chaude lumière, dont nous étions privés depuis trois longs jours. La terre se sèche rapidement : zouaves et turcos sortent de leurs tentes, et étendent leurs vêtements sur les buissons et les pointes de roches pour les faire sécher

A voir de loin tous ces pantalons rouges, ces vestes bleues, ces blouses de toile blanche, on croirait que les pentes du Fedj-Manâ sont tapissées d'énormes draperies tricolores.

Une nouvelle reconnaissance de cavalerie indigène part vers Sidi-Abdallah, que nous devons décidément occuper demain, *si el tiempo lo permite* (si le temps le permet), comme on dit pour les courses espagnoles, et voir si le ruisseau de cette vallée peut-être rendu guéable par nos sapeurs du génie.

De nouveaux Khroumirs apportent au camp leurs longs moukalas au canon cerclé par d'innombrables capucines de cuivre ciselé. De Fernana arrivent plusieurs Tunisiens vêtus de superbes *gandouras* jaunes, qui sont chargés de dépêches par le général Logerot.

Aujourd'hui le nouveau commandant de notre brigade, le général Caillot, vient prendre possession de son poste, arrivant directement de Lunéville où il commandait une brigade de chasseurs à cheval. C'est un de nos plus jeunes généraux; ses états de service sont des plus brillants; il a pris part aux guerres de Crimée, d'Italie, d'Afrique, du Mexique et d'Allemagne. De taille mince et élancée, portant la longue moustache blonde, la voix brève et sonore, le général Caillot présente un type des plus militaires et des plus énergiques, bien fait pour inspirer la confiance aux troupes placées sous ses ordres.

Cette après-midi, je suis allé sur un des points culminants des hauteurs entourant la cuvette d'El-Manâ, où des officiers d'artillerie avaient installé une longue-vue, et d'où l'on apercevait un horizon splendide : à gauche, le marabout de Sidi-Abdallah, avec sa *kouba* (coupole) de forme conique; avec notre télescope, nous distinguons vers trois heures une bande de cavaliers khroumirs se diriger vers le marabout, sur la muraille duquel ils arborent, sans doute en signe de défi, trois étendards; des goumiers de notre grand'garde nous disent que ce matin ils ont entendu retentir dans les ravins nous faisant face de grands cris qui dénotent un nombreux rassemblement d'indigènes.

En face de notre observatoire, les tentes du camp de la colonne Logerot, et tout au au loin Beja; enfin, et à droite, la vallée de la Medjerda, ainsi que la ligne du chemin de fer de Tunis à Gardimaou. Juste au moment où nous observions cette vallée, nous avons aperçu la longue traînée de fumée d'un train qui se dirigeait à toute vitesse sur ce dernier point. Vous ne sauriez vous imaginer avec quel œil d'envie nous avons contemplé cet indice de civilisation, nous autres malheureux exilés depuis plus d'un mois dans des montagnes abruptes, où la plus misérable cabane en pierres est même chose inconnue.

Découverte de deux soldats du train assassinés.

CHAPITRE IX

Marabout de Sidi-Abdallah.

En avant. Marche à l'ennemi. Le marabout de Sidi-Abdallah. L'anniversaire de San Lorenzo. Escalade de la brigade Vincendon. Incendie des douars. La razzia des spahis. Dans le marabout. Les étendards et le sarcophage de Sidi-Abdallah. En retraite. Encore la pluie. L'éducation des Khroumirs par nos goumiers. Assassinat de trois soldats du train. Les obsèques. Une ovation funèbre. La Nouba des tirailleurs.

Marabout de Sidi-Abdallah-ben-Djemel, 8 mai.

La nuit dernière un orage terrible s'est abattu sur notre camp. Tous les éléments déchaînés de la création semblaient s'être donné rendez-vous dans ce malheureux Fedj-Manâ. Une pluie torrentielle traversait même nos toiles de tente qu'un vent furieux secouait avec violence et menaçait de renverser à chaque instant. De tous côtés les éclairs sillonnaient le ciel. Nos malheureux chevaux affolés hennissaient d'une façon lamentable. Les échos de la vallée répercutaient au loin les roulements du tonnerre, et la foudre serpentait en longs zigzags de feu sur les flancs des collines. A certain moment, celle-ci est tombée si près d'une compagnie de zouaves placés en grand'garde, que les soldats ont été à moitié aveuglés par une flamme éblouissante, et ont vu des lames de feu courir sur la pointe des baïonnettes des fusils placés en faisceaux.

La diane nous réveille à quatre heures. Le ciel est pur. L'orage de la nuit a complètement dégagé l'atmosphère. Ordre est donné à 12 bataillons de pousser une reconnaissance sur le marabout de Sidi-Abdallah. Chaque brigade fournit 4 bataillons et ses 2 batteries de montagne, sous les ordres de son chef. Le général Delebecque prend le commandement de la colonne. Les sacs sont laissés au camp. Les hommes n'emportent que le quart, le bidon, la musette en toile et les boîtes de conserve de réserve.

L'on part à cinq heures et demie; le terrain est encore boueux, les soldats glissent à chaque pas. A six heures, les troupes se réunissent à droite du col, dans une prairie assez large traversée par l'Oued-Liefcha, et se forment en colonne de compagnie l'artillerie et les ambulances en deuxième ligne.

— Baïonnette au canon! commandent les officiers. De tous côtés, on n'entend que le claquement sec de ces armes que l'on assujettit aux fusils.

Après une courte halte, les généraux se réunissent autour du commandant de la colonne, qui donne les instructions suivantes : à droite, la colonne Caillot :

Les capitaines O'Connor et Mouline, avec les spahis du 3ᵉ régiment, prennent possession du marabout de Sidi-Abdallah-ben-Djemel (8 mai).

au centre, la colonne Galand; à gauche, la colonne Vincendon.

Quand toutes les dispositions sont arrêtées :

— En avant marche! ordonne le général Delebecque, et notre ligne s'ébranle avec la même régularité qu'à la parade. En avant, les spahis et les goums; sur notre droite, une ligne de turcos en flanqueurs; ces braves indigènes, leurs larges pantalons de toile maculés par la rosée du matin, courent de buisson en buisson, le fusil en arrêt, prêts à faire feu et poussent des « you! you! » retentissants.

Une compagnie du génie nous précède avec des mulets chargés de pelles et de pioches, pour nous frayer le passage là où il sera nécessaire.

Après avoir gravi et descendu une succession de collines jaunâtres couvertes de genêts épineux, de myrtes et de lauriers sauvages, nous arrivons à 5 kilomètres environ du Fedj-Manâ, sur le sommet du versant faisant face aux pentes de la Sera Sidi-Abdallah-ben-Djemel. La colline que nous devons descendre est presque taillée à pic, et le petit ruisseau qui coule au fond de la vallée roule ses eaux jaunâtres entre des berges escarpées et infranchissables pour les mulets portant notre artillerie de montagne.

La brigade Galand s'établit à notre droite dans une énorme forêt de chênes-liège, plusieurs fois séculaires. La brigade Vincendon s'apprête à descendre pour former la tête de l'attaque si l'ennemi se présente.

Des hauteurs que nous occupons, nous apercevons les hauteurs escarpées de la Sera de Sidi-Abdallah; au centre dans une large vallée formant col, le marabout de ce nom, sur un petit mamelon entouré de prairies et de moissons. Plusieurs tentes noirâtres en poil de chèvre sont établies autour de ces murailles sur lesquelles flottent trois vieilles loques en guise de bannières. Aucun bruit dans la vallée.

La brigade Vincendon se met en marche et descend dans le ravin qui forme une étroite baranca. Les turcos sont furieux : aujourd'hui 8 mai, c'est le jour anniversaire de la bataille de San-Lorenzo, livrée en 1863 au Mexique, où le drapeau de leur 3e régiment fut décoré pour avoir enlevé plusieurs étendards à l'ennemi. Les officiers, qui espéraient fêter cette date mémorable en plantant leur drapeau sur les murailles de Sidi-Abdallah, piétinent d'impatience ; plusieurs fois les hommes veulent se porter en avant et leurs chefs sont obligés de se jeter devant eux pour les maintenir en place.

Pendant ce temps, les troupes du général Vincendon franchissent la pente opposée du ravin, véritable escalade où l'on est obligé de se cramponner des pieds et des mains aux broussailles qui tapissent la berge ; ces troupes font halte dans la vallée, à l'endroit où s'élevait, avant notre arrivée, une agglomération de plusieurs douars de la tribu des Atatfa, et devant réunir plusieurs milliers d'habitants. Cet endroit est des plus riants ; partout des maisons entourées d'enclos en pierres sèches, des vergers admirablement cultivés, des vignes et d'épais massifs de figuiers. Les tentes ont été enlevées par les Khroumirs, il ne reste plus que les *dizribas* ou haies en épines qui entourent celles-ci ainsi que des centaines de gourbis en branchages.

A la suite de nos troupes, tous les *takals* (convoyeurs) de nos trois brigades descendent dans la vallée, afin de faire de l'herbe pour les chevaux de notre cavalerie. Le pillage est le faible de l'Arabe; aussi voyons-nous nos indigènes, trottinant sur leurs mulets, se répandre de tous côtés en poussant des cris aigus; leurs burnous jaunâtres grouillent de tous côtés; blés et orges en pleine maturité tombent en un clin d'œil sous leurs faucilles et sont chargés sur les télisses (sacs et bâts des mulets). Les gourbis sont minutieusement fouillés, ainsi que le sol, où l'on découvre de nombreux silos, pleins de récoltes et d'ustensiles.

Bientôt le feu est mis à ces cahutes en bois sec, qui flambent comme de véritabes paquets d'allumettes. Des centaines de points rougeâtres s'allument et piquent de taches étincelantes le fond de la vallée, d'où montent en tourbillonnant d'épaisses colonnes de fumée blanchâtre. Sur notre droite, à travers le feuillage des chênes-liège, nous apercevons les mêmes indices d'incendie, qui nous annoncent que les douars des Onled-Hellol subissent pareil sort.

A huit heures et demie, nos éclaireurs se mettent en marche sur le marabout : ce sont les spahis et quelques goumiers dont nous voyons les vestes pourpres se détacher sur le fond vert émeraude des prairies. Arrivés à 200 mètres du marabout, nos cavaliers font halte derrière un bouquet d'arbres. Deux d'entre eux, penchés sur l'encolure de leurs chevaux, se dirigent au pas vers cette construction qui paraît décidément abandonnée. Un Khroumir s'avance vers eux en parlementaire : nos spahis font un signe et tout l'escadron accourt au galop prendre possession du palladium des Khroumirs.

Une vingtaine de spahis sont laissés à sa garde, et tout le reste de l'escadron part en avant. A un kilomètre du marabout, nos cavaliers rencontrent plusieurs douars que les Khroumirs viennent d'abandonner et un immense troupeau qui s'enfuit au loin ; les spahis se lancent à sa poursuite, et après l'échange de quelques coups de feu ramènent 150 moutons et chèvres et 84 bœufs, qui seront ce soir répartis entre les troupes de notre colonne. A leur retour, les spahis incendient les douars, et de nombreuses colonnes de flammes et de fumée s'élèvent autour du sanctuaire gardien de l'indépendance des Khroumirs. Ceux-ci ont dû se réfugier dans les broussailles des montagnes situées au fond du col, sur la crête duquel nous voyons courir quelques cavaliers qui allument un énorme bûcher, pour signaler sans doute notre approche. Pendant ce temps, l'artillerie du général Galand lance une dizaine d'obus dans les collines de notre droite pour fouiller les plis de terrain, et l'infanterie exécute deux feux de salve sur quelques burnous aperçus dans cette direction.

Le marabout une fois occupé, la brigade Vincendon se met alors en marche pour en prendre possession ; en avant une ligne de tirailleurs précédant les généraux Delebecque et Vincendon, reconnaissables à leurs fanions rouge-blanc et bleu-rouge. Viennent ensuite les chasseurs à pied dans leur sombre uniforme, courant dans les blés comme une nuée de corbeaux, et les capotes bleues de l'infanterie de ligne.

A neuf heures, la tête de cette longue colonne qui s'étend sur la colline comme un immense serpent atteint le marabout ! un vieux *bouab* (porteur) a été laissé à sa garde, et demande l'aman au général Delebecque en disant : « Vous êtes les maîtres, prenez ce que vous voudrez ! »

Ce marabout dont il a été tant parlé depuis le commencement de cette campagne est de forme carrée ; ses murailles épaisses de près de 2 mètres sont blanchies à la chaux ; trois petites portes voûtées, sous lesquelles on est obligé de se courber, donnent accès dans cet édifice que surmonte une coupole exiguë percée d'étroites ouvertures pour laisser passer la lumière.

L'intérieur du tombeau est des plus modestes ; au centre, et entouré par quatre colonnettes, le sarcophage en pierre, recouvert d'une étoffe de soie, loque informe et d'une couleur indéfinissable. A la tête, une boîte en bois avec des petits compartiments où les fidèles déposent de l'encens. Une lampe à cinq becs descend du cintre de la coupole, et deux lanternes en fer-blanc sont accrochées à la muraille. D'énormes quantités de provisions, sacs de blé, d'orge, de tan, de tabac, une cinquantaine de tentes en poil de chèvres etc., ont été entassées par les Khroumirs à l'intérieur et en dehors du marabout, sans doute pour être protégées par leur puissant patron.

Pour cette fois, sa protection leur fait défaut, et tous ces objets sont enlevés par les mulets de nos pourvoyeurs pour être ramenés au camp de Fedj-Manâ.

Camp de Fedj-Manâ, 8 mai, 6 h. du soir.

A une heure, les troupes du général Vincendon après avoir pris le café, quittent le morabout et redescendent dans la vallée, battant en retraite par échelons pour protéger le retour du troupeau pris par les spahis. Le marabout est abandonné intact, ainsi que les drapeaux de cet édifice arborés sur la muraille nous faisant face. Ces drapeaux, ou plutôt ces guenilles, sont au nombre de trois : le premier, rouge et vert ; le second, blanchâtre, à bordure verte, avec pomme en fer-blanc ; le troisième, jaune.

Au moment de notre départ, une seconde colonne de fumée s'élève au fond du col pour avertir les Khroumirs de notre retraite. Ceux-ci reparaissent peu à peu et commencent à sortir des broussailles. Dans le ravin, sur notre droite, nous entendons retentir plusieurs coups de feu. Ce sont les capitaines Mouline et O'Connor qui, accompagnés de plusieurs spahis, ont voulu reconnaître l'entrée du Kranguet-Meridj et ont été salués par une décharge des *schouafs* (éclaireurs) ennemis.

Une dizaine de Khroumirs, armés de longs moukalas, reviennent vers deux heures et demie au marabout et lèvent les bras en signe de désolation, se lamentant sans doute à leur patron vénéré de ce qu'il ait ainsi laissé enlever leurs tentes et leurs provisions.

A trois heures, la brigade Caillot formant tête de colonne se retire vers le camp, précédant les deux autres brigades, et nous arrivons à quatre heures au Fedj-Manâ, où notre retour est salué par une succession d'averses torrentielles qui menacent de durer toute la nuit.

Camp de Fedj-Manâ, 9 mai.

Il pleut, il pleut bergère.

Avec le beau temps, la bonne humeur a disparu. Cette maudite pluie défonce les chemins, interrompt les communications et convertit tous les sentiers en bourbiers liquides, où mulets et soldats du train s'embourbent jusqu'au ventre. Ce matin, l'Oued-Liefcha, qui coule dans le ravin du Fedj-Manâ où est situé notre campement et qui, en temps ordinaire, n'est qu'un mince filet d'eau, a grossi à tel point qu'on ne pouvait se rendre d'un campement à un autre et que le spahi chargé de porter le courrier à La Calle, ayant voulu le traverser à gué avec son cheval, a été entraîné par la violence du courant et a eu toutes les peines du monde à se tirer de ce véritable torrent.

A la nuit, la pluie cesse pour faire place à une véritable tempête qui secoue et gonfle nos pauvres toiles de tente comme des voiles de navire.

Camp de Fedj-Manâ, 10 mai.

Le beau temps revient ce matin et ramène un peu de gaieté et de soleil dans notre campement : malheureusement nous apprenons une triste nouvelle, qui nous montre à quel point on doit se fier aux protestations de soumission des Khroumirs : trois soldats du train viennent d'être assassinés aux abords du camp par ces indigènes.

Cette après-midi, vers deux heures, une petite reconnaissance, composée du commandant Crétin, chef d'état-major du général Delebecque, des capitaines Calvel et Mouline et de quelques spahis, quittait le camp, et s'engageait par la vallée de droite, qui conduit aux abords du marabout de Sidi-Abdallah, pour chercher la place d'un nouveau campement. Arrivés sur une petite colline située à 4 kilomètres du Fedj-Manâ, ces officiers aperçurent, au fond d'un ravin couvert de broussailles, deux chevaux et deux mulets du train avec leurs bâts, et abandonnés. Un spahi distingua

6.

alors un mince filet de fumée qui s'élevait d'un massif de genêts épineux. Il y poussa son cheval et aperçut les cadavres mutilés d'un brigadier et d'un soldat du train : ces malheureux appartenaient au 16e escadron et étaient attachés à l'escorte du général Forgemol : ce matin, à neuf heures et demie, ils étaient partis avec un troisième camarade, qui a disparu, pour aller chercher du vert pour les chevaux de l'état-major.

A force d'entendre dire que tous les Khroumirs se soumettaient, nos pauvres soldats n'avaient pris aucune précaution pour leur défense et s'étaient aventurés au loin. Ils devaient, sans doute, moissonner tranquillement, quand ils furent aperçus par un parti de *schouafs* (éclaireurs) de la tribu insoumise des Atatfa; ceux-ci, se glissant alors de broussaille en broussaille, arrivèrent sans être aperçus jusqu'auprès des trois Français, sur lesquels ils firent feu à bout portant et les hachèrent ensuite à coups de flissa.

Les deux cadavres retrouvés étaient criblés de blessures. Le brigadier était défiguré ; cinq ou six coups de sabre lui avaient fendu la tête et arraché les yeux. Une balle qu'il avait reçue en pleine poitrine l'avait tué sur place ; quant au soldat, il avait été frappé par derrière, au moment où il coupait de l'herbe, car sa main crispée serrait encore une poignée d'orge vert ; trois balles l'avaient atteint au dos, à l'aine et au poignet. Ces coups avaient été tirés de si près que les bourres avaient mis le feu à ses vêtements qui brûlaient encore à l'arrivée de notre reconnaissance, et la fumée qui s'en échappait avait signalé l'emplacement de son corps aux spahis. Tout son dos ainsi que l'avant-bras droit étaient affreusement carbonisés.

Les Khroumirs leur avaient enlevé leurs bottes, leurs capotes, ainsi que leurs bonnets de police ; toutefois on a retrouvé sur eux leurs lettres et leur argent. Leurs armes ont également disparu, sauf une carabine qui a été découverte à quelques pas du lieu de l'assassinat, la culasse encore entourée d'un morceau de toile pour la préserver contre l'humidité. Les chevaux et les mulets avaient été abandonnés par l'ennemi, qui s'était contenté de blesser l'un de ces derniers d'un coup de feu au côté.

Le troisième soldat du train avait disparu : les Khroumirs avaient sans doute traîné son cadavre dans les bois voisins pour le dépouiller. Une longue traînée de sang, qui marquait le fond du ravin, annonçait qu'un de nos soldats s'était défendu et avait frappé un de ses ennemis au moment de leur lâche agression.

Le crime remontait à peu d'heures, quand notre reconnaissance arriva en cet endroit. Les cadavres étaient encore chauds. Nos officiers poussèrent aussitôt en avant pour accomplir leur mission et découvrir la troisième victime, pendant qu'un des spahis retournait au camp chercher des mulets pour ramener les corps des deux soldats.

Après un kilomètre de marche, la reconnaissance gravit un petit plateau séparé par un étroit *chaba* (ravin) des premières pentes de la chaîne de Sera-Sidi-Abdallah-ben-Djemel. Sur celles-ci, le capitaine Calvel découvrit un Khroumir qui cherchait à gagner un massif d'arbres ; il paraissait blessé, marchait péniblement et portait sur le bras la capote bleue de l'un des tringlots assassinés. Presque aussitôt, une décharge d'une dizaine de coups de feu fut tirée de ce massif sur notre reconnaissance à une distance d'environ 700 mètres. Quelques balles, tirées sans doute avec les mousquetons Gras enlevés aux soldats du train, rasèrent de très près nos officiers qui, après avoir relevé l'emplacement du terrain où ils se trouvaient, se replièrent sur le camp, après avoir inutilement exploré les taillis bordant la route pour découvrir le troisième soldat assassiné.

Les deux autres cadavres furent déposés à la grande ambulance, pendant que des sapeurs du génie creusaient une fosse profonde à l'entrée du ravin. — Cette fosse terminée, les corps furent apportés sur des brancards, suivis par de nombreux officiers et soldats, et déposés côte à côte dans la fosse, recouverts d'une toile de tente. Le vénérable aumônier de la division s'approche alors, tire son bréviaire, et après avoir lu quelques prières, jette une pelletée de terre ; tous les soldats de l'escadron du train auquel appartenaient les victimes, sont là, le visage triste et contracté par la douleur ; la plupart pleurent à chaudes larmes. Leur capitaine prend la parole, la voix tremblante, entrecoupée par l'émotion.

— Mes enfants, leur dit-il, vous voyez comment les Khroumirs ont traité vos camarades, vous les vengerez, n'est-ce pas ?

— Oui, répondent les soldats d'une voix sourde, nous les vengerons !

Puis chacun se baisse et se retire, après avoir jeté une poignée de terre sur la fosse des ces humbles martyrs du devoir, dont voici les noms :

Le brigadier s'appelait Fournier ; le soldat, Gabert, et celui qu'on n'a pas encore retrouvé, Besset.

Dans la soirée, le colonel du 1er régiment de tirailleurs, M. Colonna d'Istria, arrive au camp pour prendre le commandement de ses deux bataillons. Il est accompagné du drapeau et de la *nouba*, ou musique indigène des tirailleurs. Cette musique aiguë et criarde vient donner une aubade au général Caillot. Elle se compose de douze exécutants et un chef. Cinq joueurs de *raïta*, petite clarinette kabyle en bois blanc, ciselée de cuivre; trois joueurs de *tabala*, petites timbales en écailles de tortue, reliées entre elles par une poignée et recouvertes d'une peau, sur laquelle chaque joueur frappe avec deux baguettes; trois joueurs de *tebel*, grosse caisse recouverte de drap bleu avec un croissant et une étoile rouges, que le musicien, au lieu de frapper avec un tampon, gratte au moyen d'un morceau de bois recourbé; enfin, un cymbalier complète cet orchestre bizarre qui ne manque pas d'originalité, et dont les airs monotones admirablement rythmés conviennent à merveille pendant les marches pour enlever le pas des tirailleurs.

A la nuit, nous recevons l'ordre de lever pour demain notre camp du Fedj-Manâ, et de nous porter en avant dans la direction du marabout de Sidi-Abdallah.

La brigade Caillot attaque le Kranguet-Meridj.

CHAPITRE X

Kranguet-Meridj.

Le passage du ruisseau. Découverte d'un soldat assassiné. Vengeance. Combat d'avant-garde. *You! you!* Charge des goumiers. Au pas gymnastique. Au Kranguet-Meridj. Insultes des Khroumirs. Éclaireurs ennemis. Combat d'artillerie. Établissement du camp. Coup double. Reconnaissance du 1er tirailleurs. Les feuilles ensanglantées. Une touchante trouvaille. Égarés dans le brouillard. La marche des zouaves. L'inondation du camp. Reconnaissance du Kranguet-Meridj.

Camp près du Djebel-Meridj, 12 mai.

Quatre heures du matin. La diane sonne ses notes vives et alertes ; les tentes sont prestement, et je dirai même gaiement abattues, tant les soldats sont contents de quitter cet affreux bourbier du Fedj-Manâ. A cinq heures, les rangs se forment : les troupes se mettent en marche et prennent à droite la vallée que nous avons déjà suivie le 8 mai, pour nous rendre au marabout de Sidi-Abdallah.

Pour sortir du camp, nous traversons un large ruisseau à l'eau limoneuse et jaunâtre, dont les rampes glissantes, dernier souvenir de cet horrible séjour, occasionnent de nombreuses culbutes.

Le ravin une fois franchi, la brigade se rassemble dans une verte prairie que traversent plusieurs ruisseaux bordés de roseaux et de bambous. A ce moment, un épais brouillard au travers duquel le soleil nous paraît un immense disque de fer rouge, tombe sur la vallée : impossible de voir à plus de 3 mètres en avant de soi. Aussi le général Caillot, en chef prudent autant qu'expérimenté, fait arrêter ses troupes, former les faisceaux et masser le convoi, en attendant que l'on puisse s'aventurer en toute sécurité sur les collines broussailleuses qui nous font face et où l'on sait que sont postés les *schouafs* (éclaireurs) ennemis.

Sept heures : le brouillard se dissipe : notre brigade reprend sa marche offensive et se met en mouvement dans un ordre de colonne en bataille des mieux entendus et des mieux ordonnés. En avant, les goumiers, suivis à courte distance par la compagnie du génie et une compagnie de zouaves. Les six bataillons de zouaves et de turcos viennent ensuite, en ligne de colonne de compagnie; entre chaque bataillon, les deux batteries de montagne, l'ambulance et les bagages; enfin à l'arrière-garde *Biscuit-Ville*, ou le convoi administratif. Sur les flancs, les compagnies de flanqueurs. Ainsi massée, notre brigade s'avance avec la même régularité qu'à une parade à Longchamps : on se sent commandé par un véritable général ; malgré les pentes et les ravines que nous traversons, le même ordre se maintient.

— Voilà longtemps, me dit un officier de zouaves, que je n'ai vu exécuter une aussi belle marche en Afrique.

Nous suivons le même chemin que celui pris, il y a trois jours, par la colonne du général Galand. A une heure de marche du Fedj-Manâ, nous descendons dans le bas-fond où ont été retrouvés hier les cadavres de nos deux pauvres *tringlots*. En cet endroit gît encore le corps de la mule qui a été tuée par les Khroumirs.

Quelques instants après, les goumiers qui nous précèdent, en battant l'estrade, pénètrent dans un petit bois, situé au sommet de la pente opposée, et en ressortent bientôt en nous faisant signe de les rejoindre. Plusieurs d'entre nous les suivent dans le taillis, et au milieu d'une petite clairière nous apercevons sur un gazon épais et touffu, semé de pâquerettes et de boutons d'or, le cadavre sanglant et défiguré du troisième soldat disparu, étendu le nez en terre et les bras en croix. Le malheureux est seulement vêtu de sa chemise et de son pantalon de toile; contre lui, un tricot de laine souillé de sang et un calot d'écurie haché de coups de flissa; ses armes et ses autres vêtements lui ont été enlevés; on retrouve sur lui quelques lettres et un mandat de poste de 10 francs. La tête a été fendue à coups d'arme blanche; dans le dos, trois trous béants et tuméfiés. L'orifice de ces blessures bleui et brûlé par la poudre démontre que les coups de feu ont dû être tirés à bout portant.

Les soldats se pressent autour du cadavre de leur

frère d'armes, que l'on enveloppe dans une toile de tente et que l'on charge sur un mulet de l'ambulance.

— Vengeance ! grondent les zouaves en serrant fiévreusement le canon de leurs fusils. Les turcos tirent de leurs poches leurs couteaux et se promettent de couper les oreilles et la tête à tout Khroumir qui tombera entre leurs mains.

Vers neuf heures du matin, les cinquante cavaliers du goum qui éclairaient notre colonne, après avoir traversé un bois épais de chênes-liège, sont salués par une décharge que leur tirent, à 50 mètres de distance, une quinzaine de Khroumirs embusqués derrière des troncs d'arbre. Une *moukère* (femme indigène), en robe bleue et déguenillée, se trouve avec avec ceux-ci et les encourage de son you ! you ! perçant et aigu.

Les goumiers quittent aussitôt leurs burnous et se les roulent autour de la taille, pour avoir les mouvements libres. — *Ya Allah !* (avec Dieu !) crient le caïd Brahim et les cheiks Ibrahim et Abdallah : enlevés par leur chef, le capitaine Barbier, nos braves goumiers se lancent au galop sur les Khroumirs qui reculent jusque sur les premières pentes du Djebel-Meridj, et les fusillent dans leur fuite précipitée. Deux pièces de montagne mises rapidement en batterie appuient ce mouvement par quelques obus lancés sur la crête où apparaissent quelques burnous ennemis.

Une rumeur joyeuse court dans les rangs en voyant s'élever la fumée blanchâtre de la poudre à travers les éclaircies des taillis et en entendant crépiter la fusillade. — Enfin ! disent les zouaves et les tirailleurs.

Le bataillon de zouaves qui tient la tête se porte en

avant au pas gymnastique, suivi par notre artillerie, pendant que le reste de la colonne se masse dans un ravin.

Notre première ligne atteint un petit plateau gazonné séparé par un ravin profond et escarpé des pentes boisées du Djebel-Meridj (montagne de la prairie) qui se rattache, à droite du col où est situé le marabout de Sidi-Abdallah-ben-Djemel, à la grande chaîne de ce nom.

Cette première montagne à crête dénudée et granitique est couverte, depuis sa base jusqu'à mi-côte, de profondes forêts séculaires et sillonnée de ravins boisés où se tiennent plusieurs centaines de Khroumirs qui font feu sur nous, à une distance de moins de 600 mètres. Nous entendons retentir dans le feuillage épais leurs cris de guerre, les appels qu'ils se font entre eux :

— Ali ! Mohamed ! etc... ainsi que les insultes qu'ils lancent à nos soldats :

— *Klab! tahanine!* (Chiens! rufians!)

La batterie de 4 de montagne du capitaine Perthus se met de nouveau en batterie sur le petit plateau, et envoie plusieurs salves de boîtes à mitraille dans les bois où sont cachés les Khroumirs, et à l'endroit d'où partent leurs cris. Les canons « le Raoul » et « le Bosphore » lancent surtout leurs projectiles avec une précision remarquable, et les cris de colère des ennemis ainsi que des gémissements plaintifs annoncent que nos habiles artilleurs ont pointé juste. La batterie de 80, du capitaine Carrier, appuie ce brillant mouvement : bientôt les hurlements des Khroumirs s'éloignent de nous, et nous apercevons ceux-ci déboucher sur le sommet des crêtes où ils se sauvent à toutes jambes. A notre gauche, nous entendons également retentir le canon de la colonne Vincendon, dont l'avant-garde vient d'atteindre le marabout de Sidi-Abdallah.

Chassés des bois par la mitraille, les Khroumirs se retirent en arrière des crêtes du Djebel-Meridj. Enhardis par notre silence, et se croyant en sûreté, vu la distance qui nous sépare, l'ennemi reparaît peu à peu. Bientôt cinq ou six *schouafs* (éclaireurs) se font voir derrière une petite arête rocheuse, située en avant de la crête. Avec la lunette d'approche, nous distinguons parfaitement les traits de ces ennemis, qui sont de haute taille, sans burnous et en tenue de combat; la *gandoura* (chemise) serrée à la taille par une ceinture où est passé le flissa.

Le commandant Nousbaumer, commandant l'artillerie de notre brigade, fait évaluer la distance qui nous sépare, 2.500 mètres environ, et braque deux pièces de 80, qui font feu l'une après l'autre. Le premier obus, tiré trop long, rase le rocher, d'où les schouafs disparaissent aussitôt. Le deuxième projectile éclate à 3 mètres en avant du rocher et fait sauver l'ennemi dans un petit bois situé derrière la crête. Dans leur fuite, deux ou trois Khroumirs se prennent les pieds dans les broussailles et s'étalent, aux applaudissements de nos soldats.

Rien de plus ravissant que notre camp, avec ses tentes perdues au milieu des hauts champs de blé et d'orge, et ombragées par d'énormes chênes-liège, aux troncs plus que séculaires, noircis par la fumée des incendies que les Arabes allument presque annuellement dans leurs forêts pour défricher et fumer le terrain. Nos pauvres chevaux privés de fourrage vert depuis nos six jours de campement dans les boues du Fedj-Manâ, sont lâchés dans les moissons et se roulent avec délices sur l'orge et l'avoine qu'ils broient à belles dents. En quelques minutes, tous ces champs sont ainsi moissonnés et paraissent avoir été dévastés par le passage d'une nuée de sauterelles.

Vers une heure de l'après-midi, au moment où nos soldats prennent leur repas, des Khroumirs se rapprochent du camp en se glissant dans les taillis pour enlever sans doute un de leurs blessés, dont les sentinelles entendaient les gémissements, et font feu sur quatre officiers du 1er régiment de tirailleurs, MM. les capitaines Guillet et Creutzer, lieutenant Gigandet et sous-lieutenant Taveau, qui déjeunaient assis sur leurs cantines. Une balle passe entre eux et va traverser une marmite placée à quelques pas en arrière où des tirailleurs faisaient chauffer leur café. Ce projectile que l'on m'a fait voir était une balle de fusil Gras et doit avoir été tirée avec un des mousquetons enlevés hier aux hommes du train.

En cet instant, sur la crête située au delà du col, apparaît une nouvelle bande de Khroumirs. L'un d'eux, un chef sans doute, enveloppé d'un burnous noir, est monté sur un cheval de petite taille. Deux ou trois sont coiffés de la haute chechia tunisienne. La distance est de 2.700 mètres. Une pièce est braquée derrière un bouquet d'arbres, pour que l'ennemi ne puisse pas être averti par la fumée, et un obus va éclater au milieu de la crête, faisant place nette.

A une heure et demie, le général Caillot donne ordre aux deux bataillons du 1er tirailleurs de reconnaître et de fouiller toutes les crêtes du Djebel-Meridj. A deux heures, les turcos se mettent en marche sur

Le 3e bataillon du 3e zouaves (commandant Bounin) enlève à la baïonnette les hauteurs de Djebel-Tarabia (27 mai).

notre droite et disparaissent dans les plis de terrain pour prendre la position à revers. Une demi-heure après, leurs premiers tirailleurs apparaissent sur les crêtes et se détachent en silhouettes sur le fond de l'horizon. Ces intrépides soldats, le petit manteau à capuchon jeté sur le dos, marchent rapidement, le corps penché en avant, le fusil en arrêt et prêt à faire feu. Après eux débouchent les réserves, et bientôt la montagne est couverte de centaines de points bleus et blancs ; ce sont nos braves tirailleurs qui courent sur les pentes, lestes comme des chats, et fouillent les bois et les ravines.

Successivement ils couronnent toutes les crêtes, battues ce matin par notre artillerie, sans rencontrer les Khroumirs, qui se sont prudemment repliés à leur approche.

En arrivant au-dessus du bois qui s'élève dans le col d'Aïn-Draham (la source de l'argent), la section de tirailleurs d'avant-garde s'arrête en apercevant un parti de Khroumirs embusqués sur la lisière d'un taillis dans le fond du ravin, et leur envoie trois salves successives qui les font disparaître au plus vite.

Jugeant alors le but de cette reconnaissance atteint, le général Caillot fait sonner la retraite ; nos tirailleurs redescendent directement et par échelons dans la vallée : en voyant ce mouvement de retraite les Khroumirs reparaissent sur la crête en arrière du col, et reviennent successivement se porter sur les autres sommets, s'abritant prudemment derrière des blocs de pierre et ne laissant apercevoir que les longs canons de leurs moukalas.

Nos tirailleurs dépassent alors la ligne de nos sen

tinelles a ancées qui sont aujourd'hui formées par les zouaves et dont la plupart se sont perchées dans les arbres pour voir plus au loin dans les broussailles, et rentrent à leur campement où ils sont chaudement félicités par le général Caillot pour leur rapide ascension ; cet officier supérieur remercie également nos goumiers de leur brillante conduite de ce matin, et par ces quelques paroles empreintes d'une simplicité toute militaire, remplit les soldats de contentement.

Dans leur reconnaissance, les tirailleurs ont fouillé et scruté le terrain avec une véritable sagacité de Peaux-Rouges. Dans une clairière, ils ont découvert les traces d'un campement récemment abandonné, une pioche, une hache, des sébiles en bois à moitié pleines d'un grossier couscouss, et la moitié d'une lettre maculée de sang à l'adresse du malheureux Besset, le soldat du train dont nos goumiers ont retrouvé le cadavre ce matin et que l'on vient d'ensevelir dans le ravin en arrière de notre ambulance. Cette lettre, datée du 14 avril, lui était adressée par son beau-frère, habitant aux environs de Lyon : celui-ci lui parlait de sa mère, de ses sœurs, et ajoutait, hélas! que toute sa famille comptait sur son prochain retour.

Il est maintenant hors de doute que notre mitraille a dû atteindre plusieurs Khroumirs ; car en parcourant le bois où l'ennemi se tenait, il y a quatre heures, les turcos ont remarqué, parmi les branchages et les troncs d'arbres hachés et labourés par nos projectiles, de longues traînées de sang s'arrêtant au bord d'un petit ruisseau : les feuilles mortes qui jonchaient le fond de ce taillis étaient tachetées de gouttelettes et de caillots encore frais; en outre, d'autres traces de sang ont été également vues le long d'un sentier qui conduit à la crête.

Camp près du Djebel-Meridj, 12 mai.

Décidément, Sidi Abdallah nous poursuit de sa colère. Depuis la nuit dernière, de gros nuages roulent sur les crêtes du Djebel-Meridj, et déversent sur notre malheureux camp une pluie fine et glacée. Un brouillard épais, digne de Londres ou de Liverpool, nous enveloppe : impossible de quitter les alentours de sa tente, sous peine d'être égaré. Depuis plusieurs heures, les clairons du 3ᵉ zouaves parcourent les abords du camp en sonnant à pleins poumons la marche du régiment. Une de leurs compagnies, partie ce matin du marabout de Sidi-Abdallah, et qui devait arriver à dix heures à notre camp, n'ayant qu'une distance de 2 kilomètres à parcourir, s'est perdue dans le brouillard, au milieu des épaisses forêts de chênes-liège qui nous entourent. A six heures du soir nous entendons enfin retentir au loin les clairons de cette compagnie qui nous répondent. Une dizaine de spahis et goumiers vont au-devant d'elle pour la remettre dans son chemin. Quelques instants après cette compagnie ainsi qu'une compagnie de turcos qui revient d'escorter un convoi jusqu'à l'Oued-Zera, rentrent au camp, mais dans quel état! Trempés de pluie, couverts de boue des pieds à la tête, les hommes marchent accablés de fatigue, les mains et le visage bleuis par le froid. Les larges pantalons de toile ruisselants d'eau font entendre un clapotement aqueux à chaque pas.

— Cristi! pour sûr, j'ai des grenouilles dans mon pantalon, dit un zouave en passant près de nous.

Six heures, le ciel se découvre un peu; un rayon de soleil glisse dans notre campement. Pour le contempler, nous sortons de nos tentes humides avec le même empressement que l'on met au pôle Nord quand l'astre du jour apparaît enfin, après six longs mois.

La prairie située au-dessous de nos tentes, et où sont campés des turcos, est devenue un véritable lac qui force les occupants à déménager au plus vite et à établir des digues pour préserver leurs tentes d'une nouvelle inondation.

Quant aux Khroumirs, depuis la journée d'hier, ils sont devenus complètement invisibles : ce matin, une patrouille de tirailleurs en explorant le bois qui nous fait face, a trouvé le cadavre d'un ennemi frappé dans l'engagement d'hier par une balle en pleine poitrine, et qui a dû tomber sous le fusil d'un de nos braves goumiers.

Camp du Kranguet-Meridj, 13 mai.

Une reconnaissance de quatre bataillons (zouaves et tirailleurs) de la brigade Caillot est partie ce matin à dix heures de notre camp pour aller explorer le défilé du Djebel-Meridj, par lequel notre brigade doit pénétrer demain en plein cœur du pays khroumir.

Dans cette excursion, nos troupes se sont avancées pendant 6 kilomètres sur un terrain boisé et d'un accès très difficile. Au débouché du défilé, notre avant-garde a aperçu à 3 kilomètres en avant les zouaves de la colonne Logerot, qui s'avance également sur Ben-Metir, en venant de Fernana. Le général Caillot a fait aussitôt réunir sur un mamelon une centaine de tirailleurs qui ont attaché leurs ceintures rouges aux canons de leurs fusils et les ont agitées en l'air pendant que tous les clairons sonnaient à pleins poumons la marche de la brigade. Ces signaux et ces appels ont été aperçus et entendus par la brigade Logerot, qui nous a répondu par son refrain.

Nos tirailleurs, en s'avançant sur les crêtes de droite du défilé, ont aperçu de l'autre côté une vaste vallée marécageuse où coule l'Oued-Meridj au pied de la montagne taillée à pic comme un véritable mur de falaise.

A l'entrée du défilé, les zouaves ont incendié une dizaine de gourbis qui venaient d'être abandonnés peu d'instants auparavant. Dans l'un d'eux, un soldat a trouvé le képi troué et ensanglanté ainsi qu'un soulier de l'un des malheureux soldats du train assassinés le 9 mai dernier par des Khroumirs de la tribu des Atatfa.

La colonne rentre au camp à six heures, où les troupes reçoivent cinq jours de vivres.

Rencontre des généraux Delebecque, Caillot et Logerot à la Mz'ara de Ben-Metir.

CHAPITRE XI

Mz'ara de Ben-Metir.

Adieu brouillard! Passage du Kranguet-Meridj. Sous les chênes-liège. La rivière de la Nuit. En file indienne. Abatis d'arbres. Audace des goumiers. La colonne Logerot. Marche du 3e zouaves. Le colonel Cajard. Entrée dans la vallée de l'Oued-Metir. En fourrageurs. La Mz'ara de Ben-Metir. Les montagnes. Attaque du 2e tirailleurs. La razzia aux marabouts et aux douars. Entrevue des généraux Logerot, Delebecque et Caillot. Retour des turcos blessés. Arrestation d'espions khroumirs. Reconnaissance du 15 mai. La pêche des grenouilles.

Camp de Ben-Metir, 14 mai.

Adieu, affreux camp du brouillard! séjour maudit de la fièvre et des rhumatismes! Tel est l'adieu que chacun adresse ce matin au Djebel-Meridj, au moment de la levée du camp.

Notre brigade se met en marche à neuf heures pour

franchir le défilé du Djebel-Meridj que suivront le convoi et l'artillerie, pendant que les zouaves, à gauche, et les tirailleurs, à droite, flanqueront notre marche en cheminant sur les crêtes.

Notre goum part en avant dans le défilé. Dès la sortie du camp et après avoir franchi un *chaba* (ravin) profond et escarpé que nos vaillants petits chevaux escaladent comme des chèvres, nous nous engageons sous bois dans une gorge étroite, couverte pendant 6 kilomètres par une épaisse forêt de chênes-liège plusieurs fois séculaires. L'endroit est grandiose, sauvage, et bien fait pour tenter le pinceau d'un Salvator Rosa. Aucun bruit sous cette voûte épaisse de feuillage, où se glissent quelques rares rayons de soleil, si ce n'est le bruissement des petits ruisseaux tombant en cascade des sommets dans l'Oued-Ellil (rivière de la Nuit), qui coule au fond du défilé, au milieu d'aulnes et de roseaux. Cette rivière mérite son nom.

Nous cheminons à la file indienne, dans une demi-obscurité bleuâtre : il nous semble avoir pénétré dans l'asile jusqu'alors inviolé du génie de ces bois profonds. Les feuilles mortes et les fougères tombées depuis des années sur le sol ont formé une épaisse litière qui étouffe le bruit des pas de nos chevaux.

Nos goumiers avancent lentement, le corps penché sur l'arçon de la selle, le doigt sur la détente du fusil. Toutes les cinq minutes nous faisons halte, l'œil et l'oreille aux aguets, scrutant attentivement ces sombres profondeurs où une dizaine d'hommes déterminés, en s'embusquant derrière les troncs énormes de ces géants de la forêt, pourraient arrêter pendant des heures entières la marche de la colonne.

De loin en loin le bruit des troupes en marche qui,

nous suivent, arrive jusqu'à nous, et nous reprenons notre marche en avant.

A moitié du défilé, nos goumiers font halte. Le sentier est impraticable. La nuit dernière les Khroumirs sont revenus avec la plus rare audace dans la montagne, et à l'endroit où nous nous trouvons, ont abattu à coup de hache trois grands chênes-liège qui bordaient le sentier, et les ont fait tomber en travers du chemin.

Ces arbres énormes dont le tronc mesure plusieurs mètres de diamètre forment autant de barricades infranchissables pour les chevaux et mulets ; les branches ont été, en outre, enchevêtrées les unes dans les autres, et taillées en pointes aiguës : un quatrième chêne, dont le tronc est à moitié entaillé de coups de hache, n'a pas eu le temps d'être renversé : une serpe en fer grossier a été abandonnée ainsi qu'une pioche en bois durcie au feu.

Ne pouvant attendre que le génie ait scié ces barricades improvisées, les goumiers mettent pied à terre, et, tenant leurs chevaux par la bride, gravissent la pente escarpée en s'accrochant aux fougères : la terre cède à chaque instant sous les pieds, et plusieurs chevaux roulent jusqu'au sentier.

Enfin, nous tournons l'obstacle et regagnons le chemin. A onze heures, nous sortons du défilé, et nous nous retrouvons au grand jour, les yeux tout éblouis par la lumière du soleil. Le temps est magnifique mais, en revanche, la chaleur accablante.

Au loin retentissent la fusillade ainsi que quelques coups de canon, et tout au fond de la vallée s'élèvent d'épaisses colonnes de fumée blanchâtre : ce sont les gourbis des Tebania que la brigade Logerot incendie.

Sur les crêtes qui nous font face pointent les silhouettes des éclaireurs de cette brigade.

Nos goumiers s'engagent aussitôt sur un terrain découvert que les indigènes ont défriché par le feu, et où il ne reste plus que quelques tiges calcinées, qui fouettent désagréablement les jambes au passage et marquent les pantalons de larges raies noirâtres.

Avec une audace des plus remarquables, nos braves indigènes fouillent, au galop, tous les plis boisés, et couronnent les mamelons de leurs vedettes. Bientôt, sur chaque monticule, apparaît un goumier drapé dans son burnous, le haut moukala en travers de la selle.

Derrière nous, les zouaves se rapprochent ; par moments, à travers les éclaircies de la forêt, on aperçoit les chéchias rouges comme un champ mouvant de coquelicots.

Après avoir traversé à gué l'Oued-Ellil, le gros de notre goum prend position dans un champ d'orge, contre quelques gourbis entourés de haies épaisses de cactus ; toutes ces cahutes sont aussitôt fouillées ; des silos, remplis d'orge et de grossiers ustensiles de cuisine en bois, découverts ; puis le feu est mis dans un coin, et ces abris de branchages séchés au soleil sont réduits en cendres en quelques minutes.

A onze heures et quart, les premiers tirailleurs des zouaves débouchent de la forêt, et, bien que chargés de sacs, se déploient sur une longue chaîne et courent à travers les champs de blé et d'orge dont les hautes tiges leur montent jusqu'aux épaules. Les officiers suivent à pied, les chevaux tenus en main par les ordonnances ; en tête, le colonel Cajard, du 3ᵉ régiment, la tête et les épaules recouvertes par un large cache-nez en laine rouge et noire. Bientôt arrivent les généraux Delebecque et Caillot, leurs états-majors, deux pelotons de hussards, deux pelotons de spahis et une section de sapeurs du génie.

Pendant que ceux-ci, sous la protection des zouaves agrandissent le sentier, toute la cavalerie se porte en avant, et descend dans un profond ravin où coule l'Oued-Ellil. Pour en sortir, il faut escalader le lit d'un torrent. Tous les cavaliers jouent de l'éperon à qui mieux mieux, et se cramponnant à la crinière, que les loustics appellent la bride de l'intendance, escaladent cette pente abrupte littéralement couchés sur l'encolure de leurs chevaux.

Le ravin franchi, nous nous trouvons sur une petite crête formant éperon et s'abaissant en pente douce dans la large et fertile vallée de l'Oued-Metir, qui nous rappelle celle de l'Oued-Melila en avant de Sidi-Youssef.

Nous sommes en plein cœur de la Khroumirie, là où depuis des siècles aucun Européen ou Algérien n'a jamais pu pénétrer : quelques-uns de nos indigènes avaient réussi à aller jusqu'à Fernana et à El-Manâ ; mais en cet endroit, où on n'accède que par d'étroits défilés, aucun étranger, avant nous, n'avait foulé le sol de la vallée de l'Oued-Metir.

En descendant de l'éperon, nous débouchons dans la vallée : ordre est donné à notre cavalerie de se déployer en fourrageurs à travers les champs d'orge et de maïs.

Tous ces uniformes éclatants et variés, vestes rouges des spahis, dolmans bleus à tresses blanches des hussards, burnous blancs des goumiers, ressortent en taches vigoureuses sur le fond jaunâtre des moissons.

Notre avant-garde s'arrête sur un petit monticule ombragé par plusieurs magnifiques chênes-verts. Là, ainsi que l'indiquent de nombreuses pierres couvertes de mousse, est situé le cimetière d'un douar voisin. Au centre s'élèvent trois mz'aras. On appelle mz'ara un petit amas de pierres sèches, disposées en forme de fer à cheval sur la tombe d'un marabout de deuxième ordre et où les fidèles viennent faire leurs dévotions. Dans l'intérieur de cette mz'ara de Ben-Metir, les Khroumirs ont déposé de nombreux fétiches en terre glaise séchée au soleil : trois piquets de tente et un cercle de bois sculpté y ont même été placés par des indigènes pour être sauvegardés par la protection toute-puissante de leur marabout, ce qui n'empêche pas nos goumiers de s'en emparer pour préparer un feu de bivouac.

Nos cavaliers mettent pied à terre, et, de ce poste avancé, nous contemplons ce coin de terre, jusqu'à-lors inconnu : à droite, les montagnes boisées des Rkhaïssia, par où débouchent les colonnes de zouaves du général Logerot; la gorge de l'Oued-Metir, où les sapeurs du génie ont dû pratiquer de véritables chemins pour permettre à cette colonne de venir de Fernana nous donner la main. En face, les pentes dénudées du Djebel-Soulah ; à gauche, les hauteurs du Djebel-el-Goumen, et le défilé, couvert de taillis épais, où coule la rivière de ce nom. Depuis ce matin sept heures, deux bataillons du 2e tirailleurs sous les ordres du colonel O'Neill, ont été lancés dans ces bas-fonds, où crépite une vive fusillade, dont nous voyons la fumée s'élever au-dessus des arbres. A nos pieds s'étend la vallée de l'Oued-el-Metir, large de plusieurs kilomètres, et centre de la tribu des Tébania, comme l'indiquent de nombreux gourbis et emplacements de tentes, situés au milieu des champs de blé et d'orge, qui s'étendent à perte de vue. Au delà de la rivière, et perdue dans un bouquet d'arbres, la *Khouba* (marabout) de Sidi-Mohamed-ben-Metir.

Une vingtaine de nos goumiers traversent aussitôt l'Oued-Metir, dont les eaux sont assez hautes et montent jusqu'au poitrail de leurs chevaux. Nos indigènes s'avancent jusqu'au marabout, y pénètrent et s'emparent d'une dizaine de tentes en poil de chèvre, de sacs de tabac, d'orge, de laine, et y trouvent plusieurs cartouches métalliques de fusils Gras ayant déjà servi. Contre la muraille de ce marabout, quatre tombes viennent d'être recouvertes de terre, et indiquent sans doute la sépulture des Khroumirs tombés, le 11 mai dernier, au Djebel-Meridj, sous la mitraille de notre artillerie.

A midi et demi, un peloton de spahis débouche des hauteurs occupées par les troupes du général Logerot et traverse la vallée, se dirigeant vers notre poste avancé et précédant ce général, ainsi que son état-major.

Quelques minutes après, les généraux Delebecque et Caillot arrivent de leur côté. La jonction de nos deux colonnes est un fait accompli.

Au loin retentit toujours, dans la gorge de Ben-Metir, la fusillade des troupes engagées : vers quatre heures, deux bataillons du 4e zouaves gravissent les pentes du Djebel-Soulah et s'établissent sur les premières crêtes.

Vers quatre heures, les premiers bataillons de notre colonne débouchent du Kranguet-Meridj : ce sont les tirailleurs du 1er régiment.

Les fusils sont à peine placés en faisceaux que nos turcos se précipitent sur les douars voisins. Les gourbis qui les composent ont été évacués ce matin à la hâte. Ces cahutes en branchages renferment encore des vases en terre, des poêlons à couscouss, des plats, des cuillers, ainsi que des sabres en bois pour tisser la laine. Au centre, trois ou quatre pierres noircies par la fumée et quelques tisons éteints indiquent l'emplacement du foyer. Les cloisons en broussailles sont garnies d'épais paillassons pour arrêter le vent. Tous ces gourbis sont entourés de *dzribas* (haies); sur l'un des pieux de celles-ci, je remarque planté le crâne d'un cheval, symbole que j'ai déjà vu dans les villages musulmans de Bulgarie, pour écarter la maladie des troupeaux.

En quelques minutes, les tirailleurs déménagent ces gourbis, dont ils enlèvent même les cloisons et la toiture pour alimenter ce soir leurs feux de bivouac. Tous nos soldats se répandent dans la vallée et fourragent les champs de blé, d'orge, ainsi que les plantations de fèves.

Partout, des centaines de gourbis s'embrasent et leur fumée bleuâtre obscurcit le fond de la vallée.

Vers quatre heures, un lieutenant du 2e tirailleurs arrive à notre campement, et demande une escorte de cavaliers pour guider un convoi de blessés que son régiment évacue sur la colonne Logerot. Malgré la longue course que leurs chevaux ont fournie ce matin, nos braves goumiers partent aussitôt, et traversent la vallée au galop. A cinq heures, ils reviennent précédant une file de mulets portant des litières, dont la toile est couverte de taches sanglantes. Cinq tirailleurs du 2e régiment y sont étendus grièvement blessés. Deux autres, atteints au bras, suivent à pied le convoi.

Les deux bataillons sont restés bivouaqués à un demi-kilomètre en avant sur les premières pentes du défilé de Metir. Dès sept heures du matin, ces vaillants tirailleurs, partis sans sacs et appuyés par une batterie de montagne, ont rencontré l'ennemi en grand nombre. Celui-ci, afin de laisser fuir ses nombreux troupeaux, a, pour la première fois de la campagne, franchement accepté le combat. Plus de 2.000 Khroumirs ont attaqué nos troupes, qui ont combattu toute la journée et perdu deux tués et sept blessés. Notre batterie a lancé, en peu d'instants, trente-sept obus à balles sur les groupes ennemis, où ces projectiles ont dû occasionner les plus grands ravages. Pendant l'action, les ennemis semblaient commandés par un individu portant la tunique noire et le fez rouge des officiers tunisiens. A la fin de la journée, la balle d'un tirailleur a renversé ce chef, que des femmes khroumires ont emporté sur un brancard fait en branches d'arbre. Du reste, l'ennemi a enlevé, suivant sa coutume, presque tous ses morts, dont quatre seulement sont restés sur le terrain.

A la nuit, le 3e bataillon du 1er tirailleurs qui formait notre arrière-garde, arrive au camp, amenant prisonniers deux Khroumirs de la tribu des Selloul, qu'une patrouille de turcos a arrêtés à l'endroit où nos soldats du train ont été assassinés le 9 mai dernier. L'un d'eux portait autour de sa taille une ceinture d'uniforme tachée de sang et portant le numéro matricule 455; son compagnon avait sur lui une dizaine d'amulettes paraissant être des proclamations pour exciter les indigènes à la guerre sainte. Ces deux individus ont été enchaînés et confiés à la garde de la gendarmerie divisionnaire, en attendant que bonne et prompte justice soit faite.

Camp de Ben-Metir, 15 mai.

Trois bataillons de tirailleurs et deux bataillons de zouaves quittent ce matin, à cinq heures, le camp. Ces troupes parties sans sacs doivent effectuer une reconnaissance dans la gorge de Metir, où les deux bataillons du 2ᵉ tirailleurs bivouaquent depuis hier. Deux batteries de montagne appuient ce mouvement. Les Khroumirs, qui ont eu le temps hier de faire filer leurs troupeaux en avant, se retirent devant notre colonne et disparaissent dans les bois, où notre artillerie envoie cinq ou six obus; à chaque pas nous rencontrons des traces récentes du passage de l'ennemi : piquets de tente, poulets, deux petits veaux, des ruches de miel, etc.

A midi et demi, la reconnaissance rentre au camp, furieuse de n'avoir rencontré aucun Khroumir; à ce moment, la brigade Logerot lève son camp et se replie en arrière des montagnes Rkhaïsia, sur le gros de nos forces.

Un pénible accident marque cette excursion : un jeune lieutenant d'artillerie, M. Boyer, officier d'ordonnance du commandant Nusbaumer, commandant les deux batteries de notre brigade, a le tibia cassé par la ruade d'un cheval. Cet officier ne pouvant être transporté sur un cacolet, on est obligé d'improviser un brancard avec des branchages et des piquets de tentes kroumires, que huit hommes portent sur leurs épaules, et, vu la difficulté des passages, ne peuvent arriver à notre camp qu'à la tombée de la nuit.

Le temps est magnifique, la chaleur est revenue avec le beau temps ; rien de plus gai que l'aspect de notre camp au milieu de cette riante vallée. De nombreux soldats se sont improvisé des lignes avec des épingles et pêchent dans l'Oued-Metir des centaines de gros barbots qui se font prendre avec une facilité et une innocence démontrant dans quelle sécurité les Khroumirs les laissaient vivre jusqu'ici. D'autres soldats ont attaché des lambeaux de drap rouge au bout de longues ficelles et, mettant à profit les nombreux marais qui tapissent le fond de la vallée, se livrent avec acharnement à la pêche des grenouilles.

Des milliers de ces animaux peuplent les rives marécageuses de l'Oued-Metir; à la tombée de la nuit, leur coassement devient insupportable et, joint au cri-cri des grillons et des sauterelles, forme un atroce charivari que ne pourrait pas même supporter l'oreille du plus fervent admirateur de Wagner.

Combat de l'Oued-Zane : 25 turcos contre 600 Khroumirs.

CHAPITRE XII

El-Guemaïr.

Les ruines romaines d'Aïn-Metir. Le jeu du *kharbga*. Le camp des Lièvres. Reconnaissance du commandant de Taradel. Blessure du cheik Abdallah. Raziza d'un douar. Les moukères khroumires. Au cœur de la Khroumirie. Le chien des turcos. Khroumirs capturés à la course. Départ d'Aïn-Metir. Dans la brousse brûlée. Le Djebel-Guessa. Apparition de l'ennemi. Combat de l'Oued-Zane. Belle conduite du lieutenant Lamy du 1er tirailleurs. Attaque sous bois. 25 turcos contre 600 Khroumirs. Défense héroïque. *Erfedou*. Le clairon Mouloud. Aspect du combat. Les renforts. Les tués et blessés. Le Khroumir et son burnous. Fuite de l'ennemi. Arrivés des turcos tués. Hommages des zouaves. Les Khroumirs en pantalons rouges. Obsèques des turcos tués. Les dernières paroles. Tombes arabes. Sentinelles tuées et blessées. Les signaux de feu. Les envoyés meknas. Courrier dévalisé.

Camp de Aïn-Metir, 16 mai.

Au petit jour, les troupes sont sur pied ce matin, le camp est levé et notre brigade s'engage dans une large vallée, située à gauche du défilé de Metir. Cette vallée, coupée de petits ravins, forme un point de partage entre la ligne des eaux de cette vallée ; au sud, se trouve la source de l'Oued-Metir. En remontant vers le nord dans la direction de Tabarca, que suit notre colonne, doit se trouver la source de l'Oued-Zane.

A notre départ du camp, une légère pluie d'orage tombe sur la vallée et rafraîchit l'atmosphère, ce qui nous permet d'arriver à neuf heures à notre nouveau campement, après une étape de 10 kilomètres.

Notre goum, qui fait tête de colonne, s'arrête contre un amas de grosses pierres carrées, noircies par le temps, et qui dénotent que les Romains ont dû établir sur ce point une station militaire. Dans les angles de ces énormes blocs sont encore incrustés des morceaux de ce ciment rose qui indique l'origine de ces ruines. Bien que cette vallée soit aussi large que celle de l'Oued-Metir, elle est aussi sauvage et en friche que la première était cultivée et habitée. Le sol est couvert de fougères et de bruyères à l'odeur pénétrante. Les tentes sont dressées en un clin d'œil ; partout l'on n'entend que le bruit des maillets enfonçant les piquets en terre.

En visitant les ruines de l'ancienne station romaine, je remarque que deux larges pierres portent à la surface de grands carrés de trous tracés régulièrement ; tout heureux, je m'imagine avoir découvert enfin de véritables signes latins, quand le vieux caïd Brahim, chef de notre goum, me fait remarquer que ces pierres ont été creusées par les Khroumirs pour se livrer au passe-temps du *kharbga*, amusement favori des Arabes qui rappelle notre jeu d'échecs.

Le terrain où nous venons d'établir notre camp sert de gîte à des centaines de lièvres qui s'enfuient de tous côtés dans les jambes de nos soldats; partout de véritables chasses à courre ont lieu, les hommes sautant par-dessus les bruyères et faisant pleuvoir une foule de projectiles, bêches, bidons, sacs sur les malheureuses bêtes, qui, traquées de tous côtés, finissent par tomber entre les mains des plus adroits et iront ce soir grossir le menu des escouades. Une soixantaine de lièvres sont pris ainsi en moins de dix minutes. Bien que l'ordre de notre brigade ait désigné ce nouveau campement sous le nom de camp d'Aïn-Metir, nos troupiers, dans leur langage imagé et pittoresque, lui ont donné le surnom de camp des Lièvres; déjà, les précédents campements ont été également baptisés. Ainsi, celui de Ben-Metir a été appelé camp des Grenouilles; celui du Djebel-Meridj, camp du Brouillard, etc.

Ce matin, à neuf heures, quelques instants après l'installation de notre nouveau campement, le général Caillot donne l'ordre à une reconnaissance composée du goum et du 3e bataillon du 1er tirailleurs, commandant Gay de Taradel, de pousser en avant, au delà des collines qui nous font face et au sommet desquelles nos éclaireurs ont aperçu trois Khroumirs à notre arrivée au camp.

Les turcos partent sans sacs, traversent le marais qui entoure un petit cours d'eau situé au fond de la vallée, et s'engagent sur une première ligne de collines broussailleuses, séparées d'une seconde crête par un profond ravin boisé.

Les goumiers et un peloton du 4e hussards partent au galop sur ce fourré : en arrivant près du massif, des Khroumirs embusqués derrière la lisière les accueillent à coups de fusil tirés presque à bout portant. Les goumiers s'arrêtent et échangent balle pour balle. En se jetant en avant pour faire feu sur un ennemi tapi derrière une touffe de bruyères, le chiek Abdallah-Ben-Ali est victime d'un pénible accident. Au moment où il lâchait la détente de son fusil, cette arme éclate dans ses mains et lui enlève les deux derniers doigts de la main gauche. Sans faiblir un seul instant, le vaillant Arabe enveloppe d'un pan de son burnous sa main mutilée et revient paisiblement au camp, où nos chirurgiens amputent la partie blessée, sans qu'il profère la moindre plainte. Le cheik Abdallah est un homme de haute taille, déjà âgé, à longue barbe blanche, d'une audace et d'une témérité peu communes. Bien que très riche, lors de l'annonce de nos premiers revers, en 1870, il demanda aussitôt à partir comme volontaire et fit partie des éclaireurs algériens ; sa belle conduite pendant la campagne de la Loire lui fit obtenir sur le champ de bataille la médaille militaire et les galons de maréchal des logis. Rentré en Algérie, il prit part, sous les ordres du général Lallemand, à la campagne contre les Kabyles en 1871, et se distingua au deuxième combat d'Ichériden. Mais revenons à la reconnaissance de ce matin.

Malgré la blessure du cheik Abdallah, les goumiers n'hésitent pas un seul instant : vigoureusement enlevés par leurs chefs, le caïd Brahim Ben Mohamed Bel Hannenchi, et Ibrahim ben Mohamed, fils du cheik des Beni-Guecha, ancien sous-officier de spahis et élève de l'école de Saumur, nos vaillants indigènes se jettent sur la droite, franchissent le ravin et contournent les collines, forçant ainsi les Khroumirs à évacuer au plus vite le massif où les tirailleurs doivent entrer.

Ceux-ci descendent au pas de course dans le ravin, franchissant les bords escarpés d'un cours d'eau assez large qui coule vers le nord, et doit être l'Oued-Zane, un des affluents de l'Oued-Kébir. Sur le bord opposé se trouve une épaisse forêt de chênes-verts, où les tirailleurs cheminent pendant près de vingt minutes. Beaucoup de ces arbres ont été dépouillés de leur écorce par les Khroumirs, qui les font mourir par ce procédé pour défricher le terrain. Le bataillon remonte ensuite sur la deuxième crête qui forme éperon au milieu de l'immense forêt. En ce moment, plusieurs coups de feu sont tirés du fourré sur les flanqueurs de gauche. M. le lieutenant Acard, commandant la 1re compagnie, pousse en avant dans cette direction et donne la chasse à une dizaine de Khroumirs qui arrivent à une éclaircie où sont situés de nombreux gourbis; plus en avant, d'immenses troupeaux filent dans la vallée.

Plus de doute, les Khroumirs ont été surpris et vont être razziés, quand une violente fusillade retentit de l'autre côté de la colline où les goumiers sont engagés. Les sifflets des chefs de compagnies font entendre aussitôt le signal du ralliement, et les turcos, furieux de manquer leur razzia, se replient. Pour protéger le retour des goumiers, l'infanterie descend dans le ravin. Tout à coup, la section d'avant-garde, sous les ordres du lieutenant indigène Amadi, arrive sur un nouveau campement khroumir, consistant en une vingtaine de tentes en poils de chèvre, dressées sous les arbres. Notre arrivée a été si indoinée que nos tirailleurs surprennent huit femmes khroumires occupées à préparer le couscouss dans d'immenses plateaux en bois. Toutes ces moukères sales et déguenillées se sauvent sous une tente en poussant de véritables gloussements de paons effarouchés. Près de six cents têtes de bétail : bœufs, moutons, chèvres, sont parqués en cet endroit, et se sauvent de tous côtés, en voyant déboucher la colonne. Turcos et goumiers se jettent à leur poursuite, et parviennent à ramener une cinquantaine de bœufs. Les tentes sont en outre abattues, et chargées à dos de mulet, ainsi que de nombreux sacs en peaux de bœuf, contenant de l'orge, du blé et du tabac ; les ustensiles en bois sont brisés ; dans un petit coffre, des tirailleurs trouvent des boucles d'oreilles et des colliers en cuivre garnis de verroterie, qu'ils se pendent à leurs chechias avec des feuilles de fougère. Quant aux huit moukères, on les a abandonnées plus mortes que vives dans un fourré où leurs seigneurs et maîtres ne tarderont pas à venir les rejoindre.

La reconnaissance revient au camp, où elle rentre à cinq heures en traversant de nouveau la forêt de chênes remplie de massifs fourrés, où les hommes s'égarent à chaque instant et où les clairons sonnent sans interruption la marche du régiment pour rallier les isolés.

Camp d'El-Guemaïr, 19 mai.

Ce matin les sapeurs du génie partent du camp d'Aïn-Metir à six heures, afin de tracer, sous la protection du 3e bataillon du 1er tirailleurs, le chemin que devra suivre notre colonne. Celle-ci se met en marche à dix heures, et traverse une succession de ravins boisés, remplis de tiges d'arbres à moitié calcinées par les récents incendies, qui déchirent et salissent les vêtements. A midi nous débouchons sur un large plateau connu sous le nom d'El-Guemaïr, où la colonne établit son campement.

Nous sommes arrivés à l'extrémité du pays des Khroumirs. Au fond se dresse le piton escarpé et rocailleux du Djebel-Guessa; en arabe *guessa* est le nom de ces immenses plateaux en bois où les indigènes confectionnent le couscouss. Les Khroumirs ont probablement donné ce nom à cette montagne à cause de sa forme cylindrique. A gauche de cette hauteur s'ouvre le défilé de Cettara qui conduit à Tabarca, dont nous sommes séparés par 28 kilomètres.

A droite du Djebel-Guessa, nous apercevons au travers d'une déchirure des collines les plaines fertiles de l'importante tribu des Meknas, ces montagnards qui, en 1878, ont pillé notre paquebot l'*Auvergne*. Au pied de notre campement s'étend un ravin profond et escarpé, couvert d'une épaisse forêt de chênes, où coule l'Oued-Zane. De l'éperon avancé du plateau d'El-Guemaïr l'œil plonge sur une véritable mer de feuillage vert sombre qui couvre tout le fond de la vallée, et remonte jusqu'à mi-côte des collines de droite sur lesquelles se sont réfugiés les Khroumirs que nous poursuivons. Ceux-ci aujourd'hui paraissent disposés à défendre le passage de l'Oued-Zane, pour donner sans doute le temps à leurs troupeaux de se réfugier sur le territoire des Meknas.

Vers une heure, nous voyons quatre à cinq bandes composées chacune d'une cinquantaine de Khroumirs descendre en bon ordre des crêtes, le long moukala sur l'épaule, précédées d'éclaireurs, et disparaître dans le ravin de l'Oued-Zane où elles vont prendre position. D'autres bandes descendent également à la file indienne dans la même direction des pentes du Djebel-Guessa.

Tout à coup, vers deux heures, une violente fusillade retentit dans le ravin de l'Oued-Zane où une section du 1er tirailleurs vient de rencontrer l'ennemi.

En arrivant au camp, un jeune officier de ce régiment, M. Lamy, sorti de Saint-Cyr l'année dernière et sous-lieutenant à la 4ᵉ compagnie du 3ᵉ bataillon, avait été établi avec sa section en petit poste de la grand'garde numéro 2, placée à gauche en arrière de ce ravin. Cet officier s'était avancé avec un caporal et trois soldats pour reconnaître un ravin en avant de ses sentinelles. Après être descendu au milieu d'épaisses broussailles, il remontait la pente opposée se dirigeant vers un bois de chênes, quand, arrivé à 10 mètres de la lisière, il est accueilli par trois coups de feu.

La prudence et les règlements commandent au jeune officier de battre en retraite; mais n'écoutant que son bouillant courage, et n'osant pas reculer devant ses hommes, le jour où il reçoit le baptême du feu, M. Lamy s'élance en avant et reçoit une deuxième décharge. N'apercevant aucun ennemi au milieu des broussailles, il commande halte et s'embusque avec ses quatre hommes en arc de cercle derrière les troncs d'énormes chênes-verts. Enhardis par le petit nombre des assaillants, les Khroumirs les entourent et commencent le feu, en proférant force injures et rodomontades à notre adresse : « Fils de chiens, mangeurs de porc, pourquoi venez-vous nous razzier? Allons! si vous avez du cœur, traversez le ravin! Aujourd'hui nous vous tenons ; vous n'avez plus de poudre ; tout à l'heure vous verrez ce que nous allons vous faire. »

Nos cinq braves tirailleurs leur répondent en envoyant balle pour balle, et en criant : « Compagnie en avant! feu de section, en avant! à la baïonnette ! » Se glissant de broussaille en broussaille, les ennemis les entourent de si près que M. Lamy décharge à bout portant les six coups de son revolver et abat un Khroumir au moment où celui-ci se levait pour faire feu sur un de ses hommes.

La fusillade continue. Des deux côtés, les combattants s'injurient à la façon des héros d'Homère et criblent de balles les buissons derrière lesquels ils se sont embusqués. Après un combat de vingt minutes, et voyant que sa section n'arrivait pas pour le dégager, M. Lamy envoie un de ses tirailleurs, qui en rampant parvient à dépasser les Khroumirs et à rejoindre le petit poste. « Venez vite, crie-t-il, le lieutenant va être tué ! »

A ces mots, les tirailleurs qui adorent leur jeune officier descendent en courant, et rejoignent leurs camarades dans les bas-fonds, pendant que les Khroumirs qui ont vu descendre cette véritable avalanche humaine remontent la pente opposée à toutes jambes. Les turcos mettent alors la baïonnette au canon et les poursuivent pendant 300 mètres. Les Khroumirs disparaissent de tous côtés.

Ne voyant plus personne, M. Lamy ordonne à sa section de se replier, et les hommes descendaient tranquillement, quand une violente décharge à bout portant éclate sur leur gauche. Un tirailleur du nom de El Hadj Ben Ahmed reçoit une balle dans le bas-ventre et tombe foudroyé le nez à terre. Un second du nom d'Abd-el-Kader ben Mhamed, a les chairs du bassin traversées de part en part.

Pour chasser l'ennemi qui s'est approché jusqu'à 10 mètres, le sous-lieutenant lance ses hommes à la baïonnette : quelques Arabes qui n'ont pas eu le temps de s'enfuir sont cloués à l'arme blanche au milieu des buissons. Les vingt-trois turcos qui restaient encore debout s'embusquent alors à vingt pas de distance les uns des autres derrière de gros chênes, et forment un cercle de 100 mètres de diamètre. En ce moment les Khroumirs avaient cessé le feu : tout à coup, de nombreux piétinements se font entendre au milieu des broussailles, des hurlements épouvantables, mêlés au *you! you!* aigu des femmes éclatent de tous côtés. Ce sont les Khroumirs qui reviennent au nombre de cinq à six cents combattants et entourent le petit détachement de leurs feux croisés.

Le sous-lieutenant envoie alors un caporal et trois hommes demander du secours à son chef de compagnie, le capitaine Bigot, qui commande la grand'garde. Il est trois heures, de ce moment jusqu'à quatre heures et demie, la fusillade est générale. Des Khroumirs armés de tromblons se glissent jusqu'auprès des turcos et déchargent à bout portant leurs armes, qui couvrent nos combattants d'une pluie de pierres et de branchages. La plus grande partie des ennemis cherchent à tourner notre gauche ; les turcos, aussi calmes qu'à l'exercice du tir, ménagent leurs munitions et visent les buissons d'où partent les coups de feu de leurs ennemis. De nombreux gémissements, et le cri *erfedou! erfedou!* (emportez-le!) fréquemment répété annoncent que nos soldats ne perdent pas leur poudre. A chaque instant retentissent les mots suivants prononcés en arabe : « Enlevez vos tués et vos blessés ! n'abandonnez pas vos frères entre les mains des Roumis ! »

Les femmes khroumires postées dans un épais fourré, continuent à exciter les combattants de leurs clameurs discordantes. Bien que très galants de nature, nos tirailleurs, agacés par ce concert infernal, envoient dans cette direction cinq ou six balles qui font taire et déguerpir les moukères au plus vite.

Pendant la fusillade, un troisième tirailleur nommé Ahmed Bel Arbi a le cou traversé par une balle et roule à terre, mortellement frappé. M. Lamy ramasse le fusil du mort : ce jeune officier, réputé le meilleur tireur de son bataillon, tire sur l'ennemi une dizaine de balles qui, presque toutes, atteignent leur but.

Les projectiles ennemis pleuvent comme grêle sur notre petit groupe ; un tirailleur a son bidon traversé : « Pas de chance, dit-il, mélancoliquement, un bidon tout neuf. » Un de ses camarades, au moment de faire feu, reçoit une balle qui s'incruste dans la crosse de son fusil qu'il tenait à l'épaule et fend le bois en deux morceaux. Un autre projectile s'aplatit sur le canon d'un autre fusil et en tord l'extrémité.

Nos turcos sont admirables de calme et d'audace ; un jeune Kabyle, élève clairon, Mouloud ben Saïd, que ses camarades ont surnommé Bab Djezaïr (la porte d'Alger), à cause de sa force herculéenne, se tient constamment à côté de M. Lamy et abat plusieurs ennemis au moment où ceux-ci visaient son officier. Un autre tirailleur, nommé Mhamed Ben Aouda, remarquant un Khroumir qui se glissait d'arbre en arbre, interpelle son chef. « Schouf (regarde), mon lieutenant, » dit-il en faisant feu. L'Arabe atteint en pleine poitrine tombe à découvert, pendant que le tirailleur se lève et danse en agitant son fusil, sans être atteint par plusieurs décharges que les Khroumirs furieux lui envoient.

Vers trois heures et demie, j'arrive sur l'éperon du plateau d'El-Guermaïr en avant duquel se livre ce combat acharné. Le ravin où nos turcos sont aux prises est si profond que la fumée ne s'élève pas jusqu'au-dessus des arbres de la crête. La fusillade crépite, répétée au loin par tous les échos de la vallée. L'oreille distingue parfaitement, au milieu des détonations, les coups secs et vibrants de nos fusils Gras, tandis qu'au contraire les moukalas (fusils) ennemis font entendre une violente détonation qui ressemble à l'explosion d'une boîte d'artifice.

Sur la crête des collines de droite nous apercevons six Khroumirs, assis à terre le fusil entre les jambes et tenant par la bride un cheval blanc et un cheval bai magnifiquement harnachés. A l'entrée de la forêt une dizaine de Khroumirs sont embusqués en avant d'un champ d'orge, et suivent attentivement les diverses phases du combat.

Nous entendons les clairons des tirailleurs sonner « en avant! » bientôt les 1re et 2e compagnies (capitaines Frère et Creutzer) du 4e bataillon (commandant Wassemer) du 1er tirailleurs sortent du camp et se portent au pas gymnastique au secours de leurs camarades. Avec un entrain et une fougue indicibles, les turcos gravissent les pentes au pas de charge et disparaissent dans le ravin.

En voyant ce mouvement deux Khroumirs du poste

d'observation remontent en courant et vont avertir leurs camarades postés sur les crêtes. Une vingtaine d'indigènes, la gandoura serrée à la taille, le long fusil dont le canon étincelle au soleil sur l'épaule, descendent en courant à travers les champs de blé et vont renforcer leurs combattants. Les deux chefs qui nous observaient depuis ce matin les rejoignent également, en agitant leurs flissas.

Vers quatre heures et demie, les trois autres sections de la 4e compagnie, sous les ordres du capitaine Bigot et des lieutenants Dupuy et Kouïder ben Amar, arrivent les premières sur la gauche de la section engagée. Une décharge terrible les accueille, et un des meilleurs soldats de la compagnie, ancien spahi nouvellement rengagé aux turcos, le nommé Bel-Kassen-Bouzeïa, a la poitrine traversée par une balle. Notre ligne se porte en avant et chasse les Khroumirs. Les quatre sections battent alors en retraite, emportant deux morts et un blessé, le second blessé était déjà parti seul et, s'appuyant sur son fusil, avait rejoint la grand'garde.

Voyant ce mouvement en arrière, l'ennemi poursuit la compagnie à 50 mètres de distance, quand une vive fusillade éclate sur la droite. C'est la compagnie du capitaine Bertrand qui, placée en grand'garde sur un éperon dominant le ravin, aperçoit enfin les Khroumirs débouchant en masses dans le bas-fond et en abat un grand nombre par ses salves successives. Le lieutenant de cette compagnie, M. Mercier, prend le fusil d'un de ses hommes et tue un Khroumir à une distance de 1.000 mètres.

A cinq heures et demie, les deux compagnies du 4e bataillon entrent en ligne à leur tour pour couvrir

8.

la retraite, et exécutent avec le plus grand succès plusieurs salves rapides qui arrêtent enfin les Khroumirs. Un plaisant épisode a lieu en ce moment : un Khroumir, vêtu d'un magnifique burnous, en voulant fuir, accroche celui-ci dans un buisson d'épines ; plus il tire à lui, plus le vêtement tient bon. Les turcos rient aux éclats et crient à tue-tête : « Il l'aura ! l'aura pas ! » Enfin, de guerre lasse, notre Khroumir prend une résolution désespérée, et, quittant son burnous, le laisse accroché aux épines.

Pour transporter les tués et blessés jusqu'au camp, M. Bassompierre, aide-major du 4e bataillon de tirailleurs, fait exécuter avec la plus grande intelligence des brancards improvisés en entrelaçant des ceintures de soldats sous des toiles de tentes attachées à des fusils en guise de brancards.

A six heures, le feu cesse complètement dans la vallée. Le goum, qui est allé en reconnaissance jusqu'à l'entrée du défilé qui conduit à Tabarca, rentre au camp de son côté. Vers onze heures, nos goumiers, en arrivant dans un bas-fond boisé, ont été reçus à coups de fusil par des Khroumirs embusqués dans les broussailles. Mettant aussitôt pied à terre, nos Arabes se sont déployés en tirailleurs, sous les ordres du caïd Brahim, du cheik Ibrahim et ont brillamment repoussé l'ennemi.

Vers sept heures, le convoi funèbre au-devant duquel sont allés des mulets d'ambulance, arrive au camp. Auec un admirable sentiment de confraternité militaire, les zouaves du 3e régiment, en voyant passer devant leur campement nos pauvres blessés, cahotés sur les cacolets, se découvrent, arrêtent les mulets et chargent sur leurs épaules leurs frères d'armes qu'ils apportent ainsi à l'ambulance. Tout d'abord arrive le tirailleur tué par une balle au cou : les yeux sont grands ouverts, les mains roidies et repliées dans la position du fusil prêt à faire feu; la mort a été instantanée. La garde de l'ambulance présente les armes, tous les fronts se découvrent devant ce cadavre ensanglanté que l'on dépose sous une petite tente-abri. Le second turco tué est apporté par un mulet ; le cadavre, dont la poitrine est inondée de sang, est étendu sur une litière, les jambes ballantes : le jeune clairon Mouloud-Ben-Saïd, dont j'ai raconté la vaillante conduite, lui fait contre-poids assis sur un cacolet de l'autre côté du mulet. Quelques tirailleurs se lamentent en voyant les corps ensanglantés de leurs camarades : « Ne pleurez pas, dit le clairon en sautant à terre, nous avons assez tué de ces chiens de Khroumirs, nos frères sont vengés ! » — En prononçant ces fières paroles, notre clairon était superbe de pose et de crânerie, la chechia enfoncée en arrière de la tête, les vêtements déchirés par les broussailles, les mains encore noircies par la poudre.

Le premier turco blessé n'est atteint que légèrement ; aussi s'étend-il avec le plus grand calme sur un brancard et allume sa cigarette avec une tranquillité parfaite. Quant au second blessé, son état est plus grave : une balle l'a frappé en pleine poitrine. C'est un magnifique garçon de haute taille, présentant le véritable type arabe dans toute sa beauté. Quoique mortelle, sa blessure ne le fait point souffrir. Il se plaint seulement d'un froid extrême. On le recouvre d'une couverture qu'il se ramène sur la tête. Quelques minutes après, le chirurgien-major ordonne de le transporter sous la tente d'ambulance et soulève la couverture pour s'assurer de son état. Hélas! le pauvre turco était déjà mort sans avoir fait entendre la moindre plainte, et son cadavre va rejoindre celui de ses deux camarades sous la petite tente-abri.

On peut, sans exagération, fixer les pertes de l'ennemi pour le moins à une cinquantaine d'hommes. Toute cette nuit, de huit heures jusqu'au point du jour, nos grand'gardes ont entendu les nombreux gémissements et cris de douleur que proféraient les femmes khroumires devant les cadavres des indigènes qui avaient succombé, et que l'on enterrait dans les creux des ravins.

Camp d'El-Guemaïr, 20 mai.

Les Khroumirs se montrent de plus en plus nombreux et paraissent décidés à nous disputer le passage de l'Oued-Zane. Ce matin, vers cinq heures et demie, nos grand'gardes ont entendu retentir deux coups de fusil tirés par l'ennemi dans le ravin où a eu lieu le combat d'hier. A ces détonations qui étaient sans doute un signal convenu, de nombreuses bandes de fantassins et de cavaliers ont débouché des bois couronnant les crêtes, dans un ordre parfait, et sont descendues dans la vallée. Plusieurs de ces Khroumirs portaient des pantalons rouges, qui ont dû être enlevés sur les cadavres des soldats du 59e de ligne tués dans le combat du 31 mars dernier.

Cette après-midi, une sentinelle de la grand'garde numéro 2 a été victime de l'audace de nos ennemis. Ce malheureux, qui s'appelait Perenou et appartenait au 3e zouaves, était un Breton de la classe de 1879. A peine venait-il d'être placé en sentinelle avancée d'un petit poste, que des Khroumirs se glissèrent dans la broussaille et firent feu sur lui à bout portant.

Deux balles l'atteignirent au cœur et à la tête, et il roula à terre foudroyé.

Au même moment, les turcos du 1er régiment rendaient les derniers devoirs à leurs trois camarades tombés hier sous les balles ennemies. Rien de plus touchant que cette cérémonie ainsi que ses préparatifs. Le lieu de la sépulture avait été choisi en avant du front de bandière du 3e bataillon. Par une naïve coutume, ce sont les hommes de la compagnie des victimes qui creusent les trois fosses. Tous, officiers indigènes, sous-officiers et soldats tiennent à honneur de donner un coup de pioche ou de pelle : car, dit le Koran, on doit rendre aux siens les derniers devoirs, pour qu'un jour ils vous soient rendus à vous-même.

Les trois fosses sont creusées dans le terrain sablonneux, suivant la coutume arabe : chaque sépulture se compose de deux excavations, atteignant une profondeur totale de 1 mètre 60 centimètres. Au centre de la première fosse, on en pratique une seconde plus petite, mesurant la longueur et la largeur de chaque cadavre. Ces sépultures sont orientées de façon à ce que la tête des victimes soit tournée du côté de la Mecque, c'est-à-dire du Levant. Au fond de chaque fosse, on étend une épaisse litière de feuilles de myrte et on pratique un petit oreiller en terre pour exhausser la tête du mort.

Les préparatifs terminés, les turcos de cette compagnie, en grande tenue de campagne, ainsi que leurs officiers, se rendent à l'ambulance et forment le carré autour de la tente-abri où leurs camarades ont été déposés depuis la veille. Des soldats d'ambulance apportent trois litières et abattent la tente. Les cadavres de nos pauvres tirailleurs apparaissent, le visage déjà bleui et tuméfié par cette température torride. Toutes les têtes se découvrent : un silence solennel règne sur cette foule d'indigènes habituellement si gais et si loquaces. Sur un signe de leur chef, quatre turcos enlèvent chaque litière qui est recouverte d'une toile de tente, et le triste cortège se rend au lieu de la sépulture. Chaque cadavre portant ses vêtements ensanglantés est déposé dans la première excavation que les tirailleurs recouvrent soigneusement, faute de dalles, de planches de caisses à biscuit, pour empêcher la terre de souiller le corps de leurs camarades. Un vieux tirailleur, un marabout sans doute, se penche sur chaque fosse pendant l'ensevelissement et marmotte entre ses dents quelques prières. La première fosse recouverte et les interstices bouchés avec de la terre délayée dans de l'eau, les soldats comblent la seconde fosse, chacun vient lancer sa pelletée de terre ; le capitaine Bigot, commandant la première compagnie engagée hier, s'avance alors, et, en quelques paroles émues, rappelle les noms des trois vaillants turcos qui sont tombés, dit-il, pour la patrie, notre mère commune à tous, pour la France. Plusieurs officiers mâchonnent fiévreusement leur moustache ; sur la plupart des visages bronzés des indigènes coulent de grosses larmes ; tous montrent le poing aux montagnes qui nous font face et où sont postés les Khroumirs.

Quand tous les assistants se sont retirés, un tirailleur, resté seul, se penche mystérieusement sur chaque fosse et rappelle au défunt son nom ainsi que celui de sa mère. Ce dernier rythme accompli, les soldats allument de grands feux pour en répandre ensuite les cendres sur les sépultures, afin que, quand nous aurons levé le camp, les fosses ne soient pas découvertes par les Khroumirs qui ne se feraient pas faute de les violer et de mutiler les cadavres.

Au moment précis où finit la cérémonie funèbre, une détonation sonore et vibrante se fait entendre en avant du camp. C'est notre batterie de 80 qui fouille à coups d'obus à balles les profondeurs du ravin de l'Oued-Zane où sont embusqués de nombreux Khroumirs. A cette surprise désagréable, ceux-ci, comme une véritable volée d'oiseaux sauvages, remontent à toutes jambes les pentes des collines et se réfugient dans les taillis des crêtes. Avec la longue-vue de l'artillerie, nous apercevons dans ces bois de nombreux burnous filer d'arbre en arbre sans oser franchir la lisière, asile d'où nos projectiles les chassent bientôt.

A la nuit une petite alerte met le camp en émoi. Une demi-heure environ après que la retraite a été sonnée, nous entendons tout à coup les clairons du 3e tirailleurs sonner à pleins poumons la marche du régiment; en même temps d'énormes brasiers sont allumés sur tout le front de bandière qui fait face à la route d'Aïn-Metir, par laquelle nous sommes arrivés ici hier matin.

Ce sont deux compagnies de ce régiment qui cette après-midi sont parties sous les ordres du capitaine Claverie pour accompagne un convoi jusqu'à Aïn-Draham (la fontaine de l'argent), et ne sont pas encore rentrées. Craignant que ces troupes ne se soient égarées dans l'obscurité, le général Caillot vient de faire allumer ces bûchers pour leur signaler l'emplacement exact du camp : vers neuf heures nous entendons au delà de la vallée retentir un lointain appel de clairon qui répond à nos sonneries ; en même temps de nombreuses lumières pareilles à une bande de feux follets se meuvent au loin. Ce sont nos tirailleurs qui éclairent leur route à l'aide de torches en broussailles, et arrivent brisés de fatigue au campement à dix heures et demie.

Aujourd'hui, jour de repos : quelques reconnaissances battent les abords du camp sans rencontrer l'ennemi. Nos mulets sont envoyés à Aïn-Draham pour apporter de nouveaux approvisionnements et ravitailler la colonne.

Camp d'El-Guemaïr, 21 mai.

Décidément les mauvais jours sont passés : nous jouissons enfin d'une véritable température africaine, accompagnée d'un soleil de feu qui, en quelques jours, passe tous nos épidermes aux tons les plus foncés de la brique cuite.

Tous les jours nos ennemis prennent de l'audace. La nuit dernière, une de nos sentinelles a encore été frappée à son poste. Vers deux heures et demie du matin, plusieurs détonations rapprochées nous réveillent en sursaut. En ce moment la lune commençait à se lever. Avisant la silhouette d'un turco en faction, qui se détachait éclairée par l'astre de la nuit, des Khroumirs s'approchent en rampant et en poussant des buissons devant eux. Le factionnaire, qui est un jeune soldat français du 3e régiment, nommé Duirat, peu avisé aux ruses des Arabes, ne fait aucune attention aux mouvements des broussailles;

appuyé sur son fusil, il casse un morceau de biscuit et va le porter à sa bouche, quand un coup de feu éclate dans le silence de la nuit. Heureusement la balle qui était dirigée contre la tête, ne traverse de part en part que la main gauche qu'il approchait de ses lèvres. Bien que blessé, Duirat a encore la force de faire feu sur un massif de broussailles où le Khroumir vient de bondir et de disparaître ; la grand'garde accourt et décharge ses armes dans cette direction, sans autre résultat que de nous éveiller et de mettre tout le camp en émoi.

Camp d'El-Guemaïr, 22 mai.

Une reconnaissance de deux compagnies a fouillé ce matin les abords du ravin de l'Oued-Zane, où sont toujours concentrés de nombreux Khroumirs, et a aperçu au loin d'immenses troupeaux. Dans l'après-midi deux Meknas se présentent en parlementaires et viennent demander l'aman : autrement. disent-ils fièrement, il en sera à votre bon plaisir et nous saurons nous défendre. Le général de division en renvoie l'un en lui disant que leur cheik Salah ben Amor et trois des principaux notables doivent venir demain au camp avant midi comme otages.

Cette tribu tunisienne des Meknas, qui est limitrophe des Khroumirs, compte au moins 1.500 fusils. Leur territoire s'étend entre le Djebel-Guessa et la mer. Insoumis et pillards, ces indigènes vivent de vols ; ce sont eux, qui, en 1878, ont pillé le transport l'*Auvergne*. Ils prétendent que les Khroumirs ne se sont pas réfugiés sur leur territoire, que du reste ils étaient continuellement en guerre avec eux, etc.

Camp d'El-Guemaïr, 23 mai.

Naturellement les otages des Meknas ne se sont pas aujourd'hui présentés au camp; par contre un malheureux indigène qui nous était envoyé par le général Logerot porteur de son courrier, est arrivé à nos grand'gardes complètement dépouillé de ses vêtements et nu comme un ver. En traversant la vallée de l'Oued-Métir, des Khroumirs l'ont arrêté, désarmé, lui ont enlevé son cheval et son sac de lettres ; celles-ci ont été immédiatement brûlées par ces pillards, qui, en outre, l'ont déshabillé et ensuite chassé devant eux, à grands coups de matraque. A huit heures du soir, trois fusées à gerbes bleues et blanches sont tirées successivement à cinq minutes d'intervalle, pour avertir de notre présence la colonne Logerot, qui doit être arrivée à notre droite au pied du Djebel-Balta. Bientôt trois fusées s'élèvent au loin dans cette direction et nous apprennent que ces troupes sont maintenant à notre hauteur.

Surprise d'un douar par les spahis.

CHAPITRE XIII

Sidi-Couïder. — Bersigue.

Départ d'El-Guemaïr. Les croix de bois. Le pont du génie sur l'Oued-Zane. Le camp de Faïed-el-Haïeck. Les lézards. Reconnaissance du ravin de l'Oued-Zane. Les signaux en branches d'olivier. Présomption des Khroumirs. Une rude étape. Dans la broussaille. Incendie des gourbis. La razzia. Attaque des abeilles. Soumission des Assaïnïa. La paix! la paix! Arrivée à Sidi-Couïder. Visite au marabout. Le sarcophage. Le cimetière. Arrivée de la brigade Galand. Un ciel de plomb. Les chiens des douars. Départ de la reconnaissance. Marche sur les flancs du Djebel-Guessa. La mer. La vallée de l'Oued-Moula. Charge des hussards. Fuite des Meknas. Razzia des turcos. Dans les fourrés. A travers les moissons. Les souterrains du mont Bersigue. Reconnaissance du 2ᵉ zouaves. Retour de la razzia. Blessé par un sanglier. Armes ennemies. Les prisonniers. Leur interrogatoire. Distribution de la razzia aux troupes. Le *Mechouï*.

Camp de Faïed-el-Haïeck, 24 mai.

Le camp d'El-Guemaïr est levé ce matin à cinq heures : notre colonne se dirige vers l'est parallèlement à la mer sur le territoire des Hameranes. L'étape n'est pas longue : 8 kilomètres au plus nous séparent de notre nouveau campement, mais le pays est coupé de profonds ravins boisés qui retardent la marche du convoi. Quand nous sortons des taillis, nous tombons dans d'épaisses broussailles mêlées de *crayons khroumirs;* c'est ainsi que les zouaves appellent les tiges d'arbres à moitié noircies et calcinées par les précédents incendies.

De distance en distance, de hautes croix en bois plantées en terre par la reconnaissance de la veille, indiquent à la colonne la direction qu'elle doit suivre. Rien de plus touchant que ces calvaires rustiques guidant nos jeunes soldats sur cette Tunisie où jadis ont marché les preux chevaliers de saint Louis.

A sept heures, nous arrivons au bord d'une pente escarpée, couverte d'une forêt de chênes-liège séculaires, au pied de laquelle coule l'Oued-Zane. Véritable tour de force : nos sapeurs du génie pratiquent en quelques instants un chemin de lacet sur le flanc du ravin. Après avoir traversé sur un pont volant les eaux claires et limpides de l'Oued-Zane, qui bondissent sur un lit de grosses pierres couvertes de mousse, nous remontons la pente opposée en suivant un petit sentier où nous cheminons à la file indienne. A neuf heures du matin, notre colonne débouche sur le vaste plateau de Faïd-el Haïeck. Là, le terrain, couvert de broussailles et de grosses pierres, n'offre aucun abri contre un brûlant soleil. De tous côtés, des centaines de lézards parcourent notre campement, qui est aussitôt baptisé par nos soldats du nom de « Camp des Lézards ».

Une dizaine de Khroumirs, de la tribu des Haméranes, qui ont fait hier leur soumission au général Delebecque, se présentent au-devant du général Caillot, en agitant leurs burnous et des rameaux verts. Ils racontent que ceux qui sont restés insoumis viennent de se réfugier chez les Meknas avec leurs troupeaux; que, pour leur part, ils se seraient soumis plus tôt, mais que le bey leur avait fait dire que les Français tuaient les hommes, faisaient subir aux femmes les derniers outrages et emmenaient les enfants en France pour les élever et en faire des soldats. Un de leurs marabouts avait même ajouté que nos soldats tuaient les femmes et mangeaient les enfants. Ils croyaient, du reste, que notre armée n'arriverait jamais jusqu'au centre du pays; ils se rappelaient qu'il y a une quinzaine d'années, les troupes du bey, qui avaient pénétré jusqu'au Fedj-Manâ, avaient été détruites par leurs contingents, et que les armes, les chevaux et les bagages étaient tombés en leur pouvoir, et, disaient-ils naïvement, nous pensions qu'il en serait de même des Français. Quant aux Meknas, ils seraient disposés à se défendre à outrance; un des leurs, qui parlait de se rendre, aurait été maltraité et sur le point d'être massacré. En outre, on leur avait annoncé que 1.200 Italiens étaient débarqués à Tabarca pour venir à leur secours.

Camp du marabout de Sidi-Couïder, 25 mai.

Grâce à notre jeune et intelligent général Caillot, la colonne vient de parcourir aujourd'hui 18 kilomètres à travers un pays hérissé d'obstacles, dépourvu de tout sentier, et cette marche rapide a été enlevée par les zouaves et les turcos avec autant d'aisance qu'une étape sur la grand'route par les troupes de France.

Au point du jour, notre colonne se met en marche et chemine à travers la broussaille dans un ordre de bataille des plus parfaits. Après avoir laissé à droite la vallée située au pied du Djebel-Balta, où passe la route de Béja et où est établi le camp de la colonne Logerot, nos troupes d'avant-garde arrivent sur un plateau dominant un ravin où coule un affluent de l'Oued-Zane ; au loin, un immense troupeau, conduit par trois Khroumirs, le long moukala sur l'épaule, file le long d'une arête rocheuse et disparaît dans la broussaille. Sur l'ordre du général notre colonne descend aussitôt dans le ravin et s'engage au travers d'épais fourrés, où un ennemi résolu à se défendre aurait pu s'embusquer en toute sécurité et nous faire subir des pertes sensibles. En traversant un bois de chênes-liège, nous tombons tout à coup sur une dizaine de gourbis que l'ennemi a dû évacuer précipitamment à notre approche. Dans ces constructions en branchages, recouvertes de tentes en guise de toiture, nous trouvons en abondance des tentes roulées, des sacs d'orge, de couscouss, des *télisses* (bâts de mulets), des ustensiles en bois, des ruches d'abeilles dans des troncs de chênes, etc. Dans la broussaille, nous découvrons même une cartouchière et une crosse de fusil incrustée de corail, de cuivre et d'ivoire : tous les soldats accourent ; en un clin d'œil la razzia est faite ; faute de récipients, les tirailleurs remplissent leurs poches et leurs chechias de couscouss. Quelques imprudents ayant commis la faute, pour s'emparer du miel, de briser les ruches, il s'échappe de celles-ci tout un essaim d'abeilles qui piquent de leurs dards acérés hommes, chevaux, et occasionnent une véritable panique dans cette partie de la colonne.

Bientôt nos troupes reprennent leur marche en avant, et un tourbillon de flammes et de fumée qui s'élève au-dessus des arbres de la forêt, annonce aux *schouafs* ennemis postés au loin le sort que leur douar vient de subir.

Tout à coup nos quelques spahis et goumiers d'avant-garde se replient sur nous au galop, et annoncent que la plus importante fraction de la tribu des Assaïnïa est campée dans un ravin, à un kilomètre en avant. Un bataillon du 3e zouaves est envoyé dans cette direction. En effet, nous entendons les aboiements des chiens et les cris des troupeaux retentir sous les bois qui nous cachent le fond de la vallée, d'où débouchent de nombreux Khroumirs à peine vêtus d'un mauvais burnous sale et déchiré; tous nous font de grands signes et crient : « *Afia! Afia!* » (la paix! la paix!) En arrivant devant les gourbis perdus au milieu du feuillage, nous sommes reçus par les Assaïnïa, qui nous apportent de larges jattes en bois remplies de lait de chèvre que nos tirailleurs boivent à qui mieux mieux.

En avant! commande le sifflet des chefs de compagnie : après avoir traversé un taillis, nos chaînes de tirailleurs se déploient sur une large colline couverte de moissons que domine le marabout de Sidi-Couïder. Ce monument, qui jouit d'une grande réputation chez les Khroumirs, est très humble d'aspect avec sa muraille en pierres sèches et sa toiture de chaume. Une porte basse et étroite donne accès dans l'intérieur, où sont entassés des centaines de petits godets en terre glaise séchée au soleil. Le long des solives pendent des milliers de morceaux de vêtements : haïks, gandouras, burnous, etc.; toutes ces loques blanchâtres, se détachant dans cette demi-obscurité, rappellent l'intérieur d'une hutte de chiffonnier. Au fond, se dresse le mausolée du vénérable Sidi Couïder : c'est un sarcophage en plâtre moulé, affectant la forme d'un bœuf couché à terre. Sur la partie qui figure la tête de cet animal, on a placé la calotte rouge et le turban blanc du défunt; au pied du mausolée, les indigènes avaient déposé quatre bougies qui passent aussitôt dans les gibecières des zouaves. Tout autour de ce marabout sont placées les tombes du cimetière de la tribu, tombes des plus primitives, consistant en un trou à fleur de terre, recouvert seulement de quelques dalles. A travers les interstices de ces pierres que la pluie et l'humidité ont disjointes, nous apercevons des crânes, des ossements. Dans l'une de ces fosses, à moitié découverte, apparaît la tête momifiée d'un cadavre vêtu encore de quelques lambeaux d'étoffe rouge. L'odeur insupportable qui s'exhale de ce véritable charnier nous fait accueillir avec joie l'ordre qui nous est donné de nous éloigner du marabout, et d'établir notre camp sur le côté de la colline dominant le ravin de l'Oued-Zane. En face de nous arrive la brigade Galand.

Le site où nous campons est des plus ravissants, avec ses épais fourrés de bruyères et de fougères, et les immenses figuiers et chênes qui ombragent nos tentes. Malheureusement, aujourd'hui, la température est accablante, pas un souffle dans l'air, de gros nuages d'un gris de plomb couvrent le ciel; le tonnerre retentit, répercuté cent fois par les échos de la vallée, la foudre s'abat en zigzags flamboyants sur les crêtes du Djebel-Guessa. Aucune goutte de pluie ne vient rafraîchir cette atmosphère embrasée, et pour surcroît de malheur les chiens des douars voisins, avec leurs aboiements incessants et furieux, nous empêchent de fermer l'œil un seul instant pendant la nuit.

Camp de Bersigue, 26 mai.

Quatre bataillons de turcos et de zouaves partent ce matin, à quatre heures et demie, du camp avec les deux batteries de montagne. Les hommes sont sans sacs, avec la toile de tente et la couverture en bandoulière ; dans les musettes deux jours de vivres. Après avoir traversé à gué l'Oued-Zane, notre colonne passe devant le camp du général Galand et s'engage sur la pente du Djebel-Guessa. L'escalade est rude sur ce terrain raviné et couvert de taillis de chênes et d'épais fourrés de lentisques à travers lesquels les soldats cheminent sur plusieurs files. Ces arbustes sont si élevés et si touffus que l'œil aperçoit à peine les fez rouges des zouaves et des tirailleurs émergeant comme autant de coquelicots au sein de cette véritable mer de feuillage vert sombre qui nous enveloppe. Par moments le général Caillot, qui marche suivi de ses spahis avec la compagnie d'avant-garde, commande halte : les ordres sont communiqués à voix basse, et non avec le clairon, pour ne pas donner l'éveil aux Meknas qui sont, sans doute, sur l'autre versant de la montagne. A six heures et demie, les premiers éclaireurs arrivent sur un pli de terrain dénudé situé à 50 mètres de la crête. Pendant que la colonne se masse silencieusement en cet endroit, un demi-peloton du 4ᵉ hussards, sous les ordres du sous-lieutenant Amadieu, et une dizaine de spahis partent au galop, la carabine haute, et débouchent brusquement sur un large plateau situé au centre de la crête, et dont la forme ronde a donné son nom au Djebel-Guessa. En arabe, en effet, *guessa* veut dire plateau. A cette brusque agression, une dizaine de *schouafs* (éclaireurs) meknas qui observaient notre marche, se sauvent à toutes jambes dans un ravin boisé, abandonnant cinq bœufs qui broutaient tranquillement sur le plateau.

De ce point élevé nous apercevons devant nous une large vallée où coule l'Oued-Moula, et qui par sa fertilité rappelle celle de l'Oued-Zane. Partout ce ne sont que des champs d'orge et de blé, presque mûrs, dont les tons jaunâtres montent jusqu'à moitié des pentes du Djebel-Bersigue, qui nous fait face. Par une échancrure apparaissent les dunes sablonneuses des Ouled-Yaya, et tout au loin les flots bleuâtres de la Méditerranée.

La vallée est complètement déserte : les nombreux douars semblent abandonnés ; avertis sans doute par leurs schouafs de la marche de notre colonne, les Meknas ont dû fuir précipitamment sur la droite par les montagnes des Dkéria : en effet, nos cavaliers qui se sont lancés dans cette dernière direction, échangent bientôt quelques coups de feu avec des ennemis postés derrière des anfractuosités de rochers.

A sept heures et demie, nos troupes se mettent en mouvement sur trois colonnes pour descendre dans la vallée de l'Oued-Moula. A droite le colonel Gerder avec un bataillon du 3e tirailleurs et un bataillon du 2e zouaves doit longer la crête du Djebel-Dkéria ; au centre le général Caillot avec l'artillerie et le bataillon du 3e zouaves du colonel Cajard, traversera l'Oued-Moula ; enfin, sur la gauche le colonel Colonna d'Istria, avec le 4e bataillon du 1er tirailleurs, a pour mission de brûler tous les douars, de razzier les moissons. Ces trois détachements doivent ensuite converger vers le piton le plus élevé du mont Bersigue (montagne de la fortune), et s'y trouver réunis entre onze heures et midi.

Je suis dans sa marche le bataillon du 1ᵉʳ tirailleurs qui s'engage, pour descendre dans la vallée, à travers un ravin couvert de lentisques et de chênes-nains; ceux-ci forment un fourré si épais, que tous les officiers montés sont obligés de mettre pied à terre. Quelques sentiers ont été tracés par les Meknas dans ce massif, véritables trouées de bêtes fauves où l'on est obligé de marcher le corps plié en deux, et où les ronces et les épines déchirent cruellement les mains et le visage. A peine aperçoit-on la veste bleue du tirailleur qui vous précède, et l'on se guide en écoutant le bruit des voix des éclaireurs d'avant-garde. Partout des traces récentes du séjour des Meknas, qui ont dû passer la nuit dernière dans ce fourré avec leurs nombreux troupeaux et en fuir précipitamment ce matin à notre approche : piquets de tentes, ustensiles en bois, nombreuses empreintes des pieds des bestiaux sur le sol humide, etc.

En sortant de ce sombre taillis, nous tombons sur trois grands gourbis remplis de sacs d'orge et de couscouss que nos hommes, ne pouvant emporter, éventrent à coups de baïonnette; toutes les poules qui s'y trouvent sont aussitôt prises; deux veaux qui s'échappent et que les tirailleurs ne peuvent saisir, sont abattus à coups de fusil. La razzia terminée sur ce point, un tirailleur jette une allumette enflammée sur un tas de paille: bientôt une épaisse colonne de fumée pailletée d'étincelles jaillit de ces constructions, en bois et en chaume séchés par le soleil, qui s'enflamment en un clin d'œil comme de véritables paquets d'amadou. Les trois gourbis ou tentes disséminées dans cette partie de la vallée subissent en moins d'une heure le même sort. Partout on n'aperçoit que des foyers d'incendie à la flamme rouge et éclatante se détachant sur le fond jaune d'or des moissons.

Je dois dire que la razzia a été maigre : quelques chèvres, veaux, et un bœuf abattu par des Meknas et à moitié dépecé, trouvé dans un gourbi ; mais en revanche notre bataillon a complètement dévalisé tous les poulaillers de la vallée, chaque turco porte au moins en moyenne un chapelet de 4 à 5 poules ou coqs attachés par les pattes autour de son ceinturon.

Après avoir traversé les moissons en ligne de bataille, les tirailleurs s'engagent sur les pentes du mont Bersigue ; plus nous montons, et plus se fait sentir la brise de la mer que nous respirons à pleins poumons.

A midi, la colonne se trouve réunie autour du piton le plus élevé, que surmonte un marabout. Dans ce rocher s'ouvre un profond souterrain de construction romaine, comme l'indiquent ses murailles et sa voûte cimentées. De ce marabout et à 1.500 mètres de distance, nous apercevons en face de nous la vaste nappe frangée d'écume de la Méditerranée. A gauche la baie de Tabarca, le camp du colonel Delpech, le Bordj-Djedid à moitié démantelé par nos canons, la coque noirâtre de l'*Auvergne* abandonnée sur le sable. Plus en face, et à nos pieds, le camp de la brigade Vincendon ; à droite, les vastes dunes de sable rougeâtre parsemées de broussailles, à travers lesquelles serpente l'Oued-Zane, où sont situés les nombreux gourbis des Ouled-Yaya qui ont pillé l'*Auvergne*; plus loin, les montagnes escarpées du cap Négro et tout au fond, perdues dans la brume, comme des masses bleuâtres, à trente lieues de la côte, les îles inhabitées de la Galite et du Galiton.

Vers midi et demi, nous entendons une assez vive fusillade retentir au delà du Djebel-Mta-Dkeria, dans la direction où se sont engagés le bataillon du 2ᵉ zouaves du commandant Leschères, et la compagnie du 3ᵉ tirailleurs du capitaine Claverie. A deux heures ce détachement rentre à notre campement avec un nombreux troupeau et une vingtaine de prisonniers. Voici comment s'est opéré ce brillant coup de main.

Après avoir dépassé la crête du Djebel-Mta-Dkeria, ce détachement est descendu par la pente opposée à la mer dans le ravin de l'Oued-Zane, et est tombé à l'improviste sur un douar composé d'une quarantaine de tentes ou gourbis situés dans une vaste clairière. En voyant déboucher les chechias rouges, les femmes qui étaient occupées tranquillement à piler le couscouss à la porte des gourbis se mettent à pousser des clameurs perçantes et à crier : « Les Roumis ! les Roumis ! » Une centaine de Dkéria sortent aussitôt du douar, leur long moukala à la main, pendant que d'autres font échapper des *dzribas* (enclos en buissons d'épines) plusieurs milliers de têtes de bétail. Par un feu de salve bien dirigé qui abat trois ennemis, notre peloton d'avant-garde fait disparaître les habitants du douar, pendant que le bataillon entoure la clairière et essaye de rabattre une partie du troupeau. Vingt-quatre Dkéria, qui n'ont pu s'enfuir, se présentent de nouveau, mais cette fois sans armes, en criant : « Afia ! Afia ! » prétendant qu'ils sont sans armes et qu'hier ils ont versé leurs fusils à la colonne Logerot. Cette fois la ruse est trop grossière ; aussi nos zouaves et tirailleurs, très soupçonneux de nature à l'égard de ces tribus tunisiennes, entrent sans écouter leurs protestations dans les gourbis; constructions très vastes et spacieuses où sont entassées des montagnes de sacs de couscouss, d'orge, de blé, de tabac, d'immenses jarres en terre remplies de beurre, d'huile, etc... Fait curieux, les femmes sont tranquillement couchées sur des tapis et des *télisses* (bâts de mulets), d'où elles refusent obstinément de se lever. Flairant la ruse, nos troupiers forcent ces dames à quitter leurs places, et soulevant tapis et télisses découvrent des centaines d'armes : longs moukalas au canon cerclé de capucines en cuivre ciselé, à la crosse incrustée de corail et d'ivoire, pistolets à pommeau arrondi, longs flissas à poignées de corne, cartouchières faisant le tour de la taille, en vieux cuir frappé et estampé comme celui de Cordoue, avec de longues lanières, et munies d'un petit couteau et d'une corne renfermant l'huile nécessaire pour graisser les fusils. A l'une de ces cartouchières est suspendue une vieille babouche de petite dimension, qu'un Dkéria portait sans doute en souvenir de la femme aimée. Dans toutes les cartouchières se trouvent une trentaine de charges de poudre d'importation italienne ou anglaise contenues dans de petits godets en bois sculpté. Toutes ces armes sont chargées, amorcées, et au bout de la plupart des baguettes des fusils les indigènes ont adapté, en guise de culot, des douilles métalliques de cartouches de fusils Gras, ramassées dans les derniers engagements.

Les vingt-quatre Dkéria sont aussitôt faits prisonniers: les gourbis, dont on fait sortir les femmes que l'on abandonne à leur malheureux sort, sont razziés et brûlés, et la colonne revient au camp, ramenant avec elle 50 bœufs, 15 chevaux et mulets, 160 moutons et 473 chèvres. Chaque soldat porte un long fusil et une cartouchière.

Cette fois la razzia a été bonne. — Aujourd'hui ça sent le mouton ! disent nos troupiers en se frottant les mains.

Nous n'avons perdu personne dans cette reconnaissance : seulement, au moment où le détachement traversait un épais fourré, un turco du 3ᵉ régiment s'est trouvé nez à nez avec un énorme sanglier qui, effrayé du bruit de notre marche, fuyait droit devant lui. Rencontrant le tirailleur sur sa route, le solitaire l'a renversé à terre d'un coup de boutoir qui a déchiré son pantalon et labouré peu profondément la chair.

A leur arrivée au camp, les prisonniers sont conduits devant la tente du général Caillot qui, après les avoir fait s'accroupir à terre et entourer d'un cordon de sentinelles pour écarter les curieux, les interroge à l'aide de M. Allegro.

Tous ces indigènes, aux traits bronzés et énergiques, aux yeux brillants d'astuce, sont de haute stature et portent la gandoura tunisienne de couleurs éclatantes, le burnous, le fez et le turban. Beaucoup ont accroché aux glands en soie et or de leurs coiffures des amulettes contenues dans de petits étuis de fer-blanc.

A les entendre, tous sont de petits saints : jamais, disent-ils, ils ne se sont battus contre nous, ils n'ont reçu ni protégé aucun Khroumir, l'*Auvergne* a été pillée par d'autres, etc... Pourtant, beaucoup d'entre nous reconnaissent un grand gaillard, vêtu d'une superbe gandoura écarlate, pour l'avoir vu diriger une bande de Khroumirs, pendant l'engagement du 19 mars dernier, sur les bords de l'Oued-Zane. Seul, un vieux Dkéria, à barbe blanche, a plus de courage que ses compagnons qui paraissent à moitié morts de peur.

— Eh bien ! oui, dit-il arrogamment en toisant nos officiers, j'étais à l'Oued-Zane ; j'ai fait le coup de feu contre vous : coupez-moi la tête et que cela finisse de suite. — Sur la désignation d'un Mekna qui nous sert de guide, douze d'entre eux sont envoyés à leur tribu avec mission de la ramener contre notre campement, avec ses tentes et ses troupeaux. « Alors, ajoute le général, je verrai s'il y a lieu de vous accorder l'aman. »

Ce soir, tout le camp est dans la joie : le troupeau a été parqué en avant du front de bandière, dans une vaste dzriba. Une distribution de viande fraîche est faite à notre colonne : chaque escouade reçoit une chèvre ou un mouton. Les hommes de corvée entrent dans le parc ; chacun choisit la bête à sa convenance et cherche à s'en emparer. Alors commence une chasse d'un nouveau genre. Les animaux, effarés, bondissent en tous sens, passent entre les jambes de nos troupiers et les font culbuter. Des zouaves se jettent à corps perdu sur des moutons, essayent de les saisir au vol, manquent leur coup, s'étalent à terre, et se relèvent furieux, un bouquet de poils dans chaque main. Plus avisés, les turcos se servent de leurs longues ceintures en guise de lazzos et, après avoir abattu leur chèvre ou leur mouton, lui lient solidement les pattes.

La distribution terminée, toute cette longue file de soldats, chacun portant sa chèvre sur les épaules, regagne le camp. De tous côtés s'élèvent des cris et des bêlements assourdissants : ce sont les malheureux moutons et chèvres qui s'appellent entre eux. A la nuit, chaque escouade rôtit son *méchouï*.

Savez-vous ce que c'est qu'un méchouï ? C'est tout simplement un mouton entier que l'on enfile dans une longue perche en guise de broche et que l'on rôtit, en tournant lentement, devant un feu de bivouac. Un Arabe attache la queue du mouton à un bâton, et, la trempant dans un pot de graisse fondue, en badigeonne sans cesse le rôti. Quand le mouton est à point, on le sert sur un immense plateau en bois. Pour bien goûter ce rôti algérien, on ne doit pas employer le couteau, mais arracher avec ses doigts les morceaux de viande cuite. Eh bien ! dussent nos raffinés en frémir d'horreur, je déclare que, cuit et mangé de la sorte, ce mets est excellent et préférable aux rôtis de nos meilleurs restaurateurs parisiens.

« La Nouba » du 1er Tirailleurs.

CHAPITRE XIV

Djebel-Tarrabia.

Reconnaissance de la vallée de l'Oued-Zane. Chute de deux spahis dans un silo. Combat d'artillerie. Attaque des hussards. En avant! Charge à la baïonnette du 3e zouaves. Le commandant Bounin. Prise du Djebel-Tarrabia. Une heureuse chance. Fuite des troupeaux. Dans les dunes de sable. Une lugubre découverte. Une trahison. Le Retour à Bersigue. Les papiers de l'*Auvergne*. Fuite de trois prisonniers. Une fausse ruine romaine. Les Moggods. Le cheik des Meknas. Assassinat d'un adjudant et d'un caporal du 40e de ligne. Mutilation des cadavres. Départ de Bersigue. Départ pour Bône.

Camp de Bersigue, 27 mai.

Quatre heures du matin. Le jour se lève et éclaire de sa pâle lumière les pentes boisées des Touagnïa et les dunes sablonneuses des Ouled-Yaya, en face desquelles nous campons depuis hier, et où le général

Caillot compte pousser aujourd'hui une reconnaissance des plus sérieuses. Au loin un sourd grondement annonce la présence de la Méditerranée, qu'une brume épaisse dérobe à nos yeux.

Les sous-officiers et caporaux passent rapidement de tente en tente et frappent sur la toile : — Allons, debout ! Vite debout ! disent-ils aux soldats. Les troupes vont se former en bataille sur le front de bandière, face à l'ennemi. Deux bataillons de zouaves, un bataillon de tirailleurs, la batterie de 80, se mettent en marche à cinq heures et demie, précédés d'une vingtaine de spahis et hussards du 4e régiment. Après avoir dépassé le piton où se tient notre grand'-garde, la colonne s'engage sur un terrain légèrement raviné, couvert d'un maigre gazon qui pousse çà et là entre de gros quartiers de marbre blanchâtre et longe la base granitique du Djebel-Mta-Rkeïsia.

A six heures et demie, la compagnie de zouaves d'avant-garde aperçoit au delà d'un champ de blé quelques gourbis abandonnés. Nos spahis d'escorte s'y portent au galop. Bientôt des gloussements lamentables s'élèvent de toutes les cabanes et annoncent le triste sort que nos cavaliers font subir aux poulets du douar. Tout à coup, deux spahis disparaissent subitement dans la terre, qui semble s'être entr'ouverte sous leurs pas comme une trappe de théâtre à l'apothéose d'une féerie. Nous accourons, guidés par leurs cris d'appel, et distinguons un large silo, profond d'un mètre et demi, que les indigènes, après l'avoir rempli d'eau, avaient recouvert de branchages sur lesquels les spahis se sont aventurés, sans soupçonner l'existence de ce puisard, et qui, cédant sous leur poids, les a engloutis. Les zouaves retirent de cette fosse les chevaux et les spahis, qui ne se sont fait aucun mal, mais sont en revanche mouillés et couverts de fange.

Boum ! boum ! deux fortes détonations retentissent au-dessus de nos têtes, dans la montagne, dans la direction que le 2ᵉ zouaves a prise hier pour razzier le douar des Touagnïa. Ce sont peut-être même les prisonniers que nous avons mis la veille en liberté qui reconnaissent notre générosité en nous accueillant à coups de fusil.

La colonne fait aussitôt halte en arrière des gourbis qui viennent d'être embrasés et flambent comme des tas de fagots. Nos six pièces de 80 sont rapidement mises en batterie et balayent la crête avec une dizaine d'obus qui font disparaître l'ennemi au plus vite.

Au loin et en arrière sur notre gauche, nous apercevons sur une colline dominant la mer plusieurs lignes de points blancs pailletés d'acier. Ce sont les coiffes blanches des képis des soldats de la colonne Delpech, qui sont sortis de Tabarca et reconnaissent les abords de la place. Plus près de nous, et dans la même direction, un détachement d'infanterie descend du campement de la brigade Vincendon dans la vallée. Il est sept heures et demie. Nous espérons que notre colonne pourra continuer à longer encore pendant 4 ou 5 kilomètres la base du Djebel-Mta-Rkeïssia, et se rabattre ensuite sur la vallée pour envelopper les Meknas restés dans la plaine, quand tout à coup une violente fusillade éclate sur notre gauche.

Plus de trois cents ennemis viennent d'envelopper un petit mamelon situé à l'entrée de la plaine et sur lequel nos cavaliers, au nombre d'une vingtaine, ont pris position. De tous les buissons jaillissent des centaines de petits flocons de fumée; sur la crête du mamelon nous distinguons les dolmans bleus et les vestes rouges des hussards et spahis, qui, couchés à plat ventre, ripostent vigoureusement. Les chevaux, tenus en main, sont abrités par un gros quartier de roc.

— En avant ! commande le général Caillot, en montrant nos cavaliers. En moins d'une minute et demie, les pièces de 80 sont démontées, chargées à dos de mulet et toute la colonne dégringole au plus vite par une pente broussailleuse. Une fois dans la vallée, zouaves et turcos filent au pas gymnastique à travers les blés. Les artilleurs les suivent en tirant leurs mulets par la bride. A notre approche les Meknas reculent sur trois mamelons situés en ligne parallèle à 1.500 mètres en arrière et connus dans le pays sous le nom de Djebel-Tarrabia. De nombreux burnous fourmillent à travers les blocs de pierres et les bouquets d'oliviers et de lentisques qui couronnent ces mamelons, d'où part un feu incessant. Toute la tribu guerrière des Ouled-Yaya qui compte plus de mille fusils, s'est réunie sur ce point.

En un clin d'œil les artilleurs, poussant leurs mulets de l'épaule et les fouettant à tour de bras, escaladent le mamelon où se tenaient nos cavaliers, et mettent leurs pièces en batterie avec une rapidité vertigineuse. Pendant ce temps, les zouaves du 3e bataillon du 3e régiment, sous les ordres du commandant Bounin, filent sur notre droite et se déploient en ligne de tirailleurs sur un terrain semé de gros bouquets d'arbres.

Commencez le feu! sonnent les clairons. Aussitôt,

la fusillade fait entendre son crépitement sec et prolongé. Dès les premiers coups de feu, deux Meknas, qui caracolaient sur le mamelon du centre, font la culbute de leurs chevaux et sont emportés à bras. Sur la gauche, les vestes bleues des tirailleurs du commandant Wassemer courent à travers les champs d'orge, précédés du colonel Colonna d'Istria, fièrement campé sur son magnifique cheval blanc à tous crins.

Bientôt, les zouaves arrivent au pied du mamelon du centre, d'où l'ennemi envoie un feu incessant. Le commandant Bounin, qui précède sa première ligne de tirailleurs, se retourne vers ses hommes et, se dressant sur ses étriers, le sabre haut : — A la baïonnette ! crie-t-il. La charge retentit fière et ardente. Un immense hourrah des soldats y répond : en un seul bond, les zouaves arrivent au sommet et fusillent les Meknas qui dégringolent la pente opposée. Plusieurs de ceux-ci roulent atteints par nos balles et sont entraînés par leurs camarades.

Grâce à Dieu, aucune perte n'est venue attrister cette brillante escalade. Seul un zouave a reçu, à 10 mètres de distance, un coup de feu dont la balle, après avoir percé sa ceinture et le couvercle de sa cartouchière, s'est aplatie sur trois cartouches métalliques qu'elle a tordues ; renversé par la violence du coup, notre brave troupier, qui se croyait percé de part en part, s'est relevé sain et sauf et en sera quitte pour une légère contusion.

Notre batterie qui, de nouveau, avait suivi le mouvement, arrive sur cette position presque aussi rapidement que l'infanterie ; les artilleurs ont le mousqueton en bandoulière, le képi rejeté en arrière du front ruisselant de sueur. Pour la troisième fois de la journée, les pièces sont mises en position, pendant que les zouaves descendent la pente, traversent une large langue de sable, et vont s'installer à 800 mètres de nous, sur la lisière d'une dune où les Meknas sont cachés, et les saluent à 300 mètres de salves rapides quand ils les aperçoivent traverser les clairières.

Tout à coup, sur notre droite, nous voyons un immense troupeau de plusieurs milliers de têtes de bétail déboucher du ravin de l'Oued-Zane dans les vastes dunes rougeâtres de Dahr-Lamra (du vieux campement rouge). Au loin, et se détachant en points éclatants sur les pentes bleuâtres du Djebel-Guessa, les deux marabouts de Sidi-Haouel-el-Oued et de Sidi-Embarek, situés en territoire soumis des Amdoune. Sur les dunes de sable qui s'étendent en arrière du bois où se sont défilés les ennemis et où serpente l'Oued-Zane jusqu'aux montagnes des Mogaad et du cap Nègre, se meuvent de nombreux cavaliers, piétons et troupeaux en fuite.

Notre batterie ouvre son feu sur le troupeau de droite, qui se croyait hors d'atteinte et disparaît dans un bois. Une vingtaine de cavaliers, qui l'escortaient, détalent au galop en faisant voler des tourbillons de sable. Un obus éclate à 20 mètres en arrière de ces derniers et change leur fuite en déroute vertigineuse.

L'artillerie change ensuite la direction de ses pièces et les pointe vers un grand bois qui nous fait face, et sur la lisière duquel retentit toujours la fusillade des zouaves. Chassés par nos balles de l'intérieur des taillis, les ennemis se replient sur les crêtes, qui fourmillent de burnous blancs. En avant apparaît un chef monté sur un cheval noir, et drapé dans une large gandoura rouge, brodée d'or. C'est, comme nous l'avons su plus tard, Ahmed-ben-Nasseur, un des deux cheiks de la tribu des Ouled-Yaya ! Toute cette fourmilière ennemie disparaît dès les premiers éclats d'obus.

En descendant dans un ravin, nos artilleurs trouvent abandonnée par les Meknas, dans la broussaille, une immense scie à bras, montée à l'européenne ; sur le fer est gravée une croix, avec la curieuse inscription suivante, en lettres latines : « *Ichane krumir* ».

Notre peloton de cavalerie, pendant ce temps, incendie les douars des Ouled-Yaya, situés sur le bord de la mer, dans des dunes sablonneuses, où les chevaux enfoncent jusqu'au-dessus du paturon. Dans un de ces gourbis, un hussard trouve le calot, sans visière, d'un képi ayant appartenu à un adjudant du 40e de ligne. Le drap a été entièrement dépouillé des galons d'or ; on a seulement laissé les galons du montant, qui sont réglementaires, c'est-à-dire en or mélangé de soie noire, ainsi que le numéro 40.

En arrivant devant le premier douar, nos cavaliers ont failli être victimes d'une nouvelle trahison de la part de ces bandits sans foi ni loi ; une cinquantaine de Ouled-Yaya sont venus à leur rencontre, en agitant un drapeau rouge. Croyant que ces Meknas demandaient l'aman, les hussards approchent sans défiance, quand à une distance de 50 mètres l'ennemi les salue d'une décharge générale qui heureusement ne blesse personne, et se réfugie dans les broussailles. Notre petit peloton se replie, en traversant des bas-fonds sablonneux où souvent les chevaux enfoncent jusqu'au ventre, sur le Djebel-Tarrabia, où il arrive vers onze heures après avoir complètement brûlé tous les douars de la vallée.

A ce moment le détachement de la colonne Vincendon arrive dans les dunes que nos hussards viennent de quitter, après avoir balayé les bandits ennemis qui s'y trouvaient. Après une courte halte, ces troupes font demi-tour et rentrent à leur camp.

Pendant deux heures nos troupes restent en position sur le Djebel-Tarrabia, notre batterie lançant de temps à autre quelques obus sur des groupes ennemis qui apparaissent au loin sur les dunes et disparaissent aussitôt.

A une heure de l'après-midi, la colonne, sa reconnaissance terminée, se met en route pour retourner au camp de Bersigue, où elle arrive sans encombre à trois heures.

Ce matin, une de nos grand'gardes, en fouillant des gourbis situés près de son emplacement, a fait une curieuse découverte. Un fourrier du 3e tirailleurs a trouvé sous un amas de paille un carnet de feuilles du bord de notre malheureux transport l'*Auvergne*. C'est un petit registre de feuilles à souche des bons de rations délivrées par le restaurateur du bord aux marins de l'équipage.

Vers huit heures du soir, au moment où le poste de tirailleurs du 3e régiment passait à celui du 1er régiment de la même arme les onze prisonniers touagnïa, trois de ceux-ci s'évadent en se faufilant sous les burnous de leurs camarades assis et disparaissent dans le ravin obscur qui s'étend sous notre camp.

Camp de Bersigue, 28 mai.

Décidément, nous restons à Bersigue. Ce matin au point du jour le convoi de notre brigade qui nous avait apporté, hier soir, de Tabarca de nombreux approvisionnements, est reparti à vide pour Sidi-Couïder, d'où il doit ramener les sacs de nos soldats, sous la protection des deux bataillons de zouaves et de tirailleurs laissés à ce dernier campement.

Dans la journée nous allons visiter une vieille ruine située en arrière des tentes du 1er tirailleurs sur le piton le plus élevé du Bersigue. Cette antique construction de forme carrée, en grosses pierres blanchies à la chaux, est recouverte d'une toiture de forme arrondie effondrée en deux endroits et ne présente aucune ouverture, porte ou fenêtre. Une brèche a été pratiquée dans la muraille par les Khroumirs, sans doute pour y abriter leurs troupeaux pendant la pluie.

En voyant cette ruine, le commandant de Taradel, le capitaine Guillet du 1er tirailleurs ainsi que moi, nous crûmes que nous nous trouvions en présence d'une construction romaine, temple ou tombeau, et qu'en fouillant le sol nous pourrions peut-être trouver quelques objets de l'époque, urnes et médailles. Nous appelâmes aussitôt plusieurs turcos armés de pelles et de pioches, et nous leur fîmes creuser le sol végétal que les années avaient accumulé dans l'intérieur de cette construction. Après avoir enlevé environ 60 centimètres d'épaisseur de terre, nos travailleurs mirent à découvert le parquet de ce monument, qui était arrondi sur les côtés en forme de cuvette et formé de ciment et de briques pilées. Plus de doute, nous avions découvert un tumulus romain. Pioches et pelles manœuvrèrent de plus belle ; mais plus nous creusions et moins nous trouvions quelque objet ; enfin survint un de nos amis plus versé que nous en archéologie, qui nous démontra que cette prétendue ruine latine n'était autre qu'une vieille citerne élevée il y a plusieurs siècles par les Génois, alors maîtres de Tabarca.

Aussi sommes-nous revenus au camp l'oreille basse et tous nos camarades nous ont poursuivis pendant la soirée de cette impitoyable question : — Eh bien ! et ces fameuses ruines romaines? Qu'y avez-vou trouvé ?

Bien qu'on nous ait signalé sur un autre point de la montagne un profond souterrain avec murailles et voûte en maçonnerie cimentée, croyez bien que nous ne nous exposerons pas à une nouvelle aventure de ce genre.

Camp de Bersigue, 29 mai.

Enfin nous allons devenir brigade indépendante. D'après un bruit des plus sérieux qui court ce matin dans le camp, nous resterons à Bersigue jusqu'au 2 juin. Ce jour-là, après s'être assurée de vivres pour dix jours, la colonne Caillot marcherait en avant à travers le pays des Ouled-Yaya, parallèlement à la mer, et irait pour sa première étape camper sur les bords de l'Oued-Natah, en face les montagnes du cap Nègre, occupées par les Mogaad. Cette tribu, la plus nombreuse et la plus belliqueuse, paraît-il, de la Tunisie, est la seule restée insoumise entre Tunis et la frontière algérienne, et a donné refuge aux Khroumirs les plus compromis ainsi qu'aux repris de justice et évadés de notre colonie. Cette tribu jouit d'une grande réputation de courage : il existe même à son sujet, en Algérie, le proverbe suivant :

> *And El Mogaad,*
> *Elli imchi igaad.*
>
> (Chez les Mogaad, celui qui va, y reste.)

Si ces montagnards offrent de la résistance, nous sommes sûrs que les zouaves et les tirailleurs feront mentir ces paroles qui sont devenues la devise guerrière de la tribu. Les Mogaad doivent être attaqués à la fois par trois colonnes sur trois points différents : à l'ouest par la colonne Caillot venant de Bersigue, à l'est par la colonne Bréart venant de Mateur, au sud par la colonne Logerot venant de Khanguet-Toute, où elle est campée aujourd'hui, et communique avec notre camp au moyen de cavaliers tunisiens. Pris ainsi entre la mer et nos colonnes, les Mogaad seraient promptement réduits. Ces trois colonnes opéreraient sous la direction du général Forgemol.

Quant au général de division Delebecque, il retournerait dans la vallée de Ben-Metir avec les brigades Vincendon et Delebecque, achever de réduire les deux seules tribus khroumires encore insoumises des Rehaïssia et des Tebania, qui, après avoir fui devant nos colonnes, ont glissé entre elles pendant nos dernières marches et sont retournées dans la vallée de l'Oued-Metir.

Ce matin, une forte reconnaissance sous les ordres du colonel Gerder, composée d'un bataillon du 2ᵉ zouaves et d'un bataillon du 3ᵉ tirailleurs, s'est avancée jusqu'aux dunes de Dahr-el-Hamra. En sortant du camp, nos troupes ont rencontré un des deux cheiks des Ouled-Yaya, Ahmed-Ben-Nasseur, celui-là même qui conduisait les hommes de sa tribu contre notre brigade, dans le combat du 27 mai, et venait aujourd'hui nous demander l'aman. Tout d'abord il s'est présenté au général Logerot, qui lui a répondu que ce n'était pas à lui qu'il devait s'adresser, mais au général Delebecque dont il avait attaqué les troupes, et l'a fait conduire par un spahi à Bersigue. Durant le chemin, Ahmed a dit à notre spahi : « Si vous ne combattiez pas avec des canons, les Meknas vous auraient repoussés. Si vous le voulez, laissez de côté votre artillerie et donnez-nous, avant l'aman, une seule journée de poudre où nous puissions lutter corps à corps et nous cogner de la tête (*netenatchou*). »

Camp de Bersigue, 30 mai.

Le 27 mai dernier, durant le combat du Djebel-Tarrabia, le lecteur doit se souvenir que des hussards de notre colonne avaient trouvé dans un gourbi abandonné par les Ouled-Yaya un képi d'adjudant du 40e de ligne, régiment faisant partie de la brigade Vincendon. Cette coiffure fut envoyée au camp de ce général, qui nous répondit qu'effectivement, durant une reconnaissance tentée par sa colonne le 26 mai dernier dans la vallée des Ouled-Yaya, un adjudant ainsi qu'un caporal du 40e de ligne avaient disparu et n'avaient pas reparu depuis.

Ce jour-là, au moment où le 40e de ligne rentrait au camp, l'adjudant sous-officier Costille, qui marchait à l'arrière-garde sur une pente escarpée, laissa tomber son sabre dans un ravin et l'envoya chercher par le caporal Constant. Ne voyant pas revenir celui-ci et bien que la colonne s'éloignât, l'adjudant descendit à son tour dans le ravin : tous deux ne reparurent plus et malgré toutes les recherches n'avaient pu être retrouvés. La découverte du képi par nos cavaliers démontra que ces deux hommes avaient dû être surpris et assassinés par les Ouled-Yaya.

Aujourd'hui deux compagnies d'infanterie sous les ordres du lieutenant Chollat du 5e hussards sont allées rechercher leurs cadavres. Contre le même gourbi où avait été trouvé le képi les soldats ont découvert dans des broussailles les cadavres entièrement nus et ensanglantés. Tous deux avaient été décapités; la tête de l'adjudant se trouvait auprès du tronc mutilé qui avait été frappé de cinq balles en pleine poitrine. La tête du caporal, qui avait reçu une balle au cœur, avait disparu et n'a pu être retrouvée. Les deux cadavres ont été rapportés au camp et inhumés en présence du 40e de ligne.

Espérons qu'une punition sévère sera infligée aux Ouled-Yaya, à ces pillards qui ont dépouillé l'*Auvergne* et viennent d'assassiner deux de nos soldats. Leur second cheik, qui se nomme Fatane et n'a pas jugé prudent pour lui de se présenter avec Ahmed-Ben-Nasseur à notre colonne, est sorti seulement en décembre dernier du bagne de Tunis, où il a purgé une condamnation à deux ans de galères pour avoir dirigé le pillage de l'*Auvergne* par les gens de sa tribu et la moitié au moins de la garnison tunisienne de Tabarca.

Avec ces tribus sauvages, trop de bonté nuit et vous attire leur mépris au lieu de leur reconnaissance. Il est de notre devoir de les châtier sévèrement, sous peine de perdre tout prestige et d'avoir tout à recommencer aussitôt après le retour de nos troupes en Algérie.

En ce temps d'amnistie pleine et entière, on est trop disposé à accorder l'aman. Hier, le général Delebecque a fait mettre en liberté les Touagnïa pris les armes à la main par le 2ᵉ zouaves, le 26 mai dernier. Cette générosité a porté ses fruits : aujourd'hui, dans l'après-midi, une bande de pillards de cette tribu a arrêté et dépouillé d'honnêtes marchands kabyles, à la porte même de notre camp.

Vers deux heures et demie, un de ces marchands accourt tout effaré aux grand'gardes. Il venait, dit-il, de s'engager avec deux de ses camarades et trois mulets chargés de tabac, de sucre et de café sur le sentier qui conduit au camp du général Galand, situé à 5 kilomètres en avant de nous, quand, au bas du ravin dominé par nos sentinelles, ils ont rencontré une trentaine de maraudeurs meknas qui les ont entourés et leur ont pris leurs mulets en disant : « Chiens ! qu'êtes-vous venus faire ici ? Fuyez ou nous vous tuons tous sur place ! » Se trouvant un peu en arrière, il a pu s'échapper, mais il a vu les Meknas emmener ses mulets vers le Djebel-Guessa, et ignore ce que sont devenus ses camarades.

Le général Caillot, en apprenant ce fait, donne l'ordre à une compagnie du 3ᵉ tirailleurs de partir aussitôt, guidée par ce Kabyle, et de se mettre à la poursuite des voleurs. Arrivés au ravin, les turcos trouvent les deux autres Kabyles cachés, plus morts que vifs, dans la broussaille ; la compagnie reprend sa course en avant et arrive sur la crête du Djebel-Guessa. Là, nos soldats découvrent sur le point qui fut battu par notre artillerie le 27 mai dernier, le cadavre d'un

Mekna tué d'un éclat d'obus. Les turcos descendent la pente opposée dans la direction du douar des Touagnïa razziés par le 2ᵉ zouaves, le 26 mai, et à 3 kilomètres rencontrent deux des mulets abandonnés par les pillards, qui fuient au loin avec le troisième animal. Les turcos ramassent les bâts, telisses et marchandises que les Touagnïa avaient déchargées, mais n'avaient pas eu le temps d'emporter, et rentrent à sept heures au camp d'où ils étaient partis à trois heures.

Deux jours après, la campagne était terminée, les brigades Galand et Vincendon devaient retourner en France, les troupes d'Afrique à Alger et à Constantine. Le 2 juin, je pris congé de tous ces braves amis dont j'avais partagé les fatigues et l'existence pendant plus de deux mois ; bientôt j'arrivai à Tabarca : un petit vapeur me conduisit ensuite à Bone, où j'eus le plaisir de retrouver notre excellent général Ritter en parfaite convalescence.

Sfax: Combat dans les rues : mort de l'aspirant Léonnec.

CHAPITRE XV

Sfax.

Insurrection de Sfax. Arrivée de l'escadre le 14 juillet. Panorama de Sfax. Le bombardement. Les préparatifs. Ordre d'attaque. Prise de la batterie rasante. Prise de la tranchée. A l'eau, les canards ! Combat des rues. Dans la ville européenne. La porte de la kasbah. Blessure de l'aspirant Léonnec. Les canons de 65. La maison enfumée. Prise de la mosquée. Attaque du cimetière. Le lieutenant de la Motte. Attaque du 92e. Belle émulation. Le canonnier Sebastiani. Prise du magasin d'alfas. Les mitrailleuses Hotchkiss. Retour à bord. L'ordre du jour. Visite dans la ville. Mascarades des soldats. Obsèques des victimes.

En rade de Sfax, 14 juillet.

Le 28 juin, la population musulmane de Sfax, chauffée à blanc par les prédications fanatiques des sectes religieuses de Kaïrouan, qui n'hésitaient pas à leur affirmer que des troupes turques allaient venir à leur aide, se répandit dans les rues, prêchant la guerre sainte contre les infidèles. Les bédouins qui se trouvaient dans la ville se joignent à elle, et tous ensemble se ruent avec fureur sur le quartier européen situé au bord de la mer.

Impossible de décrire la confusion qui règne dans Sfax. Chrétiens et juifs, affolés, se précipitent vers le quai pour prendre les embarcations, et s'enfuir au plus vite sur les navires en rade. Les indigènes, armés de fusils, de bâtons, de pistolets, les poursuivent. Notre agent consulaire, M. Matteï, reste à terre le dernier, menacé de mort par mille bras; mais, au dernier moment, il est forcé de se jeter à l'eau, poursuivi par les Arabes qui cherchent à le tuer. Un insurgé lui porte un grand coup de bâton sur le crâne. M. Matteï détourne l'arme avec son bras droit qui est brisé; néanmoins, protégé par M. Gandolphe, interprète militaire, dont la conduite dans ce jour néfaste est digne des plus grands éloges, il peut atteindre la baleinière de la canonnière *le Chacal*, qui le recueille à son bord. Il est sauvé.

Néanmoins il y a eu des blessés et des morts. Le sang versé demande un châtiment exemplaire.

Les ordres sont aussitôt donnés.

L'amiral Cloué, ministre de la marine, sait qu'il peut compter sur la flotte. Il a commandé l'escadre de la Méditerranée avant l'amiral Garnault et, sur les différents navires, beaucoup d'hommes sont encore qui ont servi sous ses ordres. Aussi n'hésite-t-il pas à donner à l'escadre l'ordre de prendre Sfax.

En moins de vingt-quatre heures, l'escadre qui était à Cette, rallie Toulon, fait son charbon, ses vivres, ses munitions, et appareille pour Sfax.

Le 14 juillet, au signal de l'amiral, elle mouille en ligne de front, devant la ville, à une distance de près de 6.000 mètres. On ne peut mouiller plus près : il n'y a pas de fond.

C'est la fête nationale; on hisse le grand pavois et chaque navire fait des salves de vingt et un coups de canon.

Sur rade plus près de terre, sont les trois corvettes qui, sous le commandement de l'amiral Conrad, composent la division cuirassée du Levant.

A 2.000 mètres de la plage sont mouillées les canonnières.

Les récits des habitants, réfugiés sur les mahones en dehors des navires de guerre, semblent confirmer les récits des journaux. On a déjà bombardé; les canonnières ont ouvert le feu sur les batteries et les retranchements. Le tir est très efficace; mais, la nuit, les Arabes réparent les brèches faites pendant le jour. Des ingénieurs étrangers les guident, paraît-il, dans les travaux de défense.

De nos cuirassés, se déroule devant nous le panorama de Sfax, qui est avec Bizerte la ville la plus forte et la mieux défendue de la Régence.

Située sur le golfe de Gabès à 225 kilomètres de Tunis au sud-est et peuplée de 16.000 habitants, Sfax se divise en deux cités délimitées par une enceinte particulière, la ville haute ou musulmane et la ville basse ou franque qui avoisine le port. Tout autour s'étend un rempart crénelé, percé de cinq portes, flanqué de tours, les unes rondes, les autres carrées.

Au centre, en avant des remparts, une batterie rasante et de forme circulaire défendant les abords de la plage; à droite, deux petits marabouts, un cimetière et d'énormes tas d'alfas que les insurgés ont disposés en forme de tranchées.

En arrière, la porte de Cherchi, le dôme de la grande mosquée et une haute tour carrée appelée El Nadour (l'Observatoire), qui domine la ville entière.

A gauche, les murailles massives de la kasbah et les clochetons de l'église catholique.

Sur les remparts flottent les étendards tunisiens et le drapeau vert du prophète.

Autour de la ville se déroule la vaste zone des jardins qui environnent Sfax d'une ceinture verdoyante. Ils consistent en une infinité d'enclos séparés les uns des autres par des haies de cactus, et sont recouverts de céréales et d'arbres fruitiers de toutes sortes. Un bordj, ou habitation carrée, s'élève au centre de chacun de ces jardins que l'on arrose au moyen de puits.

C'est là, au milieu des bois d'oliviers, de palmiers, d'orangers, que les Sfaxiens viennent passer la saison des grandes chaleurs. On y cultive en abondance un jasmin très odoriférant, des melons et des concombres dits *sfakous*. Ces derniers jouissent d'une grande renommée dans la Régence.

On prétend même qu'ils ont valu à Sfax son nom actuel, qui signifie en arabe « la ville des concombres ».

Dans ces jardins se sont réfugiés, avec leurs familles, les habitants musulmans de Sfax. Dans la ville se tiennent les insurgés d'Ali-Ben-Khalifa, au nombre de 1.000 à 1.200. De nombreux bédouins sont campés sur les dunes de la plage, prêts à accourir à leur aide au moindre signal.

Les fusiliers-marins de la *Surveillante* et du *Trident* attaquent la grande tranchée d'alfa sous le feu des remparts de Sfax (16 juillet).

Rade de Sfax, 15 juillet.

L'amiral signale de se préparer à une attaque de vive force pour le lendemain.

A Sfax il y a des marées, comme à Brest, comme à Saint-Malo; seulement la différence de niveau entre la haute mer et la basse mer est moins forte ici.

A Brest la marée est de 8 mètres, à Sfax elle est d'un mètre environ.

Cette marée suffisait pour gêner le débarquement des troupes; à marée base, la vase découvre. On ne peut approcher du rivage qu'à la pleine mer, pour jeter à terre le plus de monde possible et en même temps. Il fallait de plus attendre que l'heure de la pleine mer fût le matin, pour que le coup de main fût terminé avant les grandes chaleurs du jour.

Ces motifs ont fait choisir demain 16 juillet pour l'occupation à main armée de la ville de Sfax.

Chaque navire construira un pont-radeau, avec ses vergues de hune, des barriques et des planches. Les six ponts-radeaux, solidement amarrés les uns au bout des autres et poussés à terre, faciliteront le débarquement des troupes.

A six heures du matin, le bombardement commence. Obus de 27 cent (pesant 180 kil.), obus de 24 cent. (pesant 120 kil.) et obus de 19 cent. (pesant 62 kil.) tombent sur les murailles et les maisons blanches de la ville. Avec les longues-vues, on voit les murs crouler. Un projectile écrête le sommet de la tour « *El Nadour* ».

On tire à 5.400 mètres de distance ; mais le tir est rapidement rectifié et chaque navire envoie son projectile au point assigné par l'amiral. Toutes les cinq minutes, un obus tombe sur la ville comme la goutte de sang sur le manteau de Kanut le Grand, dans la *Légende des Siècles*.

Les marins anglais, sur le *Monarch*, admirent la justesse de nos canons, et l'habileté — devenue proverbiale — de nos canonniers.

A bord, les compagnies de débarquement passent l'inspection. Les armes, les munitions, les vivres, tout est complet. Les canons de 65 millimètres vont recevoir dans la marine le baptême du feu. Les canonniers contemplent avec amour leurs jolies pièces de bronze qui remplacent — enfin ! — les antiques et grossiers obusiers de montagne.

Les canots, armés en guerre, sont mis à l'appel. Les servants des *Hotchkiss* (mitrailleuses), les fusiliers armés de *Kropatcheks* (fusils à magasin), connaissent leur poste. Les patrons et les canotiers n'ont rien oublié de leur matériel. L'amiral peut hisser le signal, le corps de débarquement est prêt.

A bord, matelots et officiers sont pleins d'enthousiasme et pleins d'espoir. Nul ne doute du succès.

« On ira de l'avant ! — On ne s'amusera pas à faire de la diplomatie ! — L'affaire sera menée rondement — C'est le colonel qui commande ! »

Le colonel ?

Les hommes des compagnies de débarquement ont ainsi baptisé leur commandant. Depuis trois ans, ils le connaissent. Sur le *Richelieu* d'abord, sur le *Colbert* ensuite, capitaine de pavillon de l'amiral Cloué ou de l'amiral Garnault, le commandant Marcq de Saint-Hilaire a toujours été à la tête des bataillons de marins-fusiliers de l'escadre.

La consigne, pour le 16 juillet était : « Toujours

en avant! Défense de reculer! » Défense de reculer était de trop; l'idée n'en serait pas venue aux marins.

Rade de Sfax, 16 juillet, 10 h. soir.

Bien avant le lever du soleil, l'escadre est prête.

Les ponts-radeaux sont remorqués vers la plage; quand les fonds ne permettent plus aux canots d'avancer, on largue les remorques. Les canotiers poussent avec des avirons spéciaux et s'approchent.

Pas un coup de feu! Évidemment, la ville est abandonnée! Deux youyoutiers vont planter leur grappin à 40 mètres de la batterie rasante. C'est le point fixe qui maintiendra le pont-radeau à la plage.

Sur les bâtiments, on fait le branle-bas. Conformément à l'ordre d'attaque, les canots, les chaloupes sont armés en guerre; le clairon sonne. « Les compagnies de débarquement à terre! » Chaque escouade a son canot désigné d'avance. Les mahones destinées à la première division, celles qui doivent recevoir les troupes de terre de l'*Intrépide* et de la *Sarthe*, sont parées.

Au bout de dix minutes, tout est embarqué. « Pousse! pousse! » Chaque canot obéit. La flottille s'avance, remorquée par les canots à vapeur, sur la ville toujours muette.

Il est quatre heures et demie; à ce moment, le soleil est levé.

Boum! Un coup de canon du *Colbert* retentit: c'est le signal attendu pour le bombardement général.

Aussitôt, les six cuirassés de l'escadre, les trois cuirassés de la division du Levant se couvrent de bruit et de fumée. Les quatre canonnières imitent la manœuvre. Sur chaque navire, les canons des gaillards tirent avec rage.

Obus de 27, obus de 24, obus de 19, obus de 14, pleuvent sur la batterie rasante et les forts du Nord que l'amiral a désignés comme buts.

Hier, on avait fait un tir méthodique, chaque navire battant le point de la ville que lui avait assigné l'amiral : les Arabes ont dû supposer qu'on ne pouvait tirer que douze coups à l'heure, mais le bombardement précipité de ce matin a dû les faire revenir de leur sécurité relative.

On a eu tout le loisir, la veille, de rectifier le tir; aussi, pas un projectile n'est perdu. Le *Friedland*, quoique mouillé le plus loin, se fait le plus remarquer ; tous ses projectiles frappent au même point. C'est lui qui démonte la première pièce de la batterie rasante. Même justesse de tir à bord de la *Surveillante*, dont l'artillerie est dirigée par M. Gourdon, lieutenant de vaisseau, officier des plus distingués.

Sous la nuée des obus, la flottille des mahones s'avance avec les compagnies de débarquement de l'escadre, les troupes du 92ᵉ de ligne et les pièces de montagne du capitaine Naquet.

En tête, les baleinières du commandant de Marquessac, chargé de l'opération du débarquement, du commandant supérieur Marcq de Saint-Hilaire, du commandant Maréchal.

Viennent ensuite, sur une seule ligne, les canots armés en guerre du *Colbert*, de la *Revanche* et du *Friedland* (1re division de l'escadre). Ils vont déblayer la plage.

Ils seront aidés par les canots du *Trident*, de la *Surveillante* et du *Marengo* (2e division de l'escadre), qui, pour le moment, forment l'arrière-garde. Les chefs de pièce des canons-revolvers Hotchkiss, la manivelle à la main droite, l'œil à la ligne de mire, sont prêts à faire feu.

Remorquée par les canots à vapeur de *la Sarthe*, de *l'Intrépide*, du *Colbert*, de la *Revanche*, du *Friedland*, de la *Galissonnière*, de l'*Alma* et de la *Reine-Blanche*, la flottille des mahones, en ligne de front, suit les canots de la première division. A gauche, les compagnies de débarquement du *Colbert*, de la *Revanche*, du *Friedland* (9 mahones). Au centre, celles de la *Galissonnière*, de l'*Alma* et de la *Reine-Blanche* (9 mahones). A droite, les compagnies du 92ᵉ de ligne, sous les ordres du colonel Jamais, venues de France sur l'*Intrépide* (5 mahones, 2 canots-tambours, 1 chaland).

Par un de ces hasards si communs à la guerre, ce sont les fusiliers de la *Surveillante* et du *Trident* qui débarquent les premiers, et, avec les troupiers du 92ᵉ de ligne, accourus à leur secours, supportent tout l'effort de l'ennemi à l'extrême droite.

Les canots sont à 800 mètres de la plage. L'aviso *le Léopard* hisse le pavillon 1. Tous les bâtiments de l'escadre hissent aussitôt ce même pavillon.

Cela veut dire que les embarcations peuvent accoster. Avec quelle vigueur nagent les canotiers! Jamais dans les courses d'aviron on n'a déployé une telle ardeur. Les canots volent sur l'eau.

L'escadre a cessé le feu des grosses pièces. Sfax, de son côté, reste muette; pas un coup de fusil, pas un coup de canon. On est à 400 mètres du rivage. Tout semble désert.

— Est-ce comme à Tabarka? Allons-y gaiement!

Voilà la 2ᵉ division qui presse ses feux, et bientôt elle devance toutes les autres, retardées par le poids des mahones.

Cette division oblique à droite. Son chef, M. le commandant Maréchal, a été reconnaître le fond.

— Il y a de l'eau partout, accostez à la plage!

Les canots sont déjà près du port. Soudain, le drapeau vert de la révolte paraît sur la batterie rasante. Un immense éclair. — Beaucoup de fumée. — Un premier boulet rond fait jaillir l'eau à 50 mètres en arrière des mahones.

Les Arabes cachés dans les retranchements élevés à gauche de cette batterie, fossés et ballots d'alfa formant un mur impénétrable aux balles, ouvrent un feu de mousqueterie très nourri, heureusement trop long.

A ce moment, M. Couturier, enseigne du *Trident*, dont le canot est le plus voisin de la plage, se tourne vers le commandant de Miot, commandant de l'*Alma*.

— Peut-on sauter?

— Allez!

Couturier s'élance sur le warf établi en avant de la batterie rasante, en criant à ses hommes: « Suivez-moi! —Oui, capitaine! » Il est sur la plage, un marin est derrière lui; c'est Martin, fusilier breveté de 1ʳᵉ classe. Un autre, c'est Landais qui tombe mort. Un autre, c'est Pichon, blessé mortellement. L'intrépide enseigne est déjà sur le parapet; Martin derrière lui.

Un Arabe caché dans une embrasure se dresse et le couche en joue à bout portant. Sans daigner tirer son épée, ou se servir de son revolver, Couturier renverse l'insurgé d'un coup de pied, pendant qu'un marin perce celui-ci avec sa baïonnette.

Au même moment, le fusilier Martin amène l'étendard vert de la révolte, et un quartier-maître plante sur le parapet le pavillon tricolore du canot du *Trident*.

Les insurgés qui étaient dans la batterie n'ont pas eu le temps de recharger les pièces ni leurs fusils. Il faut du temps pour verser la poudre, qui est dans un sac « amarré à tribord de leur vareuse », suivant l'expression pittoresque d'un matelot. Il faut du temps pour chercher le plomb qui est dans un autre sac, amarré à bâbord de la « vareuse ». Les Arabes sont étendus dans la batterie, pas un n'a songé à fuir. Tous sont morts au poste.

Les matelots, qui aiment à « aller de l'avant », vont se précipiter sur les retranchements d'alfa remplis d'Arabes, à gauche de la batterie. Couturier les en empêche. Il les place aux embrasures de cette redoute, et là, sans aucun danger pour ses hommes, balaye le fossé, avec le tir rapide des kropatcheks. Cinq minutes ont suffi pour nettoyer la tranchée.

Ce brillant acte de bravoure fait le plus grand honneur à M. Couturier, qui est coutumier du fait. Aspirant en Cochinchine, en 1873, il a été décoré pour une action d'éclat où il avait été blessé.

La *Surveillante* arrive seconde et accoste la plage un instant après le *Trident*. Il ne faut pas s'amuser à faire le coup de fusil, les Arabes sont abrités. Il faut aller de l'avant, si l'on ne veut pas être mitraillé à bout portant.

Un nouveau, qui sent une balle effleurer son chapeau, baisse la tête.

— Tu salues? Tu la connais donc? lui dit un second-maître.

— A l'eau, les canards! commande la voix bien

connue du lieutenant de La Motte, chef de la compagnie de débarquement de la *Surveillante*.

Les hommes se portent en avant et sont déjà sur les pas des fusiliers du *Trident*.

A peine débarqués, la *Surveillante* est attaquée par la droite ; une vive fusillade s'échappe de la montagne d'alfa située de ce côté, et que nos obus viennent d'incendier.

Les sections font face à un nouvel ennemi. D'un seul élan, et pour ainsi dire sans s'arrêter, les matelots dépassent les deux marabouts blancs, les montagnes d'alfa qui brûlent, et arrivent au cimetière, dégageant ainsi le point de débarquement sur un cercle de plus de 300 mètres de rayon.

Le point de débarquement dégagé, on peut accoster le pont-radeau, construit avec les vergues de hune.

Le commandant Marcq de Saint-Hilaire établit son quartier général dans la deuxième maison, à gauche de la batterie rasante. Les matelots du *Trident* se lancent au pas de course et arrivent à la porte de la ville franque.

Les compagnies de débarquement de la première division, portées à gauche sur ce point, vont s'emparer de la ville.

La compagnie du *Marengo* reste en réserve sous la main du commandant.

Un pétard fait sauter la porte ; aussitôt les fusiliers du *Trident*, du *Friedland*, du *Colbert*, de la *Revanche*, se précipitent dans la Strada Reale, — la grande rue de la ville franque.

Ils y sont bientôt suivis par les matelots de la *Galissonnière*, de l'*Alma* et de la *Reine-Blanche*.

On fait le siège de chaque maison. Quand tout est

fouillé, on va plus loin. Les matelots, armés de haches, brisent les serrures. Quand les serrures résistent, on fait donner les torpilleurs. Chaque navire a fabriqué deux pétards de fulmi-coton. Le corps des mineurs est sous les ordres de M. le lieutenant de vaisseau Lafont, du *Colbert*.

Il faut pénétrer dans la ville arabe. Derrière la porte de la kasbah, quarante Arabes attendent. Aussitôt que nos matelots ouvriront les battants, ils feront feu. Mais ils ont compté sans les pétards. Une torpille est fixée au battant de fer; on déroule 50 mètres de fil, et la porte vole en éclats. Il a suffi de presser le bouton de la pile.

Les quarante Arabes sont écrasés, broyés en lambeaux. Leurs camarades, stupéfaits, fuient au plus vite, et vont se cacher dans les caves des maisons.

La guerre de rues recommence dans la ville arabe.

M. Léonnec, aspirant de 1re classe, avec le capitaine d'armes de la *Surveillante*, veut s'emparer d'une maison : une balle le frappe en pleine poitrine et le renverse mortellement blessé. M. Couturier arrive pour le venger. Il fait le siège de la maison. Les Arabes ne veulent pas déloger.

— *Qu'on les enfume!* — crie l'enseigne.

Les matelots roulent aussitôt des bottes d'alfa contre la porte et les enflamment. Suffoqués par la fumée, les Arabes demandent l'aman.

L'amiral Garnault s'est transporté sur le *Desaix*, pour suivre de plus près les péripéties de la lutte. Son pavillon est en tête du mât de misaine. C'est du *Desaix* qu'il donne ses ordres et qu'il expédie ses officiers d'ordonnance.

Les Anglais, qui voient que l'action sera chaude, se souviennent de leurs anciens alliés de Crimée.

Le commandant du *Monarch* offre à l'amiral Garnault le secours de ses canots et de ses médecins pour le transport et les soins des blessés. L'amiral accepte. Les canots, portant à l'avant les croix rouges de Genève, se rendent à terre.

Les Anglais offrent à nos blessés des rafraîchissements ; ils font les premiers pansements.

Le colonel Jamais, sur le pont-radeau, dirige ses compagnies sur les divers champs de bataille, à mesure qu'elles arrivent. Il ne veut pas que ses troupes soient les dernières au feu.

Voici les canons de 65 millimètres débarqués. Ils courent au pas gymnastique pour prendre position à l'ouest de la kasbah, à travers des ruelles étroites, où pleuvent les balles.

Comme toujours, le matelot, même au plus sérieux de l'action, trouve la note gaie.

Un canonnier s'est emparé d'un *bourrico*, il l'attelle aux brancards. Ce n'est pas un aide. Les canonniers ont à traîner le *bourrico* avec la pièce. Tout file au pas de course.

Les canons de 65 millimètres se comportent vaillamment et reçoivent le baptême du feu avec une crânerie admirable pour d'aussi jeunes pièces. La marine a enfin son petit canon !

Une centaine d'Arabes se sont réfugiés dans la grande mosquée. Un petit canon est braqué sur cet édifice. Un premier obus traverse de part en part la *Kouba* (coupole) ; un second renverse la porte. Terrifiés, les Arabes se rendent à discrétion et sont conduits hors de la ville.

Prise de Sfax. — M. Couturier, enseigne de vaisseau, à la tête des fusiliers-marins du *Trident*, enlève à la baïonnette la batterie rasante (16 juillet).

Là, les matelots leur attachent les mains. A ce moment un des insurgés saisit un petit poignard caché dans sa manche et le plante dans le dos d'un second-maître, qui tombe mortellement blessé.

Profitant du premier mouvement de confusion, les autres Arabes s'enfuient et se jettent à l'eau. Les balles des marins les abattent comme des mouettes et vont les chercher dans ce dernier asile.

Le fort de l'action est à l'extrême droite. Là, combattent le *Trident*, la *Surveillante*, le 92º de ligne.

M. de La Motte, lieutenant de vaisseau, commandant la compagnie de la *Surveillante*, et M. Devic, enseigne de vaisseau, commandant la 2º section, ont été rejoints par une section du *Trident*, qui n'a pu suivre sa compagnie et a rallié aux coups de fusil.

M. l'aspirant de 1ʳᵉ classe Renault, qui la commande, demande à M. de La Motte s'il peut le suivre. — Venez avec nous.

On est au cimetière. Tous partent en avant, dépassent les murs de cet enclos et sont reçus par une grêle de balles. Les Arabes, embusqués derrière les ballots d'alfa qui forment comme d'immenses quartiers de maisons, tirent sur nos hommes à découvert.

Deux matelots tombent tués : ce sont Guignen, canonnier de la *Surveillante*, et un fusilier du *Trident*; plusieurs autres sont blessés.

Le capitaine de frégate Maréchal, qui commande le 2ᵉ bataillon de l'escadre, et qu'on voit partout où il y a du danger, appelle le clairon.

— Sonnez la baïonnette au canon !
— Sonnez la charge !

On s'élance. Les Arabes, qui n'aiment pas l'arme blanche, mollissent. Soudain un cri : — Les Arabes nous tirent des remparts. On fait face à gauche. Heureusement, c'est une fausse alerte.

Quelques soldats du 92ᵉ de ligne, apercevant les pavillons insurgés sur les forts du Nord, sont montés par une brèche d'obus et les ont enlevés. On ne voit que la coiffe blanche de leurs képis, cause de la terreur momentanée.

Les braves soldats du 92ᵉ, entendant les coups de fusil, descendent des remparts et se jettent sur un village arabe situé à droite de la ville sur une dune de sable.

Au moment où ils touchent à ces maisons, des bois d'oliviers adjacents part une grêle de balles qui, en un clin d'œil, met hors de combat deux officiers et une trentaine de soldats.

Cette compagnie rallie la *Surveillante* et le *Trident*. Les canons-revolvers balayent sur la dune les cavaliers arabes qui agitaient leurs longs moukalas en signe de triomphe, et s'apprêtaient à charger nos petits fantassins en retraite.

Un moment d'arrêt. Les clairons sonnent de nouveau la charge. Tous, marins et soldats, luttant d'entrain et d'ardeur, attaquent les magasins d'alfa, dont chaque ruelle est conquise pied à pied.

On n'entend plus que ces mots :

— Tu vas te laisser gagner par les soldats !

— Les marins vont par là, il faut y aller !

Là, tombe Luizen, caporal d'armes de la *Surveillante*. Un matelot, Sébastiani, venge son caporal en embrochant l'Arabe qui l'a tué et qui cherche à se cacher derrière un ballot d'alfa. Il veut emporter son trophée : impossible ; trop lourd.

Un Arabe lance un coup de sabre au commandant

Maréchal; mais avant que le coup ne soit porté, ce même Sébastiani l'a étendu sur le sol.

« Le premier dans le dos; celui-ci dans le ventre! » nous dit ce brave Corse.

A dix heures du matin, tout est fini.

Le pavillon français flotte sur les remparts et sur les mosquées. Il n'y a plus que quelques accidents isolés. Les soldats, prévenus, se laissent surprendre par des Arabes insoumis qui rampent jusqu'à eux et cherchent à les tuer.

Heureusement, ils préviennent leurs ennemis et leur font payer cher leur audace.

A dix heures et demie, l'amiral Garnault rentre à son bord et témoigne sa satisfaction à l'armée. Le soir, un ordre du jour est affiché dans les batteries, qui félicite les commandants, les officiers et les équipages.

« Chacun s'est dévoué — avec quelle ardeur! l'amiral ne l'oubliera pas — aux préparatifs de cette opération difficile!..... Les corps de débarquement se sont élancés à terre avec un entrain et une vaillance qui ont fait l'admiration de tous et qui ne se sont pas démentis un seul instant..... L'amiral est fier de commander à de tels hommes!..... »

Les matelots et les officiers anglais du *Monarch* nous ont vus. Ils pourront dire si leurs anciens ennemis, devenus plus tard leurs alliés, qu'ils ont un peu oubliés en 1870, ont dégénéré!

Malheureusement la victoire a coûté cher. La marine compte huit morts, l'armée trois. Il y a des blessés, quarante environ. L'ennemi a été durement châtié. Les huit à neuf cents Arabes qui défendaient la ville ont tous été passés au fil de l'épée, excepté une quarantaine que l'on a épargnés comme prisonniers. Les représailles, comme on le voit, ont été terribles.

Avec la nuit, les compagnies de débarquement rallient leurs bords respectifs. Quelques matelots du *Trident* rapportaient avec eux des gargoulettes en terre grossière qu'ils avaient prises dans une boutique de la ville arable.

Leur chef, M. Couturier, leur fait jeter à l'eau ces objets, ne voulant pas qu'il fût dit que nos matelots eussent dérobé un objet, quelque infime que fût sa valeur.

Sfax demeure occupé et gardé par les troupes de terre.

Sfax, 17 juillet.

Ce matin, les mahones réquisitionnées pour le débarquement des troupes ont repris leur industrie première. Celles qui, au large des canonnières, formaient naguère un village flottant, asile des Européens dans Sfax, se sont rapprochées du port de la Marine, et s'occupent déjà à charger les ballots d'alfa échappés à l'incendie.

Ces mahones, embarcations usitées sur la côte Est de Tunisie, ont une forme assez gracieuse : celle des gondoles vénitiennes ; mais leurs deux mâts inclinés, l'un sur l'avant, l'autre sur l'arrière — avec leurs voiles mal coupées — font que le tout n'est pas beau.

Je profite d'une de ces mahones pour descendre à terre et visiter Sfax.

La patience est une belle chose : c'est la vertu du musulman, ce n'est pas celle du Français. J'aurais préféré un canot à vapeur. Au bout d'un temps qui me semble fort long, la mahone finit par accoster un warf. C'est un pont en planches qui s'avance dans la mer à une distance de vingt mètres.

Les mahones chargent à ce pont ; tantôt elles sont à la hauteur du tablier, tantôt en dessous, suivant le moment de la marée.

En mettant le pied sur le pont, j'aperçois à trente pas deux canons qui me regardent fixement par les embrasures.

C'est la batterie rasante. Elle a pris pour menacer la mer la forme d'un arc de cercle. Onze pièces de trente livres montées sur des affûts en bois goudronnés sont en batterie aux embrasures et battent les approches dans toutes les directions. La maçonnerie est écrêtée par le tir des grosses pièces de l'escadre.

Les Arabes avaient renforcé la muraille, en entassant sur l'avant des ballots d'alfa recouverts de terre. Cette cuirasse improvisée était destinée à ralentir et à arrêter la marche des projectiles. Les Arabes avaient compté sans la vitesse restante. Ballots d'alfa et pierres dures étaient traversés facilement ; la pierre n'avait qu'un effet, faciliter le fonctionnement de la fusée percutante qui forme la pointe de l'obus et par suite assurer l'éclatement du projectile.

Je monte sur le parapet — avec moins de danger que M. Couturier — mais peut-être plus difficilement au point de vue de la gymnastique, car on a déjà enlevé les ballots d'alfa et l'on est en train de réparer les brèches.

Je fais le tour de la batterie rasante, à l'intérieur. On me montre au milieu du terre-plein le trou qu'avaient creusé les Arabes pour en faire une poudrière.

La poudrière était primitive. La poudre, contenue dans des barils ouverts, était, non seulement exposée à l'air, — il ne pleut jamais dans cette saison de l'année, ce qui explique l'insouciance des insurgés, — mais aussi, — ce qui l'explique moins — exposée au feu de nos obus.

Un projectile éclatant près d'un baril, tout sautait, — artilleurs, pourvoyeurs, fusiliers, tous les défenseurs de la batterie.

Cet ouvrage est rempli de petits boulets de tous les calibres, d'obus ronds et de grappes de mitraille. Deux pièces démontées ont roulé contre la poudrière. Les autres canons ont été encloués par les marins du *Trident*.

Six cadavres arabes vêtus d'une gandoura, les jambes et les bras nus, gisent contre les embrasures, dans des mares de sang. Tous sont coiffés d'un turban vert, insigne du musulman qui est allé en pèlerinage à la Mecque.

L'un de ces malheureux, qui a eu la moitié de la poitrine enlevée par un énorme éclat d'obus, serre encore dans sa main droite un tronçon d'écouvillon.

En tournant sur le quai, à gauche, j'y trouve les retranchements d'alfa qu'occupaient les insurgés jusqu'à l'extrémité sud de la ville. Des embrasures, de distance en distance, tous les 20 mètres environ, laissent passer la volée d'une pièce lisse.

Des soldats comblent en ce moment le fossé situé derrière l'épaulement. Là sont couchés les insurgés tués à leur poste, pris hier en enfilade par le feu des marins du *Trident*, qui les canardaient de la batterie rasante.

Les Arabes avaient cherché à fuir du côté de Gabès

mais les canots armés en guerre du *Marengo*, du *Trident* et de la *Surveillante* firent jouer leurs canons-revolvers Hotchkiss et rendirent cette tentative de fuite entièrement douteuse.

Une grande place s'étend devant les murailles de la ville européenne. C'est un quadrilatère irrégulier.

Les quatre côtés sont formés par le parapet de la batterie rasante, l'épaulement d'alfa, la maison du consul français, qui a servi de quartier général au commandant des troupes, et enfin par la batterie haute, un peu à gauche et en arrière de la batterie rasante.

Au milieu de cette place, deux presses à comprimer l'alfa et à faire les ballots, une mahone en construction, des tas de gargoulettes brisées.

On voit encore les sillons des obus, profonds de 60 centimètres environ et larges de 2 à 3 mètres. Ces sillons ont la forme des fougasses employées à la guerre.

La batterie haute, sur sa façade, présente trois brèches énormes. On reconnaît le passage de nos projectiles. La brèche du centre sur laquelle flottait le grand étendard des révoltés est placée au-dessous d'une large tour éventrée. Ces dégâts ont été faits par les obus de 27 du *Friedland* lancés à 6.500 mètres de distance. Hasard singulier : une grosse pièce de canon est restée en position sur les débris de son embrasure. Suspendue au-dessus du vide et ne tenant que grâce à un miracle d'équilibre, elle semble menacer encore nos soldats de sa gueule de bronze.

La muraille de la ville européenne qui regarde la mer n'est pas trop abîmée. On ne l'avait pas signalée comme but à l'œil exercé des canonniers brevetés. La porte était intacte, quand les matelots s'y sont présentés. On l'a enfoncée avec les canons de 65 millimètres.

Aujourd'hui la ville est tranquille. Entrons.

De chaque côté de la porte, dans la Strada Reale, la plus belle rue de la ville, sont braquées deux pièces de 90 de campagne. Les autres pièces de cette batterie sont dans la Kasbah, sous les ordres du capitaine Nicaud.

La Strada Reale traverse en ligne droite la ville. Elle va de la porte européenne à la porte de la ville arabe. Là sont les maisons de la plupart des consuls. A droite et à gauche, des marchands de vin, tous Italiens. Plus loin un couvent de capucins romains, dont le clocher a été rasé par un obus qui a à moitié renversé la croix de bronze.

Cette maison, à grille ornementée et à volets verts, est occupée par le commandant de Marquessac et le capitaine de l'artillerie. En face se trouve l'ambulance.

Plus haut, la petite mosquée où se sont défendus si vaillamment sept Arabes. Un obus, entrant par le haut à gauche et sortant par le bas à droite, les avait frappés de stupeur en traversant le lieu saint, malgré la protection de Mahomet et de son étendard vert. Ils se précipitèrent éperdus dans la cour. Ils n'allèrent pas plus loin.

Les petites rues perpendiculaires à la grande artère se ressemblent toutes. Une seule rue n'est pas bâtie sur le même patron. C'est une rue voûtée : dans le fond on aperçoit les murailles blanches étincelantes au soleil de la batterie haute.

En continuant dans la Strada Reale, on passe devant

les magasins à huile, qui, transformés en prison, renferment, avant leur départ pour la France, les insurgés qu'on a arrêtés sans armes, et qui avaient demandé l'aman.

Au bout de la Strada Reale est une première porte de la kasbah. En dehors de la ville franque on peut aller à droite ou à gauche en longeant les murailles de la ville arabe.

A gauche, au bout de 100 mètres, on se trouve hors des murs au pied du fort de l'Ouest. A droite, au pied des remparts crénelés est une grande route. Les remparts, dans cette partie, sont criblés de brèches énormes faites par les obus, à une distance de 5.400 mètres !

La route fait un coude à angle droit et devient perpendiculaire à la mer. Nous retrouvons les énormes sillons creusés par les projectiles. Toutes les maisons sont plus ou moins endommagées.

Les mosquées n'ont pas été protégées — chose étonnante ! — par le prophète ! Des minarets ont été décapités. Des marabouts ont été décoiffés. Leur calotte ronde a pris les formes les plus capricieuses sous la volonté énergique des obus.

En sortant de la ville par la porte du Nord, on se trouve sur la plaine de sable, dominée par les forts du Nord et du Nord-Est, où la lutte fut la plus vive.

Là, ont combattu la compagnie de la *Surveillante*, une section du *Trident*, et un bataillon du 92e de ligne.

A droite le cimetière : le pan de muraille du côté de la ville est tombé sous les éclats de nos obus. Plus loin, les magasins d'alfa en plein air. Il a fallu déloger les Arabes de chaque ruelle, les rejeter dans le fossé, et de là, par-dessus un mur de sable haut de deux mètres.

Le 92ᵉ qui se lança à la poursuite des Arabes, dans les jardins d'oliviers qui dessinent leur ceinture sombre sur les dunes situées à droite, ne put continuer la chasse et rallia la compagnie de la *Surveillante*.

Les retranchements d'alfa improvisés qui ont servi à défendre ce côté de la campagne, sont encore en place. Les quatre marabouts placés en avant sont crevassés et percés à jour par les obus. Un pan de mur en ruine et des tas de cendres blanchâtres sont les seuls vestiges d'un grand magasin d'alfa qui a brûlé.

Les soldats du 92ᵉ et du 71ᵉ font la police des rues. La kasbah est occupée militairement. Partout, dans la ville arabe, les maisons présentent l'aspect de la plus lamentable dévastation. Les portes des mosquées et des habitations, malgré les énormes ferrures qui les recouvraient, ont été enfoncées par la hache des charpentiers attachés aux compagnies de débarquement, et leurs débris jonchent le sol.

Ce matin, j'ai eu sous les yeux l'image d'une bizarre mascarade : les soldats en fouillant les maisons ont trouvé de nombreuses défroques féminines, et se sont habillés en femmes juives et arabes. Sur l'épaule des habits de couleur, une étoffe de soie brillante leur servait de jupon.

Dans chaque rue sont installées les cuisines en plein vent des escouades. Les grilles des fenêtres sont très utiles pour cet usage. Placées sur deux grosses pierres, au-dessus du feu, elles supportent les marmites en terre cuite, qu'on a trouvées en grand nombre, et où cuit le dîner des soldats.

Une pente douce conduit de la ville franque à la ville arabe, dans laquelle on pénètre par une porte voûtée située à l'extrémité de la Strada Reale.

Cette porte est gardée par deux factionnaires et un poste. Tournons à droite. A 500 mètres une deuxième porte, du plus pur style oriental, que les torpilleurs ont fait sauter avec du fulmi-coton, une troisième porte derrière celle-ci et qui a subi le même sort.

Sous l'action de la poudre, les lourds battants bardés de fer ont volé en éclats. On est sous les voûtes en plein cintre. Partout sur la muraille des flaques du sang des malheureux Arabes qui ont été pulvérisés par l'explosion. Contre un banc de pierre un tas de burnous ensanglantés.

Le corridor tourne sur la gauche à angle droit. Dans une petite niche pratiquée dans l'épaisseur du mur, on a trouvé quatre énormes clefs en fer rouillé, réunies ensembles par une chaînette. Ce sont les clefs de la kasbah que l'amiral Garnault doit envoyer au ministre de la marine, avec trois des drapeaux enlevés sur les ouvrages ennemis.

Une quatrième porte, gardée par deux autres factionnaires, donne dans la ville arabe. Passons la porte. Voici une rue montante, qui va de la Strada Reale à la porte Sud. Au bout une petite mosquée. C'est là que se trouve la maison enfumée devant laquelle a été frappé mortellement le malheureux aspirant Léonnec.

Beaucoup de soldats campent dans cette rue, les fusils appuyés aux maisons. De l'autre côté des habitations, des magasins d'épicerie sont adossés à la muraille crénelée. Sur le sol, de nombreux flacons, « mais vides, malheureusement! » me dit un sergent.

Auprès de ces établissements, d'autres, transformés en écuries, contiennent trois ou quatre chevaux.

Arrivé à la grande mosquée, si l'on tourne à gauche, on va dans les forts du sud, au moyen de petites ruelles à pente raide.

Les maisons sont ouvertes. Tous les meubles y sont encore : on voit surtout beaucoup de lampes en poterie verte, des étagères multicolores, à la façon des étagères algériennes, des coffres aux couleurs éclatantes, etc.

Dans les petites mosquées, des nattes, des lampes en fer et en verre, des œufs d'autruche suspendus en guise d'ex-voto, des livres à caractères arabes, etc.

Si l'on tourne à droite, on s'en va au bazar qui est fermé naturellement, et présente un aspect lugubre avec ses voûtes obscures et ses boutiques closes.

Aujourd'hui la ville est commandée par le colonel Jamais, qui a sous ses ordres 4.000 hommes d'infanterie et d'artillerie.

Ce matin, l'amiral Garnault, les amiraux Conrad et Martin, tous les commandants, tous les officiers de la flotte et de l'armée, le colonel Jamais, l'artillerie avec le capitaine Naquet ont accompagné au cimetière les victimes du devoir, ceux qui sont morts glorieusement en combattant.

Ce cimetière est situé sur la plage, à droite de la ville franque, à l'endroit où la compagnie de la *Surveillante* a si héroïquement combattu le 16 juillet. A travers les échancrures faites par nos obus dans le mur d'enclos on aperçoit les flots bleus de la Méditerranée.

Les corps ont été apportés, placés sur des affûts traînés par nos matelots, cinq dans des cercueils, quatre drapés dans l'étamine d'un pavillon tricolore.

L'aumônier de l'escadre officiait, assisté de deux capucins italiens. Au moment où les corps sont déposés côte à côte dans la fosse, des hommes s'apprêtent à enlever les pavillons qui les recouvraient. « Ils sont morts à l'ombre de ces drapeaux, dit l'amiral Garnault, laissez-les pour qu'ils leur servent de linceul ! »

Deux jours après, une triste cérémonie nous ramenait tous autour du cercueil de l'aspirant Léonnec, blessé, sous les murs de la kasbah, d'une balle en pleine poitrine.

Pulchrum pro patria mori!

Gabès   Attaque de Mentzel par les marins du *Trident* et du *Colbert*.

CHAPITRE XVI

Gabès.

Ordre de marche. Panorama de Gabès. Le débarquement. Dans l'eau. La maison du gouverneur. Prise du fort. Attaque de Mentzel. Combat dans les rues. Un courageux ennemi. Repos. Explosion du fort. Prise de deux canons par le *Léopard*. Le réembarquement. Le canonnier Renaud et sa pièce. Retour à bord. Les trois hurrahs!

En rade de Gabès, 24 juillet.

Après la prise de Sfax, l'escadre pouvait chercher de nouveaux succès! Les révoltés, dit-on, se sont rassemblés à Gabès. Les cavaliers vaincus, fuyant de toute la vitesse de leurs chevaux arabes, les ont rejoints. Ils leur apportent l'impression que leur a causée la précision de nos armes.

L'Arabe sait encore mourir; mais comment résister

à des projectiles qui vous atteignent quand on est deux ou trois fois hors de portée? Mahomet n'est plus avec eux.

On ne laissera pas aux chefs arabes le temps de se reconnaître.

300 ! L'amiral signale d'appareiller tous à la fois !

L'amiral amène le signal.

Dérapez ! Machine en avant, à 35 tours.

La route au S. 35 E. (sud 35° est), puis au S. 35 O. (sud 35° ouest).

L'escadre, en colonnes par divisions, se dirige sur Gabès, dans le golfe de Syrtes :

> *Per Syrtes iter æstuosas !*
> *Barbaras Syrtes, ubi Maura semper*
> *Æstuat unda !*

Le climat a-t-il changé depuis Horace ?

Hélas ! non.

L'escadre est ainsi composée :

A GAUCHE	A DROITE
Trident (c.-a. Martin).	*Colbert* (v.-a. Garnault, commandant en chef).
Surveillante.	
Marengo.	*Revanche.*
La Galissonnière (c.-a. Conrad).	*Friedland.*
	Reine-Blanche.
Chacal.	*Hyène.*
Léopard.	*Gladiateur.*

Les trois mouches, *Desaix*, *Hirondelle* et *Voltigeur*, font une troisième colonne à droite du vice-amiral.

Avec le soleil levant, l'escadre mouille devant Gabès au signal et d'après les plans de l'amiral.

Comme toutes les villes arabes, Gabès est une ville blanche. En pleine lumière, elle éblouit.

Gabès est à 2 kilomètres du rivage. Elle est adossée à une vaste oasis qui lui forme une couronne de palmiers verts et de dattiers. Cette verdure, un peu sombre, avec le ton rougeâtre des montagnes lointaines et le sable jaune des premiers plans, fait paraître les maisons plus blanches encore.

A l'extrémité nord de la ville appelée Mentzel, à 300 mètres des premières maisons, un petit fort armé de huit canons.

Plus à droite, à 300 mètres de la plage, le cimetière avec un marabout, la grande maison blanche du gouverneur, d'autres maisons blanches, un mur blanc, un autre mur blanc, des montagnes d'alfa, accompagnement obligé des villages de la côte est de Tunisie.

Plus loin, sous les dattiers, le village arabe de Dzara, tout gris, et à droite, une rivière qui, à son embouchure, peut avoir de 25 à 30 mètres, où les Arabes ont jeté un pont d'alfa et dont les rives sablonneuses sont assez élevées.

A gauche de la ville, au milieu des collines de sable, deux marabouts de dimensions plus vastes. A l'ombre de ces marabouts, on aperçoit, avec une bonne longue-vue, des groupes de cavaliers.

Les bâtiments chassent leur poste pour prendre le mouillage assigné d'avance.

Pour mouiller, il ne faut pas avoir trop d'aire. Avec la masse des navires, les chaînes ne résisteraient pas. Aussi on diminue de vitesse.

« L'amiral hisse le pavillon 5 ! »

— Qu'on soit paré à stopper !

« L'amiral amène le pavillon 5 ! »

— Stoppe !

Les canots sont amenés.

Le clairon sonne : « Les compagnies de débarquement à terre ! »

« Bâbord mouillez ! »

Le matériel et les hommes sont déjà embarqués.

L'ancre tombe.

Au moment où la flamme rouge, hissée à bloc en tête du mât d'artimon, indique à l'amiral que tous les bâtiments sont à leur poste, les chaloupes et les canots remorqués par les canots à vapeur sont déjà loin du bord.

Dans l'ordre prescrit, ils s'avancent en ligne de front vers la plage.

A gauche: *Marengo, Surveillante, Trident.*

A droite : *Colbert, Revanche, Friedland.*

Un peu plus loin, derrière, la *Galissonnière* et la *Reine-Blanche.*

Plus loin encore, les mouches *Voltigeur, Hirondelle* et *Desaix.*

Les canonnières balayeront la plage, si c'est nécessaire.

Comme à Sfax, c'est le capitaine de pavillon de l'amiral Garnault, M. Marcq de Saint-Hilaire, qui commande le corps de débarquement.

Les canots sont à 100 mètres de la plage, et, ne trouvant plus d'eau sous la quille, s'échouent.

« A l'eau ! à l'eau ! »

C'est à qui arrivera le premier. On se mouille bien les pieds, — et un peu plus haut aussi, — mais qu'importe ? Ce n'est pas le soleil qui manque, malheureusement ! On sera vite sec !

« Les tirailleurs en avant ! »

Les deuxièmes sections de chaque compagnie se

déploient en tirailleurs et se portent en avant. Un enseigne de vaisseau est avec chaque section sur la ligne.

Sur le rivage, pas une défense. Les compagnies se sont organisées sans être inquiétées.

Au centre, le *Colbert* et le *Trident*.

A l'aile droite, la *Revanche* et le *Friedland*.

A l'aile gauche, la *Surveillante* et le *Marengo*.

En réserve, la *Galissonniére*, la *Reine-Blanche*, les canonnières *Léopard*, *Chacal*, *Hyène* et *Gladiateur*.

Nous sommes sur une plage de sable : près de la côte le terrain est bas et ondulé.

A l'extrême droite, la *Revanche* avec le *Friedland* remontent la rive droite de la rivière et s'emparent de la maison du gouverneur, immédiatement transformée en ambulance avec le pavillon de garde à la porte, — croix blanche en sautoir sur fond rouge.

Au centre, le *Colbert* et le *Trident* s'avancent sur le fort, 2 kilomètres à parcourir.

La gauche de l'armée est protégée par la *Surveillante* et le *Marengo*, dont les tirailleurs sont échelonnés sur une ligne parallèle à la route suivie par le gros du corps de débarquement.

Il est sept heures.

Chassé-croisé entre les compagnies du *Colbert* et du *Trident*. Celle-ci attaque le fort, celle-là attaque la ville. Les canons de 65 millimètres sont en batterie ; les obus commencent à pleuvoir.

La compagnie du *Trident* traverse au pas gymnastique le terrain qui la sépare du fort, sous un feu assez vif des tranchées. Un seul matelot est blessé dans la quatrième section.

Le fort, averti de ce qui s'est passé à Sfax, hisse le

pavillon blanc. Sept ou huit Arabes se rendent aussitôt et sont conduits au commandant Marcq de Saint-Hilaire.

Le *Trident*, au pas gymnastique, rejoint le *Colbert*.

La ville quasi-européenne de Mentzel, bornée par la rivière et l'oasis, consiste en une seule rue, longue et étroite. Elle a été plutôt parcourue partiellement qu'occupée.

L'ordre ministériel prescrivait simplement : 1° occupation de la maison du gouverneur; 2° infliger une correction salutaire aux Arabes. Le but a été très bien rempli.

Sous les ordres du commandant de Saint-Hilaire, le *Trident* et le *Colbert* arrivent devant la porte de Mentzel qui est barricadée.

Le grand Hiart, second-maître torpilleur de la *Surveillante*, sans s'inquiéter des coups de fusil que les Arabes lui tirent dans les jambes par-dessous la porte, place un pétard avec la plus grande tranquillité.

La porte saute ; nos matelots entrent dans la ville. La défense est vigoureuse. Cinq hommes tombent blessés dès le premier moment.

A l'angle de la rue, contre la maison du télégraphe, un piquet du *Trident* se trouve nez à nez avec un cavalier, qui accourt suivi de sept fantassins.

Cet Arabe, un chef sans doute, comme l'indiquent la beauté de ses armes et son magnifique harnachement en velours violet, brodé d'argent, charge intrépidement. Une décharge de nos matelots couche par terre les sept fantassins.

Seul, le cavalier n'a pas été atteint et vient donner sur nos baïonnettes. Pour parer les coups, il veut

12.

faire cabrer son cheval; mais cet animal, frappé par une balle en plein poitrail, s'affaisse entre ses jambes.

Le second-maître du *Trident* s'élance. L'Arabe saisit son pistolet par le canon et lui en assène un formidable coup sur le crâne. Malgré le chapeau de paille qui amortit la violence du choc, le sang coule, et le matelot reste un instant étourdi. Son ennemi lève le bras pour l'achever et saute à terre, son cheval étant tombé mort.

A ce moment, le second-maître, doué d'une force herculéenne, ouvre les bras, saisit son ennemi, le serre contre sa poitrine dans une violente étreinte, et le jette à moitié étouffé à terre, où les matelots le clouent à coups de baïonnette.

En moins d'une heure, Mentzel est occupé. La précision de nos armes, leur longue portée l'emportent sur le courage des Arabes, qui sont délogés non sans peine.

A dix heures le coup de main est fini. C'est tout ce qu'on avait à faire.

Le *Friedland* et la *Revanche*, remplacés dans la maison du gouverneur par les compagnies du *Voltigeur*, du *Desaix* et de l'*Hirondelle,* nettoient les abords et la lisière de l'oasis.

Sur une colline à gauche de Mentzel, se trouve un fort marabout. Plusieurs Arabes, qui l'occupent, nous envoient quelques coups de fusil, puis disparaissent dans l'oasis.

Tout près de l'oasis, à droite, les insurgés embusqués auraient pu nous faire du mal; ils auraient pu traverser la rivière à gué en plusieurs endroits; mais le *Friedland* les a surveillés, et ils n'ont pas osé bouger.

A onze heures, repos. On l'a bien gagné. Les matelots se replient sur la maison du gouverneur, abandonnant Mentzel et le fort d'où l'on a retiré 150 fusils et quelques barils de poudre. Les grand'gardes suffisent pour la sécurité générale.

A onze heures et demie, une explosion formidable se fait entendre. C'est le fort qui saute.

Est-ce une imprudence des Arabes ? Cette imprudence est-elle volontaire ? Nul ne le saura jamais.

3.000 kilos de poudre, tout l'approvisionnement des révoltés, se sont enflammés soudain et n'ont pas laissé un pan de muraille debout. Une cinquantaine d'Arabes s'y trouvaient. Ils ont payé cher leur imprudence.

Le terrain conquis restera gardé par la *Reine-Blanche* et la *Galissonnière*, en attendant l'arrivée des troupes qu'on a promises. La maison du gouverneur est barricadée, fortifiée de quatre pièces de 65 millimètres, hissées sur la batterie quadrangulaire existant au sommet.

Les canonnières n'ont pas été inutiles. L'une, le *Léopard*, mérite d'être signalée. Les hommes du *Léopard*, pendant l'action, aperçoivent sous Dzara deux canons qui ne cessent de faire feu, un feu peu rectifié, il est vrai, et sans danger.

Voilà les hommes à l'eau, au pas de course ; les voilà escaladant la rive et se précipitant sur les groupes d'Arabes qui fuient au plus vite.

Nos matelots sont aux pièces ; ils les enclouent. A droite ! à gauche ! plus d'Arabes ? Allons-nous-en.

Les voilà de nouveau dans leurs canots : le tour est fait.

Le soleil descend lentement derrière les montagnes du fond.

La mer se fait avec la brise.

D'énormes volutes roulent et viennent mourir en se déferlant sur la plage.

Les canots sont obligés de se tenir au large sur leurs grappins.

Gare à qui n'a pas l'estomac solide !

Que de difficultés attendent les vainqueurs pour embarquer ! Après une journée si chaude, après les dangers du combat, il faut affronter les dangers non moins grands d'une mer en furie.

Comment transporter tout le matériel au milieu de vagues dont le creux dépasse la hauteur d'un homme ?

On a de l'eau jusqu'à la cheville, jusqu'à la poitrine, par-dessus la tête. L'eau monte toujours.

Et ceux qui ne savent pas nager ?

Le dévouement des matelots dépasse tout éloge.

On transporte les canons, les affûts à la nage. Et pourtant ces canons pèsent 95 kilos. Un brave canonnier de la *Surveillante*, du nom de Renaud, marche, solide comme un roc, au milieu des vagues qui déferlent contre sa large poitrine, portant sur l'épaule son canon du poids de 95 kilos. On transporte les caisses de munitions !... D'habiles plongeurs ramènent à la surface les hommes qui coulent. Quand l'homme est sauvé, on sauve son fusil. Un autre canonnier de la *Surveillante*, Sébastiani, sauve successivement deux de ses camarades, deux fusils, une roue de canon, ramène le tout à bord et revient se mettre en pêche.

Des canonniers sont restés deux heures dans l'eau, — au milieu des volutes, — à faire le va-et-vient.

Pas un homme perdu !

Quels braves gens que ces marins !

L'embarquement terminé, les canots poussent. C'est la fin des misères. Au large la mer est moins dure.

Trois hurrahs formidables accueillent les vainqueurs sur chaque navire. Les hommes dans les haubans passent à la bande, en agitant leurs chapeaux.

On est parti avec le soleil levant, on revient le soleil couché.

Voilà une journée bien employée.

Le lundi 25 juillet, au petit jour, l'*Algésiras* mouille sur rade. On procède immédiatement au débarquement des bataillons du 14e, du 78e et du 107e de ligne et de la batterie du 35e d'artillerie.

Un ordre du jour : le vice-amiral commandant en chef félicite l'escadre, la division du Levant et les canonnières. L'amiral sait tout ce qu'il peut attendre des commandants, des officiers, des marins placés sous ses ordres. Les rapides opérations effectuées devant Gabès fourniront à la marine une nouvelle page de gloire à ajouter à tant d'autres...

L'escadre appareille à trois heures du soir et va montrer le pavillon français à Mehediah, à Monastir et à Sousse.

Sousse : Une rue du quartier arabe.

CHAPITRE XVII

Mehediah. — Monastir. — Sousse.

Mehediah. Les saluts. Échoués dans la passe. Les indigènes. Au warf. Pris pour des cuisiniers. Les chameaux. Le moulin à huile. En ville. Les portes. La kasbah. Les ruines d'Africa. Les tombeaux phéniciens. Les marchands de Monastir. Les salves de Sousse. Visite des Tunisiens à bord. Panorama de Sousse. Au consulat. La porte de la kasbah. La lumière électrique.

En rade de Mehediah, 27 juillet.

Mehediah est situéc à l'est de Kaïrouan, la ville sainte, c'est-à-dire la capitale du fanatisme musulman en Tunisie. A Kaïrouan, fleurissent les vieux et les jeunes marabouts qui prêchent la guerre sainte et soufflent l'enthousiasme. Tant qu'une garnison française n'occupera pas Kaïrouan, les environs ne seront pas sûrs.

Or, Mehediah n'est pas très éloignée, quelle réception nous y ménage-t-on ?

La prudence est la mère de la sûreté. Armons-nous !

Un casque..... en moelle de sureau, une ombrelle impénétrable aux rayons du soleil..... c'est tout. Ainsi équipés, nous n'avons rien à redouter.

Mehediah n'a pas de canons sur ses remparts. Aussi l'escadre, en mouillant dans le sud de la pointe Africa, n'a pas salué la terre amie de vingt et un coups de canon. La terre n'aurait pas rendu le salut. C'est un principe de politesse internationale : le salut se rend coup pour coup.

Le canot-major, poussé par une bonne brise d'est, file rondement vers la plage de sable où l'on suppose un débarcadère.

Les ruines de l'antique Africa grandissent à vue d'œil. De grands pans de murailles, rouge sombre, se détachent dans le ciel bleu. D'immenses portiques, tout décharnés, supportent leur voûte massive sur des jambes grêles et tordues. Le temps est cause de ces contorsions de la pierre.

Nous sommes à 400 mètres de la ville.

— Le fond diminue ! — crie le brigadier de veille à l'avant du canot. — Venez sur bâbord !

— Laisse porter ! — Le fond diminue, venez sur tribord !

— Lofe ! — Le fond diminue toujours !

— Amenez les voiles ! Démâtez ! Armez les avirons !

Nous avons perdu la passe. Le chenal, très profond, est encore plus étroit ; il n'est pas balisé. Des mattes veillent à droite, à gauche, devant ! nous allons certainement échouer ; nous sommes échoués.

«Les mattes sont des monticules d'herbages entrelacés qui, s'élevant à fleur d'eau, finissent par former une barricade infranchissable.

Les canotiers sautent à l'eau ; ils cherchent à déhaler le canot, — impossible.

— Pousse à culer !

Un effort, le canot flotte de nouveau. Les canotiers réembarquent dans le canot.

— Scie partout ! — Nous marchons à reculons.

— Scie bâbord, avant tribord ! — Nous obliquons à gauche : nous retombons heureusement dans la passe.

Un grand détour pour la suivre. En marine le chemin le plus direct n'est pas toujours la ligne droite.

Nous accostons au warf.

Le warf !

Dix pieux, deux longues poutres, quelques planches en travers : voilà le pont.

1 mètre de largeur à peine et 10 mètres de long.

Tel est le champ de bataille où doit se livrer, entre croyants, juifs et roumis, la première action... commerciale.

A l'arrivée du canot, une foule se précipite sur cet étroit plancher : tout ce qu'il y a d'Arabes sur la plage, avec leurs longs burnous, des perdreaux, des poulets à la main ; tout ce qu'il y a de juifs, portant d'immenses paniers d'œufs et de raisin, avec les vêtements les plus bigarrés, du rouge, du vert, du jaune, du bleu ; pas une des couleurs de l'arc-en-ciel n'est oubliée.

Chacun agite sa marchandise; car de se faire comprendre autrement, point n'est besoin d'y songer.

— Eh ! eh ! Micieu ! (monsieur), Micieu ! moi ! moi !

— On nous prend pour des cuisiniers. Notre équipement chevaleresque en est cause. Heureusement, l'un de nous est en uniforme. Nous le mettons en tête et nous nous en servons comme d'un coin pour écarter la foule.

Grâce à lui, les coudes aidant, nous ne mettons pas très longtemps à parcourir, sur le pont chancelant, les 10 mètres de planches qui nous séparent de la plage de sable.

Enfin ! nous sommes sur le plancher des vaches..... que dis-je ? des chameaux.

Un peu de couleur locale : Un troupeau de ces animaux philosophes et mal bâtis fait le plus bel ornement du paysage, à notre arrivée. Pas un ne se dérange pour nous saluer. Chacun reste dans la position qu'il préfère : debout, accroupi ; celui-ci hurle (un chameau hurle-t-il ?) parce qu'on le charge. Le chameau, paresseux, trouve toujours qu'on lui en met de trop sur le dos, sa bosse lui suffit.

Quelques-uns, d'un pas tranquille et lent, montent les dunes de sable où l'on a creusé les puits. Avec une satisfaction visible, ils font leur plein d'eau. Ils emmagasinent pour huit jours.

Des ânes, petits, gris, roux, noirs, tous les tons de la palette sale, viennent trinquer à côté de leurs amis les chameaux. Le chamelier, sur la margelle du puits, descend un seau, le remonte, verse le contenu, — avec une équité toute tunisienne, — en parties égales, dans l'auge de l'âne et dans l'auge du chameau.

Arrêtons-nous un moment dans ce carrefour, en tournant le dos à la muraille.

Sur le ciel bleu, au haut du tertre, un chameau découpe sa silhouette capricieuse. Est-il en marbre ?

Est-il en bois ? Il ne remue pas plus que la statue de Memnon avant le lever du soleil.

Par le sentier du fond débouchent des Arabes : les uns sur des ânes, les autres à pied. Tous apportent des provisions au marché.

Les vrais musulmans, accroupis au pied du marabout, à droite, travaillent à ne rien faire. Ils nous observent d'un œil peu sympathique.

Entrons dans la ville. La muraille, flanquée de deux tours, se perd dans le ciel. La porte voûtée, noire, laisse apercevoir dans le fond, tout au bout, un rayon de soleil qui se réfléchit sur les maisons étincelantes.

Tout le monde passe sous cette porte. Étendus sur leurs nattes, les marchands, sans nous inviter à nous arrêter, fument tranquillement en buvant le café maure.

Allons plus avant. Un coup d'œil en passant sur ce moulin à huile ! Un chameau, les yeux bandés, tourne autour de la meule, pendant que le cylindre qu'il entraîne écrase les fruits de l'arbre rabougri, orgueil de la Provence.

Comme à Sfax, les portes des maisons sont bardées de fer, remplies de clous à larges têtes, ornées de boucles en guise de marteau, avec deux cornes, préservatif contre le mauvais œil. Les serrures et les verrous, gigantesques, témoignent de la confiance de l'Arabe à l'égard de son voisin.

Voici la kasbah nouvelle, le fort moderne, vaste, mais peu armé ! Une partie seulement est badigeonnée à neuf ; on n'a pas eu le temps, avant notre arrivée, de lui mettre une robe blanche complète.

Les canons, sur les parapets, ne peuvent tirer faute

de munitions. Au dernier salut, il y a longtemps déjà, les pièces, simplement chargées à poudre, faisaient, à chaque coup, tomber dans le fossé un quartier de pierre enlevé aux embrasures.

Devant la forteresse, le cimetière arabe domine la mer et les ruines d'Africa. De simples pierres horizontales, sans inscription. Quelquefois une pierre verticale, pour les chefs sans doute. C'est tout.

En s'approchant de la falaise, on aperçoit les vestiges du vieux port d'Africa, presque complètement ensablé. C'est un rectangle assez parfait; un des quatre murs est bien conservé. Huit fûts de colonnes en marquent l'entrée du côté du large. Les colonnes, en marbre, prouvent la prospérité disparue.

Nulle barque n'y a mouillé de mémoire d'homme. Sur un terrain volcanique, en pente, deux cents trous réguliers sont creusés dans le roc. Il y en a jusque dans la mer, à une distance assez grande.

Ce sont des tombeaux phéniciens! nous dit un savant de l'endroit.

Ne serait-ce pas plutôt les auges où venaient s'abreuver ces fameux chevaux numides, tant vantés dans l'atinquité? c'est l'hypothèse du docteur de la *Surveillante*. Entre les deux versions, le lecteur choisira.

L'heure s'avance. Il nous faut retourner à bord. Nous revenons sur la plage en traversant le quartier ouest de la ville tout à fait arabe.

Dans le canot, une provision gigantesque de melons, de raisin, de poules, d'œufs frais, de figues, etc. Nous pouvons partir pour Monastir; nous ne mourrons pas de faim.

Bientôt nous sommes à bord, enchantés de n'avoir

été ni fusillés, ni poignardés, ni chourinés, ni empalés, ni étranglés.

Notre voyage à Mchediah a eu un excellent effet. On disait qu'il n'y avait pas de navires en France. Il n'y avait au monde que trois beaux cuirassés : deux italiens, le *Castelfidardo* et la *Maria Pia*, et un anglais, le *Monarch*.

Les habitants de Mehediah sont détrompés. Ils ont vu l'escadre française. Toutes les velléités de rébellion sont retournées dans le Sud par delà les Chotts.

En rade de Monastir, 29 juillet,

Il nous a été impossible de voir Monastir autrement qu'avec une longue-vue. C'est fâcheux. La ville a un caractère des plus arabes. Elle nous semble d'autant plus aimable qu'il nous est interdit d'y mettre les pieds.

Toujours les murailles crénelées, toujours les maisons blanches. Toujours la kasbah, très haut perchée, avec une tour qui n'en finit plus pour dominer la plaine et la mer.

Il faut se contenter du panorama.

Si nous ne pouvons aller aux habitants, ceux-ci viennent à nous sous la forme de marchands juifs et arabes, qui s'entendent à exploiter l'admiration naïve de ces grands enfants de matelots.

Le marché qui a le plus de succès est celui des melons. Il y a si longtemps qu'on a été privé de fruits ! Mais, l'estomac satisfait, on pense à sa famille, et l'on achète des bonnets turcs, des chéchias, des images bien encadrées à la façon du pays, — le tout beaucoup plus laid, mais beaucoup plus cher qu'en France,

Monastir possède des canons qui partent sans éclater. Aussi le *Colbert* salue la terre de 21 coups de canon, [après avoir hissé au grand mât le pavillon tunisien.

La terre répond par 21 coups de canon, après avoir hissé le pavillon français.

Les deux nations n'ont pas la même manière de saluer.

Le *Colbert* envoie ses 21 coups avec l'isochronisme d'un pendule. Le fort de Monastir préfère y mettre un peu de variété. Un coup, puis un autre, — un moment de réflexion, — un coup, un coup, un coup, — autre moment de réflexion.

Bref le compte y est. Que faudrait-il de plus ?

Le vaisseau amiral reçoit des visiteurs. On s'humanise à mesure que l'on monte dans le Nord. A Sousse, nous aurons peut-être des visiteuses.

Une nuit à Monastir, et nous appareillons le matin. Ordre en colonnes par divisions ; la première à gauche, la machine à 40 tours.

Dans deux heures, nous serons mouillés devant la ville la plus commerçante de la côte est, — après Sfax, — devant Sousse.

En rade de Sousse, 29-30 juillet.

L'escadre, partie de Monastir le matin, mouille à Sousse le 29 juillet, à midi, dans l'est de la ville, en relevant au nord-ouest Djebel-Erkiat, et au sud-ouest le marabout de Sidi-Hamet.

Nous sommes en pays ami : nulles difficultés pour échanger les politesses internationales.

Le *Colbert*, qui porte au mât de misaine le pavillon

du vice-amiral Garnault, salue la terre de vingt et un coups de canon, le pavillon tunisien au grand mât. La terre lui répond coup pour coup, le pavillon français flottant sur la batterie. C'est réglementaire.

Comme à Monastir, on peut remarquer la façon différente dont les nations exécutent le salut.

D'un côté : régularité parfaite.

De l'autre : fantaisie tout orientale.

Les autorités tunisiennes se rendent à bord du *Colbert*. Chacun reçoit les honneurs qui lui sont dus : gouverneur, général ou khalifa.

Occasion de nouveaux coups de canon.

Les officiers se mettent gracieusement à la disposition des visiteurs, et leur font admirer les merveilles du bâtiment amiral.

Voici le réduit central, le fort blindé, avec les six monstres de 27 centimètres accroupis sur leurs affûts.

Voici la batterie des torpilles Whitehead, ces traîtres et formidables poissons de fer et de feu.

Voici la machine, ce palais métallique tout resplendissant de cuivres jaunes et rouges ou d'aciers polis.

Les autorités tunisiennes n'ont pas assez de leurs yeux pour contempler tout ce qu'on leur montre. Quels récits après le retour dans leur bonne ville de Sousse !

On nous l'affirme, nous pouvons descendre à terre ; nous serons bien reçus.

— Armez le canot-major ! mâtez !

— Tout le monde est là ? Pousse !

— Hissez la misaine ! Hissez la grande voile !

Nous filons rapidement vers le débarcadère de la Compagnie transatlantique.

Mais notre canot-major se ressent de la secousse de Gabès ! Par une mer furieuse, il a fallu, avant la nuit, tout embarquer: personnel et matériel. Le canot, mouillé sur son grappin, était roulé par les volutes et soumis à toutes les torsions des vagues. Aussi fait-il de l'eau comme un panier.

Tous les canotiers sont occupés à remplir les seaux et à les vider à la mer. Pourrons-nous étaler ? La mer jalouse, ne veut pas céder et entre, à mesure qu'on épuise, par des coutures disjointes.

Arriverons-nous sans nous mouiller les pieds jusqu'aux genoux. La jetée est à 100 mètres. Il n'y aura pas de naufrage.

Le warf est bâti sur pilotis. Il est abrité de la mer, protégé contre les vents régnants par une batterie rasante qui s'avance au large.

L'appontement est solide. Toute la ville s'y est donné rendez-vous et l'on n'a pu constater la moindre flexion.

C'est l'arrivée des canots-majors. Personne ne manque : Arabes en burnous gris et turban blanc, juifs et juives dans les costumes les plus colorés et les plus variés, marchands et marchandes de tous pays, ânes philosophes et chameaux plus philosophes encore. Chacun nous regarde avec plus ou moins de curiosité, suivant son tempérament.

Sur le terre-plein qui conduit aux quais s'élèvent de grands hangars, de vastes magasins de marchandises. On passe au milieu de barriques d'huile, enjambant des sacs de grains, des outres de maïs, des ballots d'alfa, des paniers de fruits, des coufins de dattes, des monceaux de pastèques.

Tout cela vient à dos de chameaux. On voit, dans

les campagnes, s'avancer de longues caravanes : les chameaux, amarrés les uns derrière les autres, le nez à la queue de celui qui précède, marchant en allongeant bêtement le cou, avec un roulement de roulis et de tangage que connaissent bien les imprudents qui ont la témérité de s'aventurer, en voyage, sur leurs bosses pointues.

Les environs de Sousse ont un aspect riant.

Les montagnes de sable sont cachées par des forêts d'oliviers, que dominent les plumets des palmiers, comme les minarets font des maisons blanches des villes arabes. Tout autour, des jardins bien cultivés, des collines vertes, avec des fermes, des maisons de campagne, des marabouts. A cinq milles au sud de la ville, on voit Sidi-Nazare, tombeau remarquable, sur une colline verte.

Nous voici arrivés sur le quai, au pied des murailles crénelées, hautes de 10 à 12 mètres. Tournons à gauche.

Dans le fond, un bastion avec un minaret de forme presque chinoise. Est-ce un phare? Le bastion défend la porte de la ville : elle est très remarquable avec ses pierres rouges et ses pierres noires alternées.

Quantité d'Arabes, accroupis dans leur indifférence, nous regardent philosophiquement passer. La jeunesse du pays, en haillons avec fez rouge, nous souhaite la bienvenue par des cris gutturaux et incompréhensibles. Une large distribution de caroubes, les sous du pays, excite l'enthousiasme. Notre cortège s'accroît à vue d'œil. Chacun parle sa langue ; aussi l'on ne se comprend que par gestes.

Tout le long du quai, adossées aux murailles de la ville, sont de petites boutiques. Les marchands, jambes croisées, fument tranquillement la pipe en attendant les clients.

La porte de la ville, bardée de fer, est ouverte à deux battants. Sous la voûte, faite de pierres noires et de pierres blanches alternées, sont les râteliers d'armes. Chaque fusil a pris la position d'équilibre qui lui convenait le mieux au point de vue pittoresque. Les armes sont toutes de modèles divers et anciens. L'uniformité n'a pas encore été adoptée dans la troupe tunisienne. Le factionnaire — qui ne tricote pas — nous salue à la façon du pays. Nous rendons le salut et nous passons.

Une petite place : à gauche, le pavillon français nous fait reconnaître le consulat.

Enfilons cette rue mouvementée. Une rue ? Comme dans les villes arabes, en étendant les bras on peut toucher les maisons qui la bordent des deux côtés. Beaucoup d'Arabes, les uns montant, les autres descendant. Comme la rue est étroite, ils ont soin de se faire accompagner par leurs ânes et ils chargent leurs ânes le plus largement possible. On se range sur les trottoirs absents, c'est-à-dire dans les anfractuosités des portes, pour laisser passer la cavalerie.

Voici à droite une rue large et ensoleillée ! Elle annonce le quartier européen.

Nous sommes venus pour étudier l'Orient, jetons à la rue européenne un regard dédaigneux et passons !

— De jolies têtes brunes aux fenêtres ! Des sourires gracieux !

— C'est différent — nous oublions l'Orient.

Jeunes visages ! jeunes sourires ! Espagnoles ! Italiennes ! Il semble qu'elles n'aient pas pour nous les mêmes sentiments que la population mâle.

Malheureusement, nous n'avons pas le temps de nous arrêter. Un carrefour avec une fontaine, ou plutôt un abreuvoir. Chameaux, chevaux, bœufs et ânes sont à se rafraîchir.

Je tourne le dos à ce groupe bizarre pour dessiner la mosquée. Le minaret, à cause du Ramadan, ou Ramazan, est constellé de verres de couleur pour l'illumination de nuit.

Les bons musulmans, à jeun depuis le coup de canon du matin, attendent avec impatience le coucher du soleil. Ce n'est que dans les ténèbres qu'ils peuvent satisfaire leurs appétits surexcités. Qui dort dîne ! C'est probablement pour ce motif qu'on les voit, dans le jour, étendus sur des nattes ou accroupis au coin des rues. Notre ami — le pharmacien français — qui a sa boutique devant la grande porte de la mosquée, nous conduit au bazar et à la kasbah. Le bazar ressemble à tous les bazars tunisiens. Il est moins vaste et moins approvisionné que celui de Tunis.

D'ailleurs c'est vendredi et les Arabes font relâche. Quelques juifs, seuls, tiennent leurs boutiques ouvertes. Nous attendrons une meilleure occasion pour acheter des tapis orientaux. Nous décrochons, en passant, un tromblon et un vieux poignard ciselé.

Nous avons fait à Sfax une provision de gargoulettes. Rien ne nous retient dans ce bazar. Allons directement à la kasbah !

Tout au haut de la colline de Sousse, est assise la forteresse qui défend la ville. Une porte monumentale, avec des pierres multicolores, où dominent le rouge, le vert, le bleu et le jaune, donne accès dans la première cour. Deux guérites et deux factionnaires. Les factionnaires tricotent. Nous les regardons un peu trop fixement : ils rougissent et ramassent leur ouvrage à l'aiguille dans la guérite.

Les officiers, très gracieux, nous font les honneurs de leur caserne. A gauche, en entrant, sont les appartements du commandant. Le pharmacien, depuis longtemps dans le pays, nous sert d'interprète.

Les officiers sont payés — d'autant moins qu'ils sont plus riches.

Voulez-vous une preuve de leur richesse ? Regardez les hausse-cols ! Ils sont garnis de diamants.

La cour intérieure de la caserne a la forme d'un rectangle allongé. Rien de particulier, du reste. Nous montons à la tour carrée, d'où l'on domine toute la ville. En passant, notre guide nous fait remarquer l'épaisseur de la porte de la prison et les dimensions des verrous et des cadenas qui ferment cette porte.

La ville s'étend à nos pieds, éclatante de blancheur, dans sa couronne de tours et de murailles crénelées. C'est un damier où il n'y a que des cases blanches, les terrasses des maisons arabes. Comme les pièces d'un échiquier, se dressent les minarets et les marabouts.

Le soir arrive : *Majoresque cadunt altis de montibus umbræ!*

Aussi, la fourmilière se réveille. Les toits plats se couvrent de points noirs qui grouillent de tous côtés. On se dispose... pour le sommeil ? Non... pour le repas de nuit. On guette le signal : le coup de canon du Ramadan ! Au coup de canon, le premier coup de fourchette !

Nous retournons au quai par le quartier européen.

Devant la maison des transatlantiques passe une rue toute pavée de juifs. Nous ne nous arrêtons pas. Le canot-major nous attend.

Nous revenons à bord au plus près : la mer est un peu forte. Mais nos deux invités — le pharmacien et son aide — font bonne contenance. Quatre Arabes nous suivent dans leur bateau pointu. Ils ramèneront nos hôtes à terre; ils visiteront, en attendant, un cuirassé français.

Les Arabes sont profondément religieux et observent bien la loi du prophète. Impossible de leur faire accepter un verre d'eau.

Quels sont ces cris? Ugolin et ses enfants ont-ils fait irruption à bord?

Le coup de canon du Ramadan a retenti, et nos Arabes, soudain, ont eu la langue et l'estomac déliés.

Les matelots s'emparent des Arabes et leur font visiter les batteries. — A Sfax! ces boulets! A Sfax! boum! boum! Nos Arabes cherchent à soulever les projectiles qui pèsent 144 kilos. La stupéfaction se peint sur leurs visages. Jamais ils n'ont vu de canons pareils.

On les fait monter sur la grande passerelle... la passerelle électrique. Quel est cet engin de guerre que l'on promène sur des rails, d'un bord à l'autre, simplement retenu par un fil? Ils regardent dans le miroir concave, ils s'aperçoivent la tête en bas.

Bons rires musulmans! joie mahométane!

L'officier, par le porte-voix, fait mettre en mouvement la machine Gramme. — Allumez!

La lumière électrique jaillit. Voilà nos quatre Arabes à plat ventre. C'est le soleil! Chacun sait qu'au lever du soleil tout bon musulman doit se prosterner. Ils ne manquent pas à la coutume.

C'est la première fois qu'à Sousse l'électricité a fait son apparition autrement que sous forme de télégraphe ou de tonnerre. Toute la population est sur les quais en extase. Huit lampes électriques, braquées sur les différents points de la ville, font de la nuit le jour. Notre fanal éclaire jusqu'au warf le bateau qui ramène nos hôtes à terre.

Des fugitifs de Sfax, après la prise de vive force, se sont enfuis jusqu'à Sousse. Quelques-uns blessés. Ils vont, montés sur leurs chevaux, se faire soigner chez le pharmacien. Un seul, jeune et beau garçon blessé à la cuisse d'un éclat d'hotchkiss, déclare qu'une fois guéri il recommencera. Un cheval arabe, atteint au ventre, est amené par son maître pour que le pharmacien le soigne et le guérisse. Les autres sont terrifiés.

La ville de Sousse verrait avec plaisir une garnison française. Les juifs surtout. Il est probable qu'avant un mois leurs vœux seront exaucés.

La Goulette : le bagne et le chenal.

CHAPITRE XVIII

La Goulette. — Carthage.

Arrivée à la Goulette. Panorama du golfe. Débarquement des 25e et 55e de ligne. Les mahones. Le goulet. Les batteries. Le pavillon du bey. Les officiers et soldats tunisiens. Fuyards juifs. A l'ambulance. Déserteurs tunisiens. Les forçats. Le bagne. Sur la place de la Marine. Les femmes juives. Marche de nos troupes. La musique du bey. Visite chez le bey. Le ministre de la marine. Les petits colonels. Les salons du bey. Visite au camp de Carthage. La chapelle de Saint-Louis. Les ruines. Les citernes.

La Goulette, 1er août.

Au point du jour l'escadre, après avoir doublé le cap Bon, jette l'ancre dans la magnifique rade de la Goulette, à 6.000 mètres de la terre.

Un magnifique panorama se déroule devant nos yeux. A droite, le cap de Carthage, puis le charmant village de Sidi-Bou-Saïd, dont les blanches maisons sont juchées pittoresquement sur un versant au-dessus des ruines de la vieille cité punique.

Quelques tronçons de colonnes marmoréennes que le flot a noircis, quelques débris de chapiteaux, un pan de muraille incliné, cinq ou six cavernes peu profondes, voilà tout Carthage.

Plus au centre, les maisons de campagne où les seigneurs tunisiens viennent prendre les bains de mer.

En face, les maisons blanchies à la craie de la Goulette, gardienne de Tunis, et le kiosque en bois du bey, bâti sur pilotis.

Tunis, entre autres noms, possède celui d'*El Chattrah* (la bien gardée) : les forts de la Goulette devaient avoir autrefois, en effet, un aspect terrible avec leurs énormes murailles trouées d'embrasures et bardées de canons. Quoique les forts de la Goulette n'aient pas été bâtis par les Arabes et soient l'œuvre des Espagnols, l'Espagne, au temps de Charles-Quint, se souvenait trop bien de l'occupation des Maures pour avoir oublié le style de leurs constructions. La Goulette a donc un aspect suffisamment oriental.

A gauche de la Goulette, Tunis apparaît au loin comme une ligne blanchâtre au fond du lac qu'une étroite langue de terre sépare du golfe. Sur le bord de ce lac tourbillonnent des milliers de mouettes au vol rapide.

Enfin, les deux pics escarpés de Hammamlif, la cime du Zaghouan et les maisons de Hammamlif complètent l'ensemble de ce magnifique panorama.

En avant de nous, à 2 kilomètres seulement de la terre, sont mouillés des navires de commerce : un transatlantique, reconnaissable à sa cheminée peinte en rouge, vient d'arriver de Bône avec un chargement complet de troupes de France. Sur les haubans, le gaillard d'avant, les bastingages, on n'aperçoit que des pantalons rouges.

Ce sont deux bataillons des 25e et 55e de ligne (commandants Jobit et Barthélemy), envoyés pour occuper la Goulette.

A peine la *Ville-de-Madrid* (tel est le nom de ce paquebot) a-t-elle jeté l'ancre, que l'opération du débarquement des troupes commence.

Une vingtaine de mahones accostent. Chacune reçoit une soixantaine d'hommes et, courbée sous l'effort de ses deux voiles latines, se dirige rapidement vers le port. Je distingue à l'arrière de ces embarcations l'empreinte d'une main, teinte de sang de bœuf, qui a laissé sa trace rougeâtre. Cette main est destinée à préserver la mahone du aïn (mauvais œil).

Au bout d'un quart d'heure, notre balcinière pénètre entre deux rangs de navires arrêtés dans un port étroit ou plutôt dans le goulet qui, probablement, a donné son nom à la forteresse.

Les jetées du port, recouvertes de grosses pierres grises, ne nous semble pas dans un état de parfaite conservation.

A notre droite, le long d'un quai ouvert sur le goulet, une interminable file de canons énormes allongent la gueule par les créneaux d'une muraille basse. A gauche, un pavillon, de forme ronde, pompeusement décoré du titre de Palais des Ministres, des maisons en bois, vermoulues, chancelantes, calcinées par le soleil, bâties sur pilotis.

Des canonniers accroupis contre la muraille, le

baudrier blanc sur la poitrine, suent à grosses gouttes dans leur uniforme à l'européenne, pantalon droit, veste de drap bleu. Ils sont coiffés de la chechia nationale, ornée sur le devant d'une plaque de cuivre aux armes du bey. Sur l'autre rive, près d'un petit corps de garde blanchi à la chaux, des officiers assis à l'ombre causent en fumant le chibouque, tandis qu'une sentinelle, épuisée de chaleur, sommeille sur son arme, au risque de se crever un œil à sa baïonnette; un autre soldat, plus avisé, a laissé dans sa guérite son fusil que garde un chien couché sur une peau de mouton. Quant à lui, il s'est assis sous une porte et tricote tranquillement une chaussette.

Après avoir dépassé un grand nombre de petits navires arabes de construction fort simple, dans lesquels des indigènes, vêtus de blanc sale, mangent, reposent ou fument, nous arrivons à un petit pont vert assez élégant jeté sur le canal.

A droite, le bagne. Dans les larges embrasures des canons, des soldats sont endormis et font la sieste.

A gauche, un vaste terrain découvert, appelé la place d'armes, où débarquent les soldats des 25e et 55e de ligne.

Aussitôt à terre, les compagnies forment les faisceaux en carré, des sentinelles sur le front de bandière.

Sur cette place se trouvent: le Palais des Ministres, la tour carrée et crénelée de la mosquée, les ruines d'une vieille église catholique, contemporaine de Charles-Quint, et les murailles peintes en jaune de l'arsenal.

Dans ce dernier bâtiment sont installées les tentes de notre ambulance, au milieu d'une cour jonchée de pyramides de boulets, de canons sans affûts, d'obusiers bouchés avec une rondelle de bois, de plaques de tôle rouillées, etc.

Tous les lits sont occupés : le typhus et la dysenterie sévissent cruellement à Fernana, à Béja, à Bizerte. On me raconte que l'escadron du 7e chasseurs qui occupe Ghardimaou est, en ce moment, réduit à quarante-cinq hommes.

Un cliquetis de chaînes, comme dans un mélodrame d'Anne Radcliffe, nous annonce la présence des galériens, qui, accouplés deux par deux, travaillent à la voirie ou à ouvrir et fermer le pont jeté sur le canal. Contre la maison des transatlantiques débarquent de nombreuses familles juives habitant Hammamet et qui sont arrivées ce matin à bord d'un vapeur italien. Ces malheureux ont abandonné leur ville ouverte, craignant à chaque instant d'être pillés et assassinés par les tribus insurgées.

Le pont traversé, nous nous trouvons sur une petite place ombragée par d'immenses platanes séculaires; au centre une fontaine de bronze, où les matelots de notre escouade viennent faire leur provision d'eau.

Plusieurs cafés européens sont ouverts sur cette place où règne une certaine animation. Partout on ne voit que des uniformes. Le bey est en ce moment à son pavillon de Bit-el-Bar, à la Goulette; ses officiers circulent de tous côtés, mais dans quelle tenue!

Étouffé par la chaleur, un colonel se promène en simple gandoura de soie rouge, les pieds nus dans des pantoufles jaunes, une ombrelle en toile blanche à la main, et au cou, comme insigne de son grade, le hausse-col doré.

Un général en grand uniforme, le hausse-col orné

de diamants, revient du marché, un long poisson à chaque main.

Un troisième, en pantalon rouge, a endossé une redingote noire, étriquée et rendue luisante par l'usure.

La tenue des soldats est des plus misérables : à peine vêtus et nourris, sans solde, ces malheureux désertent à chaque instant. En huit jours, sur les 5.000 hommes qui occupaient les forts de Tunis, à peine 250 sont-ils restés à leur poste.

Ce matin j'ai vu ramener un long convoi de ces déserteurs que les zaptiès avaient rattrapés et auxquels le bey avait accordé l'aman. De leur uniforme ils n'avaient conservé que la chechia à la plaque de cuivre ; drapés dans des couvertures en épaisse laine brune, une gargoulette remplie d'eau à l'épaule, ils se rendaient à l'arsenal, pour être de nouveaux armés, équipés et vêtus.

Sur cette place de la Marine circulent lentement des juives énormes, portant à la sueur de leur front le fardeau de leur embonpoint. Leur costume étrange autant que leurs formes massives excitent au plus haut degré l'étonnement de nos mathurins et dumanets, qui les ont bientôt baptisées du sobriquet peu galant de « saucissons à pattes ».

Sur leur tête resplendit la *kuffia* en pointe à la fine broderie métallique. Toutes laissent voir leurs jambes serrées dans le *seroual*, ou pantalon colant tissé d'or, d'argent ou de soie ; sur la poitrine une veste en satin cerise, les pieds nus reposent dans une babouche privée de quartier.

Toutes ces femmes, avec leurs grands yeux ronds à fleur de tête, regardent avec stupéfaction nos petits fantassins. C'est la première fois que des troupes étrangères ont débarqué à la Goulette.

Cette après-midi les deux bataillons du 25e et du 55e doivent traverser la ville pour aller camper sur les hauteurs aérées de Carthage. Le bey a envoyé, nous dit-on, un de ses aides de camp complimenter les deux chefs de bataillon de leur arrivée.

A midi et demi, le canon du bagne se fait entendre et, fait tout à fait nouveau, salue le passage de nos troupes. Celles-ci se mettent en marche, précédées par la musique du palais que le bey a envoyée à leur rencontre; le drapeau tunisien est hissé au sommet de la forteresse, le poste du bagne sort et se range en bataille.

Bientôt nous voyons déboucher sur la place une nuée d'enfants arabes et juifs qui marchent au pas comme de vrais gamins de Paris, et précèdent les clairons du 25e de ligne, le fusil à la bretelle, l'instrument de cuivre appuyé contre la hanche droite.

Derrière eux retentit une cacophonie assourdissante. C'est la musique du bey. Les musiciens, vêtus de vestes écarlates à galons et pompons jaunes, et du pantalon blanc, se servent des mêmes instruments que ceux que l'on emploie en Europe; ils ont en plus le chapeau chinois abandonné chez nous.

La Tunisie pourrait suivre notre exemple, sa musique n'y saurait rien perdre. En effet, les Tunisiens, qui, à l'imitation de la France, ont adopté le chapeau chinois, paraissent avoir négligé d'apprendre le moyen de s'en servir. Le chapeau chinois est là pour l'œil plutôt que pour l'oreille. Jamais le musicien qui le porte n'a frappé sur sa hampe et fait tinter ses clochettes; c'est un figurant d'orchestre, un instrument muet. Les musiciens jouent sans partition, de mémoire, avec des efforts de doigté qui paraissent les fatiguer beaucoup. Dans leur maintien ils trahissent sans cesse la nonchalance arabe.

Derrière cette bande de musiciens s'avancent nos petits fantassins, en pantalon de toile et veste, la capote roulée sur le sac, le képi à couvre-nuque rejeté en arrière du front ruisselant de sueur : ils enlèvent gaillardement le pas avec une crânerie toute militaire. Bientôt cette longue colonne disparaît dans un nuage de poussière sur la route de Carthage.

La Goulette, 5 août.

Hier, le vice-amiral Garnault est venu à Tunis avec son état-major, et a reçu la colonie française dans le patio de notre légation.

Aujourd'hui, le vice-amiral, accompagné des officiers de l'escadre, est arrivé à la Goulette, pour être reçu par le bey dans Bit-el-Bar, son pavillon d'été.

Dès huit heures du matin, les canots de l'escadre, manœuvrés par nos marins en tenue d'été : vêtements de toile blanche et chapeau de paille, débouchent dans l'étroit chenal de ce port, et débarquent sur la place de la Goulette, tout un flot d'officiers en grand uniforme bleu et or.

En attendant l'heure de la visite chez le bey, nos officiers se réunissent avec M. Roustan et les attachés de la légation sous les arceaux du portique du ministère de la marine, au grand ébahissement de la population tunisienne, qui n'a pas vu depuis longtemps une réunion d'aussi brillants uniformes.

Le ministre de la marine, bon gros poussah, en redingote, pantalon noir et gilet blanc, se précipite au-devant des amiraux, et semble intimidé par toutes ces tenues étincelantes d'or, de broderies, d'aiguillettes et de décorations.

Aidé du grand amiral tunisien, il apporte lui-même des fauteuils pour ses collègues français : un malheureux soldat d'infanterie de marine, un mauvais mousqueton au bras, s'endort devant la porte, malgré cette imposante réunion : furieux, le grand amiral se glisse derrière lui, et à grands coups de poing dans le dos le rappelle au sentiment du devoir et de la discipline.

Huit heures et demie! Le canon tonne sur les batteries rasantes du port; le cortège se met en marche en longeant les vieilles murailles blanchies à la chaux du bagne, dernier vestige de l'occupation de la Goulette par Charles-Quint.

Sur tout le parcours, la haie est formée par des soldats tunisiens, la plaque en cuivre sur le fez et vêtus de toile blanche ornée de croissants et d'étoiles en passementerie rouge.

Les troupes présentent les armes, les tambours battent aux champs, les pièces d'artillerie continuent leurs salves : jamais le bey n'a donné pareille preuve de déférence pour les *Roumis*.

Après avoir passé sous un portique décoré de vieux boulets en granit, contemporains des guerres avec les Espagnols, nous nous engageons sur un étroit pont de bois qui conduit au pavillon du bey.

« Bit el Bar », les bains de mer, comme on appelle ce kiosque, est une construction en bois bâtie sur pilotis au-dessus des vagues bleues de la Méditerranée.

Au-dessus de la porte d'entrée, que surmonte un écusson où un artiste peu consciencieux a peint un fantastique bateau à vapeur, se tiennent une vingtaine de petits garçons de 12 à 15 ans, pépinière des favoris du bey, et que les méchantes langues de Tunis appellent le harem des petits colonels.

Au bout d'un long corridor, nos officiers entrent dans une large galerie, rappelant par son ameublement les salles de banquet de nos restaurants de barrière. Sur les murs, du papier à vingt-cinq centimes le rouleau. Deux consoles en acajou massif, style premier empire, supportent des vases en porcelaine dorée ornés de bouquets en papier, et recouverts de globes de verre. Partout de nombreuses lithographies encadrées : la pêche de la morue ; le retour des moissonneurs ; Napoléon Ier à Arcis-sur-Aube ; mort du maréchal Lannes à Essling.

Des fenêtres largement ouvertes on aperçoit un magnifique spectacle, bien fait pour flatter notre orgueil national. Au fond, les collines de Carthage la païenne, surmontées de la chapelle élevée par Louis-Philippe sur l'emplacement où mourut saint Louis, et constellées de milliers de points blancs par les tentes des troupes du général Sabatier. A droite, et détachant leurs masses sombres sur les flots, les six cuirassés de notre flotte.

Près d'une fenêtre et assis sur un fauteuil, se tient le bey Mohamed-es-Sadok. La tête, ornée d'une large barbe blanche avec la moustache noire retroussée en pointes menaçantes, est dépourvue de toute expression. On me raconte que dans sa jeunesse, malgré le Coran, Mohamed professait un culte des plus prononcés pour le rhum et le tafia ; avec l'âge, ce goût est devenu plus modéré et s'est reporté sur nos crus de Bordeaux et de la Bourgogne.

Aujourd'hui, le bey avait revêtu un costume qui aurait fait la joie de Christian et d'Alexandre, nos inimitables rois de féerie : redingote en satin violet, constellée de plaques et de crachats, à col et revers de velours rouge, et ouverte sur un gilet blanc; manchettes de dentelles à la Pierre Petit; pantalon rouge à bande noire, et escarpins vernis. Sur une chaise est déposée sa pelisse en soie noire bordée d'hermine.

A ses côtés, se tiennent le premier ministre, le trop célèbre Mustapha-ben-Ismaïl, dont le veston bleu manque tout à fait de tenue, et le général Elias, ce dernier servant d'interprète.

Après les compliments d'usage, le bey remercie l'amiral Garnault d'avoir bien voulu réprimer à Sfax et à Gabès l'insurrection de ses sujets rebelles, et lui affirme qu'il ne demandera jamais qu'à la France aide et protection dans ses heures de péril.

Puis, prenant des mains de Mustapha le grand cordon de l'ordre du Nichan, il le passe lui-même autour du cou du vice-amiral, et attache ensuite la plaque du même ordre sur la poitrine du contre-amiral Martin.

Quelques instants après, nos officiers prennent congé du bey et regagnent leurs embarcations, salués à leur départ, comme à leur arrivée, par les salves de l'artillerie tunisienne.

Camp de Carthage, 7 août.

6 kilomètres séparent la Goulette du campement de nos troupes, établi au centre des ruines de Carthage. Une route poussiéreuse y conduit.

Carthage est située dans une presqu'île qui ne mesure pas moins de 40 kilomètres de tour, entre le promontoire d'Apollon, aujourd'hui Ras-Zebid, à l'ouest, et le cap Hermancis, aujourd'hui Ras-Addar, à l'est.

En arrivant sur l'emplacement de l'antique cité, on n'a devant les yeux qu'un sol jonché de pierres romano-carthaginoises, gravats vingt et trente fois séculaires, émiettés sur la colline aride. Au-dessous de nous la mer vient battre quelques colonnes de marbre noir à demi submergées. Çà et là, l'arcade d'un souterrain, témoignant de fouilles récentes et inachevées.

L'ensemble manque de majesté, car ces débris romano-carthaginois, dont le sol est jonché, le font plutôt ressembler à un champ pierreux qu'à une ruine antique et solennelle.

L'Arabe, ce fidèle serviteur de la fatalité, a porté à Carthage le dernier coup. Il en a dispersé jusqu'aux fondations. Tunis est en partie bâtie avec les ruines de Carthage, les plus grossières, car les plus précieuses ont été enlevées par les Européens.

La cathédrale de Pise a été construite avec les marbres puniques, et les Génois, comme les Pisans, sont allés chercher à Carthage les marbres dont ils avaient besoin pour leurs palais et leurs églises. Depuis des siècles Carthage est une carrière, à ras du sol, où l'on est allé prendre les matériaux nécessaires pour édifier nous ne savons combien de monuments et de villes.

Nous rencontrons un massif énorme de pierres, pan de mur étrangement posé, dont le bloc, d'une solidité à toute épreuve, défie les efforts des ouvriers arabes les plus patients.

Nous gagnons un étroit sentier montant vers la chapelle de Saint-Louis, que nous apercevons au-dessus de nous.

Après avoir tourné la colline de Saint-Louis, autrefois la citadelle de Carthage, nous arrivons à une porte où nous frappons.

Nous sommes là en France, ou du moins dans une dépendance de la mère patrie.

Au temps de Boabdil, Carthage n'était déjà plus qu'une bourgade dont les croisés s'emparèrent sans peine. Aujourd'hui, ce n'est pas même une bourgade, et la chapelle de Saint-Louis domine seule l'emplacement aride de l'antique cité.

La chapelle, petit monument gothique construit au centre du plateau, dans un jardin, tourne son porche du côté de la mer.

Nous pénétrons dans le saint édifice : les murailles sont ornées de quelques arabesques; les vitraux portent le monogramme de saint Louis et le chiffre de Louis-Philippe alternés avec des fleurs de lys; la statue du martyr couronné se dresse au-dessus de l'autel, dans cet oratoire où elle a été placée par ordre du roi des Français.

L'image de la victime des Sarrasins, par Seurre, a été transportée sur la colline dans un chariot que traînait un bataillon de soldats musulmans. Ceux-ci s'étaient prêtés volontiers à cette ovation du saint roi : car Louis IX est maintenant en vénération chez les islamites, quoiqu'il les ait combattus et qu'il ait passé au fil de l'épée les quelques Sarrasins trouvés dans Carthage.

Les Arabes de nos jours confondent saint Louis et *Bou-Saïd*, « le père du bonheur », marabout enterré près de là et qui a donné son nom au village de Bou-Saïd. Ils croient que Sidi-Bou-Saïd, c'est saint Louis qui, selon eux, se serait fait musulman avant de mourir.

Voilà une version que n'admettrait pas Rome ; cependant elle est toute favorable à Louis IX, car elle attribue au saint roi une double béatification.

En sortant de la chapelle, les Pères nous font admirer les voussures du temple d'Esculape, que des fouilles intelligentes ont fait sortir de terre, vestiges d'arcades interrompues presque à leur naissance, mais suffisamment ornées pour démontrer la richesse de l'édifice dont elles faisaient partie.

Nous visitons les jardins tout remplis de statues plus ou moins incomplètes, de mosaïques, les unes fines, les autres grossières, de fragments d'ornementation en pierre dont quelques-uns très bien conservés, tout cela retrouvé à Carthage.

On sait que le bey Ahmed concéda gratuitement au roi Louis-Philippe le sommet de la colline de Byrza pour y ériger un sanctuaire en l'honneur du pieux monarque, qui avait consacré par sa mort sinon un emplacement, du moins l'un des points de la côte. Il est assez difficile, en effet, de préciser avec exactitude l'endroit où, le 25 août 1270, Louis IX rendit le dernier soupir. Quoi qu'il en soit, c'est au milieu des ruines de Carthage, où son armée était campée, qu'il succomba au fléau qui ravageait ses troupes.

Cette chapelle, inaugurée avec pompe en 1842, a été bâtie sur les ruines du temple d'Esculape, le dieu Esmoun des Phéniciens. En arrière, s'élève un collège, occupé par la communauté française des Pères des Missions d'Afrique, fondée par Mgr Lavigerie, archevêque d'Alger. Cet établissement est placé, pour le temporel, sous la direction de M. le Ministre de France à Tunis, et, pour le spirituel, sous celle de Mgr le vicaire apostolique de cette ville.

Cette chapelle, élevée au milieu de l'antique acropole, vers l'extrémité orientale du plateau de Byrza, domine l'emplacement de la ville entière. La vue embrasse de là un immense panorama, un des plus beaux du globe.

Au nord, la mer immense, et sur ses bords le lac Soukra, les collines d'Utique et Gamarck (la montagne creuse) avec sa nécropole ; au nord-est, le cap de Sidi-Bou-Saïd, naguère cap Carthage ; au loin perdu au milieu des flots, l'île de Zimbre (Djamour).

A l'est, la rade de la Goulette, enfermée de toutes parts par des montagnes ; le cap Bon ; Karbès, et plus loin, au fond du golfe, la petite ville de Soliman.

Au midi, Hammam-el-Lif, l'antique Maxula, célèbre par ses eaux thermales, au pied de la montagne du même nom.

Un peu en arrière, se détache le Djebel-Ressak ; plus loin, à l'horizon, les monts de Zaghouan.

Enfin, vers l'ouest, au fond du lac qui porte son nom, Tunis, appelée par les poètes la « fleur de l'Occident », et les derniers chaînons de l'Atlas, qui viennent se terminer au cap Bon.

Byrsa, où se trouve cette chapelle, fut, dès le principe, l'acropole de Carthage. Elle était située au nord du Forum et des ports, à 500 mètres du rivage, sur une colline de 2.000 mètres environ de circuit et de 68 mètres d'élévation au-dessus de la mer.

Dans son enceinte étaient renfermés les temples les

plus célèbres. Citons en premier lieu le temple d'Esculape, le plus riche de tous. Lors de la prise de la ville par Scipion, les 900 transfuges qui s'y étaient réfugiés avec la femme et les deux enfants d'Asdrubal y mirent le feu et s'ensevelirent sous ses ruines. La chapelle de Saint-Louis occupe cet emplacement mémorable. A quelques mètres au-dessous, le palais du proconsul et le temple de Jupiter, dans lequel Annibal jura, tout jeune encore, une haine implacable aux Romains.

Astarté ou Junon avait son temple sur une colline voisine de l'acropole. Non loin de là, au nord-ouest, à 3 ou 400 mètres, le temple redouté de Saturne, avec la statue d'airain de Baal-Moloch. C'est là qu'étaient renfermées les archives d'Hannon et les archives de la république.

En face, quelques blocs dispersés indiquent encore le temple de Cérès. L'amphithéâtre et le Forum s'élevaient entre les ports et Byrsa. Plus loin, le temple d'Apollon, dont la statue était tout entière revêtue de lames d'or, et les deux ports de la vieille cité punique : le port marchand et le Côthon ou port militaire.

Quelques ruines encore debout au sud de Byrsa rappellent, dit-on, la maison d'Annibal.

Tout près des ruines gigantesques du théâtre et du gymnase que les siècles n'ont pu disperser, on montre les vestiges d'une église qui est probablement la basilique de Thrasamond.

Outre les citernes percées dont on retrouve encore les traces à chaque pas, Carthage possédait deux immenses réservoirs publics, l'un à l'est et dans l'enceinte intérieure de la ville, l'autre au nord-ouest. Ces citernes sont, pour ainsi dire, le seul monument à peu près complet échappé à la destruction de Carthage. Elles comprennent 17 réservoirs mesurant chacun 31^m,40 sur 5^m,85, avec une profondeur de 9 mètres jusqu'à la naissance des voûtes, de 11^m,95 si on va jusqu'au sommet. Elles étaient surmontées de six dômes, dont quatre aux extrémités et deux au milieu. Leur longueur totale était de 128 mètres et leur largeur de 37^m,40. Elles pouvaient contenir 25.000 mètres cubes d'eau.

Pour arriver à ces réservoirs, nous nous engageons dans un chemin creux et nous nous trouvons dans une première et vaste citerne toute remplie d'une eau verdâtre. Nous l'entrevoyons à travers les broussailles, les pariétaires et les essences arborescentes qui ont poussé à l'entrée de cette mare souterraine. Il règne sous la voûte un jour crépusculaire donnant à ces lieux un aspect sinistre.

Nous continuons notre visite. Une seconde, puis une troisième citerne, semblables à la première, s'offrent à notre vue; une quatrième ouverture nous permet d'arriver à l'arcade centrale, où nous pénétrons à pied sec.

Nous examinons les quatre autres citernes; mais nous n'avons pas même la consolation de nous trouver dans un monument punique. Ces citernes grandes majestueuses et d'un aspect mystérieux sont en blocage avec des pierres plates, disposées de distance en distance, témoignant de la modernité relative de la construction. Nous avons sous nos yeux les réservoirs de la Carthage romaine et non de la Carthage punique.

Après avoir examiné ces citernes souterraines, nous remontons à fleur de sol et parcourons avec précaution la superficie des voûtes. Il importe de ne pas tomber dans les réservoirs par les trous qui les éclairent et que des broussailles dissimulent en partie.

De là nous descendons au bord de la mer, où des tronçons de colonne de marbre battues par le flot depuis des siècles sont les seuls débris monumentaux restés sur le sol carthaginois.

Aujourd'hui, la mer était belle : l'eau claire agitée par la brise sur un sable fin nous invitait à plonger. Se baigner sur l'emplacement du port Côthon, révélé par quelques pierres agrafées l'une à l'autre et submergées, cela ne manquait pas d'un certain charme : nous ne pûmes résister à la tentation.

La Place-Neuve (*Platea Nova*), où campent nos troupes, est située à l'est et au-dessus des citernes; au nord-est de cette place se trouvent sous terre les ruines d'un ancien bain, appelé Bain de Didon.

De tant de monuments, de tant de magnificence, il ne reste plus aujourd'hui que quelques rares débris dispersés çà et là, et au milieu de ces antiques murailles qui ont vu combattre les guerriers d'Annibal, de Scipion, les chevaliers de saint Louis, de Charles-Quint, circulent aujourd'hui les pantalons rouges de nos petits troupiers, et l'écho du Forum retentit aux accents du clairon gaulois.

Sousse : Débarquement de la colonne Étienne.

CHAPITRE XIX

Sousse.

Sousse la Blanche. Aspect de la ville. Le chemin de fer Decauville. Les soldats du bey. La classe 1861. Les portes de la ville. La carta. Le salut aux officiers tunisiens. La kasbah. L'ambulance. Les aumôniers militaires. Touchantes paroles. Mort du capitaine Travers. L'état sanitaire.

Sousse, 23 octobre.

Le 23 octobre dernier, j'arrivais au point du jour dans la rade de Sousse, qui est séparée de Kaïrouan par une distance d'environ 56 kilomètres et que la colonne Étienne avait quittée la veille.

Sousa el Abiod (Sousse la Blanche), comme l'appellent les Arabes, s'élève en tache éclatante sur le fond sombre des jardins d'oliviers qui entourent ses murailles à larges créneaux arrondis, rappelant par leur forme sarrasine les remparts des vieilles cités espagnoles. Au-dessus de l'enceinte fortifiée apparaissent les terrasses de ses maisons étagées sur la pente de la colline parsemée, çà et là, de quelques palmiers et des tours carrées de plusieurs mosquées. Une maison bariolée de peintures à tons criards frappe mes yeux ; c'est, me dit-on, la demeure du général tunisien Baccouch, gouverneur du sud de la Régence.

A l'ouest du port, une batterie rasante de forme circulaire, armée de vieux canons rongés de rouille, protège le warf de débarquement sur lequel une escouade de nos marins habillés de toile blanche, la face bronzée par le soleil, travaille, sous l'habile direction de M. Ratyé, lieutenant de vaisseau et commandant du port, à débarquer de nombreuses mahones chargées de vivres et de munitions.

A droite de la ville, des soldats du génie placent les rails à grillage et tracent les premiers talus d'un chemin de fer en miniature, qui doit joindre Sousse à Kaïrouan. Le 6 octobre dernier, M. Decauville, constructeur et inventeur breveté de ce chemin de fer, était mandé au ministère de la guerre. Là, il reçut l'ordre d'aller rétablir une voie à Sousse, qui rejoindrait Kaïrouan.

Mais, en débarquant à Sousse, le constructeur rencontre une foule de difficultés : tout d'abord, le chemin de fer devait escalader une forte colline, contourner par de nombreuses courbes la ville, et s'engager ensuite à travers une succession de vallonnements peu profonds, il est vrai, mais rendant impraticable l'emploi de la locomotive. Il fut décidé que les wagons seraient traînés par des chevaux ; aussi les travaux furent très longs. Le 4 novembre, quand je suis revenu de Kaïrouan, les rails n'étaient encore placés qu'à 2 kilomètres de distance du camp de l'Oued-Laya, c'est-à-dire sur un parcours total de 12 kilomètres. A la fin de ce mois seulement, la voie pourra atteindre Sidi-el-Hani; mais, entre ce dernier point et Kaïrouan, les rails ne pourront être d'aucune utilité au milieu du cloaque de boue et de marais que les pluies de l'hiver vont former entre ces deux endroits.

Après avoir dépassé la tête de ce chemin de fer, nous entrons en ville en passant sous une porte voûtée, d'une longueur de 20 mètres environ. Jadis, nous dit un habitant, les tambours-majors de l'armée du bey, en passant sous cette porte, lançaient de l'extérieur leur lourde canne par-dessus le rempart et couraient la recevoir dans l'intérieur de la ville. Sans vouloir médire de ce tour de force, je constate que les soldats actuels de la Régence ont bien perdu de l'agilité de leurs devanciers. Quatre ou cinq fantassins, le fez orné d'une plaque en cuivre, un mauvais manteau à capuchon en drap noir jeté sur leur uniforme en toile salie et déchirée, sont accroupis sur des paillassons à l'entrée de cette porte. Tous ont la barbe blanche, les traits vieillis, le dos voûté : pauvres gens !

Il y a une vingtaine d'années environ, le bey, grand admirateur de notre organisation militaire, introduisit notre système de conscription dans la Régence. Seulement, l'année suivante, il n'en fut plus question; aussi, depuis ce moment, la seule et unique classe de 1861 est-elle restée sous les drapeaux et y restera sans doute jusqu'à ce qu'elle meure de vieillesse. En outre, depuis douze ans environ, aucune solde n'a été versée à ces malheureux soldats, qui s'estiment fort heureux que leur gouvernement veuille bien leur donner chaque jour un mauvais pain noir et une petite bouteille d'huile rance. Afin de remplacer le prêt absent, la plupart de ces soldats se livrent à des travaux manuels pour gagner quelques *caroubes* (menue monnaie du pays).

Les soldats tunisiens que j'ai vus à l'entrée de Sousse, sans souci de leurs fusils déposés au pied des murailles, tricotaient des bas ou des fez en laine, au grand étonnement de nos petits soldats du 19e de ligne qui montaient la garde en face d'eux.

Trois portes donnent accès dans Sousse, deux au sud sur la plage, la troisième au nord sur la campagne. Le fronton de ces portes est orné de pierres blanches et noires, alternées de façon à conjurer le mauvais œil contre les boulets ennemis. Au-dessus, à un long mât, surmonté d'une girouette, flottent le pavillon français et l'étendard militaire du bey, portant un sabre de couleur blanche sur fond rouge.

A l'intérieur de la ville, les rues sont petites, étroites, tortueuses; le bazar, voûté, semble un long boyau obscur où s'ouvrent de petites niches dans lesquelles se tiennent les marchands. Seule la rue qui longe les remparts à l'intérieur et conduit à la kasbah est remplie d'animation, traversée sans cesse par de longues files d'Arabes, de mulets, de soldats désœuvrés et flânant devant les magasins de quelque mercanti italien ou maltais, de Tunisiens en gandouras (robes) vertes ou rouges galonnées de jaune, d'Arabes de la campagne drapés dans un mauvais burnous en loques avec une dignité tout orientale; j'ai même vu une ronde de braves gendarmes mobiles aussi bien brossés et astiqués que s'ils montaient la garde devant la caserne de Babylone.

A mon grand étonnement, je constate que presque tous ces Arabes portent le fusil de chasse ou le long moukala. Dans le principe, on avait décidé que tous seraient désarmés; mais le général tunisien Baccouch écrivit à Tunis et obtint que les Arabes des villages voisins conserveraient leurs armes à condition qu'ils fussent munis d'une *carta* constatant leur identité. Cette mesure est des plus absurdes, car rien ne distinguant un Arabe ami d'un Zlass insurgé, nos soldats, quand ils voient un groupe indigène armé, ne savent que faire et doivent attendre les coups de fusil pour savoir à qui ils ont affaire.

Ces jours derniers, plusieurs cavaliers arabes passèrent, le fusil en travers des épaules, sur le front d'une grand'garde. En arrivant devant nos soldats, les indigènes saluèrent et montrèrent la fameuse carta : on les laissa passer sans défiance. Arrivés à une distance de 200 mètres environ, ils s'arrêtèrent, firent feu sur la grand'garde où ils n'atteignirent heureusement personne, et disparurent au milieu des figuiers avant que nos soldats eussent songé à prendre les armes.

Hier, paraît-il, quand la colonne Étienne a quitté Sousse, plus de 300 Arabes sont également sortis de cette ville sous prétexte d'aller défendre leurs villages contre les Zlass; tous étaient munis d'excellents fusils de chasse à deux coups : une quarantaine même possédaient des fusils Martini.

Il est hors de doute que beaucoup d'entre eux n'ont pu résister au plaisir de faire le coup de feu contre les *Roumis;* car la colonne Étienne, en traversant les jardins d'oliviers qui s'étendent au nord de la ville, a eu à essuyer plusieurs décharges.

Aussi nos soldats sont-ils furieux et disent qu'une fois en rase campagne, ils fusilleront tout Arabe armé qui se présentera devant eux.

Un ordre récent de la division militaire de Tunis vient encore d'augmenter cette exaspération : cet ordre enjoint à nos soldats de saluer les officiers tunisiens; nos officiers doivent également le salut aux officiers du bey qui leur sont supérieurs en grade, et ce qui est un comble, cet ordre déclare que tout soldat français qui ne s'y sera pas conformé, sera puni, tandis qu'il défend à nos officiers de faire la moindre observation aux soldats tunisiens qui se dispenseraient de leur porter les armes.

Nos officiers partagent vivement le mécontentement de leurs hommes, car qu'il suffise de savoir qu'à Tunis un colonel du bey, moyennant 2 francs, vous sert de complaisant cicerone, et qu'un capitaine, moyennant 10 francs, conduit le voyageur européen chez les faciles beautés juives, et attend, couché devant la porte, pour le ramener à son hôtel.

Comme toutes les villes fortifiées de la Régence, Sousse possède une kasbah située au nord-ouest contre les remparts. Une rampe étroite et escarpée y conduit. C'est une vaste enceinte en briques, crépie à la chaux, munie de tours et d'observatoires. Sur les remparts de vieux canons rouillés se sont effondrés sur leurs affûts moisis et vermoulus. Aux abords sont situées deux grandes citernes voûtées, de construction romaine.

Au-delà de la porte principale de la kasbah toute bariolée d'ornements et d'attributs guerriers peints à la détrempe, s'ouvre une vaste cour carrée garnie de logements à un étage, assainis par notre génie et où vient de s'installer, moitié dans les bâtiments, moitié sous des tentes coniques, une ambulance pour plus de 800 malades et blessés.

Un nombreux personnel de médecins et d'officiers d'administration dessert cette ambulance avec un zèle et une activité dignes des plus grands éloges.

Deux aumôniers leur sont adjoints. Ces vénérables prêtres, la croix d'argent en sautoir, suspendue à un large ruban noir à raies jaunes, circulent au milieu des malades et leur parlent avec une rondeur et un entrain tout à fait militaires. La présence de ces aumôniers a été accueillie par nos petits soldats avec de véritables transports de joie.

De nombreux malades m'ont répété ces paroles touchantes :

— Si vous saviez, monsieur, combien nous sommes heureux d'avoir des aumôniers près de nous. Maintenant nous sommes tranquilles et soulagés, car si nous mourons, nous sommes au moins sûrs d'avoir une prière et de ne pas être enterrés comme des chiens.

Dans le bâtiment principal de la kasbah, en arrière d'un sombre vestibule encombré de drapeaux abandonnés par les troupes du bey, le commandant Nolley du 19ᵉ de ligne, commandant de place de la ville, s'est installé dans la chambre de son prédécesseur tunisien, vaste pièce garnie de meubles délabrés de forme antique, et rappelant ceux qui garnissent le pavillon du bey à la Goulette.

Jeune encore, le commandant Nolley est doué d'une activité surprenante, et organise avec un zèle et une intelligence remarquables les nombreux convois destinés à assurer, de Sousse, le ravitaillement des colonnes qui gravitent en ce moment autour de Kaïrouan.

Au moment où nous quittons la kasbah, une araba (voiture indigène à deux roues), escortée par un piquet de hussards, amène à l'ambulance un jeune capitaine du génie, M. Travers, qui a été blessé la veille au camp établi à Kala-Srira. Un groupe d'Arabes, s'étant avancé sur une colline voisine, a déchargé ses armes au hasard sur nos tentes. Une balle perdue a atteint cet officier, qui était tranquillement assis sur un pliant, et, après avoir traversé le bas des reins, est allée se loger dans le ventre.

Le blessé, à son arrivée à l'ambulance, possédait encore sa connaissance; mais le médecin qui le visita nous annonça que la gangrène s'était déjà déclarée, et que ce malheureux était perdu.

Marabouts de Sidi-el-Hani.

CHAPITRE XX

L'Oued-Laya. — Sidi-el-Hani.

Départ de Sousse. Le convoi. Les chameaux. Les diables bleus. La chaleur. Assassinat d'un cantinier. Le camp de l'Oued-Laya. Le bordj du caïd Righi. État des soldats. Combat de Moureddine. Belle conduite d'une compagnie du 138e de ligne. A la baïonnette. Le fusilier Tarayre. Cadavres abandonnés. Combat de Kala-Srira. Charge du 6e hussards. Traits de courage. Mort du caïd Ali-Ben-Amar. Le paysage. Les chotts. Le mirage. Les ruines romaines. Les marabouts de Sidi-el-Hani. Retranchements de figuiers.

Redoute de l'Oued-Laya, 24 octobre.

Ce matin, au point du jour, un premier convoi de ravitaillement destiné à la colonne Etienne se rassemble devant les remparts de la ville, sur une vaste esplanade que le génie entoure de tranchées. Les hommes d'escorte ont laissé le sac à la kasbah, et emportent seulement, outre l'équipement, le bidon et la musette en toile. Notre convoi se compose de trois voitures d'ambulance, de mulets du train portant des caisses à cartouches et d'environ 200 chameaux conduits par des Arabes coiffés de la chechia rouge entourée d'un turban en torsades de laine brune, et vêtus d'une gandoura en poils de chèvre marron ornée de grossiers dessins blancs. Les chameaux portent sur les naseaux une espèce de muselière en paille d'alfa, destinée à les empêcher de s'arrêter pour brouter les haies de figuiers de Barbarie, plante dont ces animaux sont très friands, malgré les milliers d'épines dont elle est hérissée.

A sept heures nous nous mettons en marche, les flancs protégés par une chaîne de tirailleurs. Tout au loin à l'avant-garde apparaissent les dolmans bleus d'un peloton de hussards du 6e régiment. Depuis les derniers engagements les Tunisiens professent une véritable terreur à l'égard de ces hardis cavaliers, dont les lames les ont sabrés sans miséricorde, et les ont surnommés : *les diables bleus*.

Au moment du départ, nos chameaux, qui s'étaient accroupis paresseusement, se relèvent sous le bâton de leurs conducteurs, et poussent de longs cris stridents qui déchirent impitoyablement l'oreille la plus endurcie, fût-ce même aux mélopées de Wagner.

De Sousse à l'Oued-Laya, nous cheminons pendant 14 kilomètres environ à travers d'épais jardins d'oliviers, sur une route légèrement ravinée, bordée d'épaisses haies de cactus et de figuiers, le meilleur abri pour une embuscade que l'on puisse trouver dans ce pays. La chaleur est accablante ; le thermomètre marque de 30 à 32 degrés à l'ombre ; une poussière épaisse et suffocante s'élève sous les pas du convoi et nous poudre littéralement à frimas.

Le pays est aujourd'hui tranquille. Depuis l'avant-veille où l'on a entendu une forte canonnade dans la direction de Kala-Srira, aucun coup de fusil n'a retenti aux abords de Sousse qui, il y a une semaine seulement, étaient à tel point infestés par les insurgés, que pendant la nuit ceux-ci venaient faire caracoler leurs chevaux sous les remparts et s'approchaient jusqu'au bâtiment du lazaret, d'où ils tiraient sur les sentinelles du warf de débarquement.

Les rails du chemin de fer Decauville sont placés jusqu'à 4 kilomètres de la ville. De distance en distance, des groupes d'Arabes armés de vieilles canardières rouillées sont assis au pied des oliviers, pour protéger, prétendent-ils, la route ; malgré cette honnête affirmation, je plaindrais de tout mon cœur le soldat isolé qui passerait devant ces soi-disant alliés.

Un peu avant d'arriver au camp de l'Oued-Laya, un monticule de terre fraîchement remuée à gauche de la route, et surmonté d'une croix grossière faite avec deux branches d'olivier, annonce qu'un drame sinistre s'est passé en cet endroit. Avant-hier un pauvre cantinier algérien voulut suivre la colonne Etienne ; celle-ci étant partie dès le matin, le cantinier crut pouvoir la rejoindre sans danger, et s'engagea seul sur la route de l'Oued-Laya, avec son araba. Malheureusement il ignorait qu'à la hauteur de Kala-Srira, nos troupes avaient abandonné le chemin, en appuyant sur la gauche ; aussi un peu avant d'arriver à l'Oued-Laya, il tomba au milieu des cavaliers zlass qui fuyaient devant nos soldats. On comprend aisément quel sort horrible subit cet infortuné.

Hier matin, les hussards ont trouvé sur la route son cadavre entièrement nu, le crâne fendu d'un coup de sabre, la poitrine criblée de blessures. Les Arabes avaient déposé son corps sur un amas de broussailles auxquelles ils avaient mis le feu, et la contraction des membres carbonisés indiquait que le pauvre cantinier avait été brûlé encore vivant.

Près du cadavre se trouvaient plusieurs barriques et bidons de vin et d'eau-de-vie défoncés, brisés, le contenu répandu sur le sol. Quant au cheval et à l'araba, ils avaient disparu et avaient été enlevés par les assassins.

Des soldats munis de la pelle d'escouade creusèrent une fosse dans le sable, où fut déposé le corps mutilé. Un peu de terre le recouvrit et une simple croix de bois marqua l'emplacement de cette triste sépulture que tant de soldats côtoient aujourd'hui en chantant.

Vers une heure de l'après-midi, notre avant-garde sort enfin des plantations d'oliviers et débouche dans une vaste plaine, au centre de laquelle s'élèvent, au milieu d'un amas de verdure, les murailles blanchies à la chaux d'une vaste construction entourée de tranchées en terre.

C'est le camp de l'Oued-Laya. Avant l'insurrection, cette maison servait de fabrique d'huile à un de nos compatriotes, M. Sacoman, qui se retira à Sousse, bien lui en prit, car peu de temps après son départ les Zlass tombèrent à l'improviste sur cette fabrique, brisèrent les portes, les poutres des puits, défoncèrent les cloisons et, finalement, y mirent le feu. Peu de bois, heureusement, avait été employé dans cette construction ; aussi la flamme se contenta-t-elle de noircir légèrement les plafonds, et, après avoir brûlé les madriers des pressoirs, s'éteignit faute d'aliments.

Aujourd'hui, deux bataillons, le 62 et le 138e, sous les ordres du colonel Lannes, occupent cette position, où ils se sont retranchés, avec un escadron du 6e hussards et une batterie rayée de 80 de montagne. Cette position des plus importantes commande la route de Kaïrouan, et, avantage inappréciable dans ce pays aride, possède deux puits profonds, d'où l'eau est tirée au moyen d'une poulie sur laquelle hale une paire de bœufs : le génie a utilisé les haies de figuiers qui entouraient cette propriété et les a garnies d'une tranchée en sable. A l'intérieur les soldats campent dans un magnifique verger, rempli de grenadiers, de palmiers nains, voire même de poiriers et de pommiers. Au centre, dans la fabrique qui sert de réduit, sont empilées les provisions qu'apporte notre convoi, les sacs d'orge disposés sur les murs des terrasses en guise de sacs à terre.

A un kilomètre environ, sur la gauche du camp, en suivant la barranca sablonneuse qui forme en hiver le lit torrentueux de l'Oued-Laya, et où en ce moment croupissent au milieu des pierres quelques flaques d'eau verdâtre, j'arrive à un bordj occupé par une compagnie du 138e. Cette habitation, entourée d'un vaste verger, coupé de canaux d'irrigation, possède également deux puits et forme une solide redoute imprenable pour un ennemi dépourvu d'artillerie. Elle appartient au kalifat de Sousse, le caïd Mohamed-ben-Righi.

Depuis hier, nous disent les officiers, la colonne Etienne s'est avancée tranquillement jusqu'à Sidi-el-Hani sans rencontrer un seul ennemi. Nous la rejoindrons demain.

Les deux bataillons du colonel Lannes sont désolés de rester en arrière. Le brave commandant Jégu du 138ᵉ est désespéré de se voir ainsi condamné à l'inaction.

Ce bataillon du 138ᵉ, qui était en garnison à Paris au début de l'expédition, s'est comporté de la façon la plus brillante aux engagements du 7 octobre, à Mourredine, et du 23 octobre, à Kala-Srira.

Dans le premier combat, une compagnie, commandée par le capitaine de Méritens, un vaillant officier s'il en fut, qui, à peine âgé de quarante ans, compte trente-cinq campagnes sur ses états de service, lutta pendant plus de trois heures contre six cents Arabes.

Ce jour-là, cette compagnie, forte en tout de cent hommes, partit du camp de Messaken à trois heures du soir pour aller reconnaître le village de Mourredine, situé à 4 kilomètres en avant. Les hommes vêtus de la blouse et du pantalon de toile avaient laissé les sacs au camp et emportaient dans leurs cartouchières vingt-quatre cartouches.

Au moment de quitter le village de Mourredine, où les habitants avaient offert des vivres à nos soldats, le cheik, en s'adressant au capitaine de Méritens, s'écria en lui montrant une colline dominant la route que devait suivre la reconnaissance pour regagner le camp :

— *Chouff y éser!* (Regarde, il y en a beaucoup qui viennent !)

En effet, trois cents cavaliers zlass, enveloppés dans leurs burnous, le fusil à la main et perchés sur leurs larges étriers de fer-blanc, arrivaient dans la direction de Kaïrouan, au galop de leurs petits chevaux et, descendant à fond de train la colline, s'engagèrent dans un ravin couvert de bois d'oliviers qui bordaient la route.

Un nombre à peu près égal de fantassins ennemis suivait en courant, le long moukala à l'épaule.

Le but évident de l'ennemi était de nous couper la retraite.

L'escadron du 6ᵉ hussards (capitaine Brûlé) qui accompagnait la compagnie du 138ᵉ, ne pouvant charger sur ce terrain accidenté, se replia et mit pied à terre, les hommes disposés en tirailleurs en avant des chevaux. Pendant que deux sections d'infanterie font face à cette attaque, une partie des Zlass traversent la route et essayent de déborder le flanc gauche; une 3ᵉ section fait face de nouveau de ce côté.

La compagnie, toujours couverte par ses éclaireurs, après avoir contenu sur ses flancs les deux attaques de l'ennemi, se dirige vers une dernière crête dominant la route.

Au moment d'y arriver, nos soldats aperçoivent une bande de fantassins ennemis conduite par un cavalier qui débouche sur cette position.

Il n'y a pas à hésiter : le capitaine de Méritens avec sa dernière section se jette sur la crête et parvient à en déloger l'ennemi, après une fusillade enragée. Un des soldats tombe tué : ses camarades lui enlèvent son fusil et ses cartouches, mais le corps roule au fond d'un ravin occupé par l'ennemi, où on ne pouvait aller le relever sans exposer la vie de plusieurs autres soldats.

Les Arabes se réunissent alors contre les autres sections commandées par le sous-lieutenant Gorjeot; mais ce brave officier fait mettre la baïonnette au canon et charge en tête de ses hommes sur l'ennemi, qui disparaît au plus vite dans les oliviers. Les hussards appuient ce mouvement du feu de leurs carabines. La route est dégagée.

Pendant cette attaque, un second soldat est frappé à mort. Deux de ses camarades essayent de le transporter pendant plus de 150 mètres; ils sont enfin obligés d'abandonner le cadavre sur ce terrain semé d'obstacles.

La nuit approchait : nos soldats se replient lentement sur le camp et mettent une heure et demie à parcourir 3 kilomètres, contenant l'ennemi qui veut les poursuivre. Un jeune soldat de 2e classe du nom de Larue abat coup sur coup deux Arabes qui essayent de déboucher sur la route.

Un de ses camarades, le fusilier de 2e classe Tarayre, donne un exemple admirable du devoir et de la discipline. Étant en tirailleur, ce soldat reçoit une balle qui lui traverse le bras droit. Malgré sa blessure, le courageux enfant fait encore le coup de feu pendant plus de dix minutes; enfin, affaibli par la perte de son sang, il se présente tout honteux devant son chef. — Excusez-moi, mon capitaine, dit-il, si je ne continue plus à tirer; mais j'ai perdu tant de sang que je ne puis épauler mon fusil.

Tout ému, l'officier embrasse ce brave garçon et lui ayant fait remettre son fusil au clairon, l'engage à se retirer avec la section d'avant-garde.

— Je ne puis plus tirer, dit Tarayre, mais je peux encore marcher et vous demande comme faveur de rester avec mes camarades.

Et, pendant toute la retraite, il marche, désarmé, avec la première ligne de tirailleurs.

Le soir, au camp, les soldats de cette compagnie

félicitèrent Tarayre de sa belle conduite, en lui disant qu'il serait porté pour la médaille militaire.

— Vous voulez rire de moi, répondit modestement le blessé, je n'ai rien fait, j'ai accompli mon devoir, voilà tout.

A six heures du soir seulement, l'ennemi cessa de harceler la compagnie, dans son retour sur le camp de Messaken. Les hommes avaient montré le plus grand sang-froid durant l'action, se servant autant de la baïonnette que du fusil, et ne tirant pour ainsi dire qu'à coup sûr : sur les 2.400 cartouches que possédait cette compagnie, 662 seulement avaient été brûlées pendant l'action ; 1.738 restaient dans les cartouchières à la rentrée au camp. De son côté, l'ennemi dut perdre au moins une cinquantaine de tués ou de blessés.

Le lendemain, une nouvelle reconnaissance partit pour aller rechercher les cadavres des deux soldats tués la veille, et dont on avait pu seulement emporter les fusils et l'équipement. Les corps furent retrouvés parfaitement intacts. Cette fois, et contrairement à leur coutume barbare, les Zlass s'étaient contentés d'enlever les vêtements des victimes, qui furent enterrés par les soins du cheik de Mourredine.

Redoute de l'Oued-Laya, 24 octobre.

Aujourd'hui, toute la contrée qui s'étend entre Sousse et Sidi-el-Hani est entièrement tranquille ; depuis avant-hier, on n'aperçoit plus, pas même à l'horizon, la moindre silhouette de cavalier zlass. Ce jour-là (23 octobre), l'ennemi a été défait dans un rude engagement dont tout l'honneur revient à la compagnie du 138ᵉ de ligne du capitaine Castaing et à l'escadron du 6ᵉ hussards du capitaine de Brienne.

La colonne Étienne venait d'établir son camp en avant de Kala-Srira, quand de nombreux cavaliers et fantassins ennemis apparurent sur les collines situées à gauche de ce village, d'où ils ouvrirent un feu plongeant sur les tentes de nos soldats.

Le colonel Lannes ordonne aussitôt au capitaine de Brienne de déloger l'ennemi de cette position. Ce brillant officier, ancien guide de la garde, part au galop avec son premier peloton sous les ordres du lieutenant Larive, gravit la pente et chasse les Zlass qui dégringolent dans un bas-fond rempli de cactus et de figuiers; le 2ᵉ peloton, enlevé par le lieutenant de Chénerilles, sabre les fuyards dans cette retraite et engage un véritable combat corps à corps. Le maréchal des logis Millet reçoit une balle dans la cuisse et reste sur sa selle teinte de sang jusqu'à la fin de l'engagement.

Un hussard, le cavalier Salabéri, charge un Zlass qui lui casse le bras droit d'un coup de feu; prenant alors sa bride entre les dents et saisissant son sabre de la main gauche, ce vaillant soldat se jette sur son ennemi et l'abat d'un furieux coup de pointe qui le traverse de part en part.

Les Zlass se retirent alors en arrière d'épaisses haies de figuiers, où nos cavaliers ne peuvent les charger. Pendant ce temps, les hussards du capitaine Brienne mettent pied à terre et engagent un violent combat de mousqueterie, appuyés sur leur droite par la compagnie d'infanterie qui vient de se déployer en avant des oliviers du village de Kala-Srira.

Bientôt l'ennemi disparaît en désordre : un de ses

chefs les plus importants a dû être tué ; car nos soldats ont aperçu qu'au moment où un cavalier, monté sur un magnifique cheval, roulait à terre grièvement atteint, un grand nombre d'Arabes s'étaient précipités vers lui et l'avaient enlevé en toute hâte.

Hier matin, des habitants de Kala-Srira nous ont annoncé que ce chef n'était autre que le fameux caïd des Zlass, Ali-ben-Amar, et que ses guerriers l'avaient emporté mourant à Kaïrouan, où il habite en face de la grande mosquée de Sidi-Okba.

Marabout de Sidi-el-Hani, 25 octobre, midi.

De l'Oued-Laya à Sidi-el-Hani, le terrain légèrement montueux étend à perte de vue ses pentes arides et jaunâtres, parsemées çà et là de quelques maigres touffes d'alfa. Seule la kouba du marabout Sidi-bou-Iren pique d'une tache éclatante ce paysage d'une monotonie désespérante.

Au loin, des deux côtés de la route, étincellent sous les rayons du soleil levant les eaux salées de deux grands chotts.

Au sortir du camp de l'Oued-Laya, notre détachement traverse les ruines d'une immense cité romaine qui devait s'étendre sur plusieurs kilomètres carrés : car partout on n'aperçoit que des pans de murailles marquant parfaitement la place de chaque demeure.

Vers midi, notre détachement arrive à Sidi-el-Hani. En cet endroit, s'élève une colline couverte d'immenses figuiers de Barbarie, où deux compagnies d'infanterie se sont retranchées et, se frayant à l'aide de la hache des chemins couverts et des meurtrières dans ce massif épineux, se sont créé un blockhaus inabordable. Tout au sommet, se dressent les murailles crevassées d'une vieille zaouïa abandonnée. A droite et au bord de la route de Kaïrouan, les deux marabouts élevés en l'honneur de Sidi-el-Hani et de son fils. Ces monuments sont entourés d'un petit mur d'enclos où, à ma grande surprise, j'aperçois un magnifique chapiteau corinthien en marbre blanc, provenant sans doute d'un temple romain, et une énorme pierre en silex grisâtre, portant encore les crampons en fer qui devaient la sceller à la voûte d'un édifice antique.

Au pied de cette colline le sol est parsemé par les ruines nombreuses d'une deuxième cité romaine. Contre un puits profond, où viennent s'abreuver nos chevaux, se dresse un immense pan de muraille en briques cimentées, marquant sans doute l'emplacement d'un temple, ainsi que l'indiquent les piédestaux et les tronçons de plusieurs épaisses colonnes en maçonnerie.

Kaïrouan : Arrivée des hussards du 6e régiment à la maison du Gouverneur tunisien.

CHAPITRE XXI

Kaïrouan.

La colonne Étienne. *Sic vos non vobis*. Marche sur Kaïrouan. En vue de la ville sainte. Kaïrouan ! Kaïrouan ! Les marais desséchés. Aspect de la ville. Bab-el-Khoukh. Les drapeaux blancs. Ouvrez, au nom de la France ! Chez le gouverneur. Types d'officiers tunisiens. L'entrevue. Entrée en ville. Occupation de la kasbah. Arrivée du général Saussier.

Kasbah de Kaïrouan, 26 octobre, 10 h. soir.

Ce matin, la colonne du général Étienne, qui était établie à Sidi-el-Hani, lève son camp et marche en avant. La nuit dernière, un exprès du général Saussier a apporté au général Étienne l'ordre formel de s'emparer de Kaïrouan pour aujourd'hui même.

Depuis plusieurs jours déjà, cette colonne arrivée à hauteur de la ville sainte, suivant l'expression des troupiers, *marquait le pas*, à Sidi-el-Hani, attendant que le commandant en chef fût entré dans Kaïrouan pour se remettre en mouvement. Mais la colonne du général Saussier, ayant eu à surmonter de grandes difficultés dans sa marche au sortir du défilé de Karouba, se trouve retardée, et il faut absolument que la ville soit occupée au plus vite.

Bien que nos émissaires aient annoncé que les Zlass ont disparu depuis trois jours et que les Kaïrouannis sont décidés à nous ouvrir leurs portes, la colonne Étienne se met en marche en ordre de bataille.

En avant et au loin sur les flancs, les hussards du 6ᵉ régiment du colonel Danlou ; au centre et protégés par le 13ᵉ de marche du colonel Moullin, deux compagnies du 14ᵉ et le 23ᵉ bataillon de chasseurs, les batteries de montagne et de 90 ainsi que le grand convoi. Rien de plus pittoresque que ces centaines de chameaux portant accrochés à leurs paillassons les sacs d'orges, les lourdes caisses de biscuit et les outres pleines d'eau.

Les conducteurs indigènes, le burnous jeté sur l'épaule, la gandoura brune serrée à la taille par une corde d'alfa, courent, pieds nus, à travers les pierres et pressent leurs animaux en les frappant d'un court bâton d'olivier à énorme pommeau.

Le capitaine Janié, secondé par un peloton de gendarmerie mobile sous les ordres du lieutenant Bergerot, fait marcher ce nombreux convoi dans le plus grand ordre ; à nos cavaliers est adjoint un détachement de spahis du bey, troupe dépenaillée et à mines patibulaires, conduite par un chaouch enveloppé d'un large burnous bleu, véritable type de mamelouk, avec sa courte barbe blanche et ses moustaches épaisses retroussées en pointes menaçantes.

Seize kilomètres seulement séparent Sidi-el-Hani de Kaïrouan. En arrivant au sommet de la première colline que nous rencontrons, après 2 kilomètres de marche, notre avant-garde s'arrête. Tous, officiers et soldats, agitent en l'air leurs armes et leurs képis; une rumeur joyeuse parcourt les rangs; et de même que les croisés en arrivant sur la hauteur de Sion avaient crié: « Jérusalem ! Jérusalem ! » le mot de Kaïrouan, cent fois répété, retentit dans notre colonne.

De cette hauteur, nous apercevons, en effet, au centre d'une vaste plaine, et se découpant en silhouette sur le fond sombre des montagnes des Ouled-Hayas, une ligne blanche et dentelée.

C'est Kaïrouan avec son enceinte crénelée surmontée de centaines de minarets. Aujourd'hui le ciel est pur et d'une transparence admirable. Bien que 12 kilomètres nous séparent encore de la ville, il nous semble qu'il nous reste seulement 2 ou 3 kilomètres à franchir pour arriver au pied des murailles.

Nous traversons successivement deux larges vallées, où le terrain recouvert d'une herbe épaisse et touffue annonce que nous sommes sur l'emplacement de vastes marais, qui doivent exister pendant l'hiver. En effet, bien qu'il n'ait plu depuis plus de huit mois dans cette contrée, la terre est encore grasse, glissante et craquelée sur toute sa surface, comme une vieille potiche japonaise.

Pendant l'hiver, ces deux vallées converties en épais bourbiers rendent, nous disent des Arabes, toute communication impossible entre Sousse et Kaïrouan.

Au delà de ces marais, nous traversons plusieurs

dunes sablonneuses couvertes de genêts épineux, où nos chevaux d'artillerie et du train des équipages tirent en plein collier, les traits tendus, les roues ensablées jusqu'au-dessus des moyeux.

Vers quatre heures, nous arrivons enfin à deux kilomètres de la ville. La colonne fait halte en avant du lit desséché de l'Oued-Mélah, sur lequel est jeté un petit pont en dos d'âne à arche unique.

De cet endroit le panorama de la partie sud de Kaïrouan se déroule devant nos regards. L'enceinte consiste en une muraille d'une hauteur d'environ 8 mètres, à larges créneaux arrondis, construite en pierres de taille et en briques : ces dernières forment le revêtement extérieur. De 20 mètres en 20 mètres, une grosse tour, de forme arrondie, fait saillie sur la muraille. La plupart sont démantelées ; la base est pour ainsi dire déchaussée et s'écroulerait facilement sous le premier obus de notre artillerie.

Au-dessus de cette sombre ligne dentelée apparaissent comme des centaines de points lumineux, sur un ciel bleu saphir, inconnu dans nos pays, des minarets crénelés et des *koubas* (coupoles) arrondies et côtelées comme les bonnets des anciens janissaires de Stamboul.

A droite, et formant l'angle des remparts, un vieux bastion ; à travers les embrasures apparaissent les bouches de quelques canons, sans doute aussi inoffensifs que ceux de Sousse et de Sfax. En arrière, les quatre coupoles et la tour à trois étages de la grande mosquée de Sidi-Okba, ou *Djemma Kebir*. Au centre, les terrasses de la kasbah et les coupoles arrondies du bazar.

A gauche et au sud de la ville s'étendent de vastes

faubourgs masqués à notre vue par les longues murailles du grand marché aux bestiaux. Au delà, quelques marabouts se détachent sur le fond vert sombre des oliviers et des figuiers. Du reste, toute la campagne qui entoure Kaïrouan est fertile et admirablement cultivée.

À droite de la muraille qui nous fait face, s'ouvre une porte à ogives, flanquée de deux colonnes romaines : celle de droite en porphyre rouge ; au-dessus une plaque en marbre couverte d'inscriptions arabes et portant la date de l'an 1180 de l'hégire. Les battants sont fermés et couverts d'épaisses lames en fer boulonnées dans le bois par des milliers d'énormes clous.

C'est la porte de Bab-el-Khoukh (porte des Pruniers.)

Un haut monticule forme un véritable redan en avant de cette porte et semble avoir été construit par les Zlass en vue d'une attaque. Ce sont tout simplement, nous dit-on, les immondices que depuis des siècles les habitants sont tenus à sortir de la ville et à déposer en avant de cette porte.

Pendant que notre colonne reste en observation sur le bord de l'Oued-Melah, le colonel Danloux continue à marcher en avant avec ses hussards.

La ville paraît inhabitée et ressemble à une vaste nécropole : aucun bruit, aucun mouvement ; sur les remparts, quelques têtes bronzées coiffées de turbans rouges ou blancs apparaissent à travers les créneaux et disparaissent rapidement.

Notre ligne d'éclaireurs s'approche de plus en plus : les hussards, la carabine au poing, penchés sur l'encolure de leurs petits chevaux, font halte à 100 mètres des murailles.

Quelques officiers escaladent au galop la butte située en avant de la porte.

A ce moment, deux grands drapeaux blancs sont arborés à la tour de la mosquée de Sidi-Okba et au mât de la kasbah.

Cependant les portes restent toujours closes. Impatienté de ces lenteurs, le colonel Danloux donne l'ordre au lieutenant Arthuis de s'avancer avec son peloton jusqu'à la porte de Bab-el-Khoukh.

Ce jeune officier se porte rapidement au point indiqué. Malgré les signaux de paix que nous venons d'apercevoir, il se pourrait très bien que quelques fanatiques se fussent embusqués derrière les créneaux pour fusiller ce détachement.

Néanmoins cette poignée de hussards arrive comme un tourbillon sous l'ogive de la porte. Là, M. Arthuis arrête son cheval, et avec une crânerie toute chevaleresque rappelant le chevalier de Malte enfonçant son poignard dans la porte Bab-Azoun à Alger, frappe avec le pommeau de sa canne le lourd battant de fer et s'écrie d'une voix retentissante :

Ouvrez! ouvrez! au nom de la France!

Bientôt une tête apparaît entre les créneaux et annonce en mauvais français qu'on est allé chercher les clefs à la kasbah pour ouvrir; que du reste le gouverneur du bey, le général Mohamed-ben-Maroboth, vient de faire ouvrir la porte des Peaussiers (Bab-el-Djelladine), située sur la face sud de l'enceinte et qu'il va lui-même sortir pour aller au-devant du général français.

Le lieutenant Ducrot, du même régiment, reçoit l'ordre de pénétrer en ville par cette nouvelle entrée; après avoir traversé cette porte qui vient d'être ouverte, cet officier arrive avec son peloton sur une petite place encombrée d'indigènes.

A gauche s'élève la maison du gouverneur; à l'approche de nos hussards, le général Maroboth sort de son habitation, suivi de plusieurs officiers tunisiens, et proteste de son dévouement pour la France, qui, dit-il, est l'alliée du bey. Kaïrouan est restée fidèle et n'a fermé ses portes que pour empêcher les insurgés de pénétrer dans son enceinte.

— Venez, interrompt l'officier de hussards, le général Étienne vous attend.

Le gouverneur se fait alors amener son cheval ainsi que ceux de ses officiers; tous se disposent à partir désarmés.

— Et vos sabres? leur dit le lieutenant, vous n'êtes pas nos prisonniers; prenez-les.

Je dois ajouter que ces braves Tunisiens, ainsi que les Kaïrouannis, paraissaient frappés de stupeur, et croyaient sans doute leur dernière heure arrivée.

Tous partent enfin, accompagnés de leurs serviteurs : l'un de ces officiers, le commandant d'artillerie de la place, n'ayant pas eu le temps de faire seller son cheval, enfourche gravement un modeste *bourrico*, aux éclats de rire de nos hussards.

Vers cinq heures, ce cortège débouche sur les glacis qui nous font face et rencontre le brave colonel Moullin qui, après échange de saluts, conduit le gouverneur au commandant de notre colonne.

Le général Étienne attend, fièrement campé sur son cheval, entouré de son état-major, l'infanterie rangée en bataille, l'arme au pied, l'artillerie en ligne.

En tête, s'avance le gouverneur de Kaïrouan. C'est un homme d'une cinquantaine d'années, de forte corpulence, la barbe et la moustache entièrement blanches.

Il porte l'uniforme de général tunisien : fez rouge, à plaque de cuivre doré aux armes du bey; tunique noire à longue jupe, plissée à la taille; au collet 3 étoiles d'argent; sur la poitrine, la plaque du Nichan-Iftikar et la croix d'officier de la Légion d'honneur; au cou, le hausse-col enrichi de diamants. Détail caractéristique, applicable à tous ces officiers tunisiens : le pantalon rouge à bande noire, sans sous-pieds, remonte sur des bas blancs et laisse à découvert la moitié de la jambe; aux pieds, des souliers vernis.

Le cheval du gouverneur est magnifique avec sa longue crinière flottante et ses naseaux rosés; le harnachement est d'une richesse inouïe; la large palette de la selle est en velours cramoisi, recouvert de broderies d'or, de perles et de corail, ainsi que les œillères et le tapis; les étriers, en argent massif, sont incrustés d'or; le mors, ainsi que les plaques de la bande du poitrail, sont en même métal, ciselé et niellé.

Quatre saïs, drapés dans des burnous de soie blanche, marchent de chaque côté du gouverneur, que suivent cinq officiers tunisiens et qu'escortent les hussards.

Arrivé à dix pas du général Étienne, le général Maroboth, avec un geste qui n'est pas exempt d'une certaine noblesse, porte la main droite ouverte en travers de son front et présente ses souhaits de bienvenue pour l'arrivée de notre colonne dans une ville alliée.

La porte de Bab-el-Khoukh s'ouvre à deux battants

et, pendant que la colonne contourne la face ouest de Kaïrouan et défile au pied des remparts pour aller camper au nord, contre cinq petits marabouts, le 48ᵉ de ligne et le 23ᵉ chasseurs à pieds, le colonel Moullin en tête, traversent la ville au pas accéléré pour aller occuper la kasbah et les portes. La marche française sonnée à pleins poumons par nos clairons retentit pour la première fois depuis douze siècles dans les rues de la fière cité.

Aussitôt notre entrée à la kasbah, le pavillon tunisien est amené du mât et remplacé par le guidon du 48ᵉ, dont les plis aux trois couleurs claquent fièrement au-dessus des murailles de la ville sainte.

Kaïrouan est occupé par l'armée française.

Kaïrouan, 28 octobre.

Ce matin une salve de 21 coups de canon, tirée par nos pièces de 90, qui ont été mises en position dans le vieux bastion nord de l'enceinte, nous réveille en sursaut dans nos casemates de la kasbah. Les habitants de Kaïrouan, à ces détonations inattendues, croient sans doute leur dernière heure venue, car la plupart se réfugient dans les magasins ou se précipitent la face contre terre.

Cette salve annonce tout simplement l'arrivée du général Saussier, commandant en chef de l'armée expéditionnaire, qui amène avec lui le bataillon du 1ᵉʳ zouaves qui lui sert d'escorte et la brigade Sabattier. La brigade Philibert a été laissée à Foum-el-Kharouba avec mission d'en garder les défilés. Le retard de 48 heures qu'a éprouvé cette division, provient plutôt de la fatigue des troupes marchant dans un

Le 3ᵉ zouaves (colonel Bertrand) défilant, musique en tête, dans la grande rue de Kairouan (20 octobre).

pays souvent dépourvu d'eau que de la résistance de l'ennemi, qui n'a pas même cru devoir défendre les gorges de Foum-el-Kharouba.

C'est à peine si l'avant-garde du général Sabattier put atteindre une seule fois, le 22 octobre, quelques contingents insurgés et leur livrer un court engagement, dans lequel, il est vrai, nos soldats eurent la chance de tuer leur chef, le cheik Mohamed-ben-Adili.

Les vivres commencent à manquer; aussi le 6e hussards est-il envoyé en colonne de ravitaillement avec 1.000 chameaux à Sousse, qui devient notre grand centre d'approvisionnement.

Combat de l'Oued-el-Athel : le colonel Dubuquoy du 3ᵉ chasseurs d'Afrique entouré par les Zlass.

CHAPITRE XXII

De Tébessa à Kaïrouan.

Arrivée de la division Forgemol. Défilé dans la ville. Étonnement des Kaïrouannis. La ville en deuil. Le convoi de la colonne Forgemol. L'état sanitaire. Départ de Tebessa. Les ruines d'Haydra. Le carré Bugeaud. Combat du 23 octobre. Incendie du marabout de Sidi-Bou-Rebdou. Attaque du Djebel-Reukada. Audace des Zlass. Combat du 25 octobre. Charge du 3ᵉ chasseurs d'Afrique. Corps à corps. Traits de courage. Belle conduite du capitaine de Cassagnac. Danger couru par le colonel Dubuquoy. Le carré. 400 chasseurs contre 3.500 Tunisiens. Arrivée de l'artillerie. Attaque du 1ᵉʳ tirailleurs. Rencontre de fuyards ennemis. Arrivée à Kaïrouan.

Camp du 1ᵉʳ tirailleurs, sous Kairouan, 29 octobre.

La colonne Forgemol est arrivée aujourd'hui, et a établi son camp à droite de celui du colonel Sabattier. En ce moment, près de 20.000 hommes campent au nord de Kaïrouan. A droite, le général Forgemol; au centre, le général Sabattier, avec les généraux Saussier et Logerot, ainsi que le grand quartier général; à gauche, le général Étienne.

Ce matin, je me trouvais sur la plate-forme du fortin de la kasbah, interrogeant avec mes jumelles les environs de la ville, quand tout à coup je vis s'élever vers l'est un immense nuage de poussière. Bientôt le soleil vint à frapper dans cette direction et fit étinceler au loin l'acier des armes. Plus de doute, c'était la colonne Forgemol qui arrivait à son tour.

Bientôt de nombreux goumiers arrivent au galop, précédés par un officier français. C'est le commandant Didier. Cette avant-garde traverse, le fusil en arrêt, les faubourgs de Kaïrouan qui s'étendent sur la face est de la ville, et se présente à la porte des Peaussiers (Bab-el-Djelladine), par laquelle le gouverneur Maroboth est sorti le 26 pour aller au-devant du général Étienne.

Pendant que la moitié de cette colonne contourne extérieurement les faubourgs pour escorter au camp son énorme convoi, les autres troupes entrent dans Kaïrouan par Bab-el-Djelladine, et traversent la grande rue de la ville pour sortir ensuite par la porte de Tunis.

Rien de plus empoignant que le défilé de ces brillantes troupes d'Afrique, noires de poudre et de poussière, qui viennent de parcourir les territoires des Fraichiches et des Zlass, et traversent fièrement, sous un éclatant soleil, la ville sainte au son de toutes les musiques.

En tête, les goumiers conduits par leurs caïds au burnous écarlate frangé d'or; viennent ensuite le brave général Forgemol et son escorte de chasseurs d'Afrique; la marche du 3ᵉ zouaves retentit alerte et ardente. En avant, le colonel Bertrand, l'ancien commandant des turcos épiques de Wissembourg. A la cravate du drapeau sont suspendues deux décorations : la Légion d'honneur et la médaille d'or sarde; San-Lorenzo, 1863, Palestro, 1859. Viennent ensuite les zouaves du 4ᵉ régiment, puis les tirailleurs des 1ᵉʳ et 3ᵉ régiments, la chechia rouge enfoncée sur les visages bronzés et énergiques, les vestes bleu de ciel couvertes de chevrons et de médailles. A la tête du bataillon du 1ᵉʳ tirailleurs, je reconnais le commandant Wasmer et tous ses braves officiers, mes anciens compagnons de la campagne de Khroumirie, les capitaines Guillet, Creutzer, Frère, Mustapha, les lieutenants Franchet d'Esperey, Taveau, Graziani, Sordes, Abd-el-Kader, le docteur Bassompierre.

La cavalerie ferme la marche : spahis enveloppés dans le burnous rouge; chasseurs d'Afrique, la large ceinture sur la veste bleu de ciel, le *taconnet* (shako) recouvert d'une coiffe en toile; hussards du 4ᵉ, le dolman galonné de tresses blanches.

On ne peut se figurer l'effet que produisirent les goumiers, les spahis et les tirailleurs sur les figures contemplatives, jaunes et fanatiques des Kaïrouannis, qui regardaient silencieusement, adossés contre les échoppes de la grand'rue, défiler ces troupes à l'allure si martiale, le mouchoir attaché à la baïonnette, en signe de joie et d'allégresse.

Tant qu'ils n'avaient vu que les soldats d'infanterie, ils avaient conservé leurs illusions et espéré que le Prophète allait venir les délivrer de notre joug. Mais quand la division Forgemol, qui compte au total plus de musulmans que de chrétiens, eut défilé dans Kaïrouan, les étendards verts de l'Islam de nos goumiers marchant côte à côte avec les drapeaux français, les clairons des zouaves sonnant leur marche à l'unisson du fifre et de la darbouka de nos cavaliers indigènes, l'espoir s'est alors évanoui dans le cœur des Kaïrouannis. Le Prophète, qui les avait préservés pendant douze siècles du contact maudit des chrétiens, les avait définitivement abandonnés.

Aujourd'hui nos trois camps bordent complètement le nord de la ville. A midi, quand du haut de la tour de la grande mosquée de Sidi-Okba le muezzin en voyant partout des *roumis*, aussi loin que sa vue pouvait s'étendre, a appelé par cinq fois les croyants à la prière, son appel, cette fois, est tombé sans écho sur la ville sainte.

Aujourd'hui Kaïrouan a pris le deuil, la grande mosquée est restée close et les habitants demeurent enfermés dans leurs maisons.

La division Forgemol, qui est arrivée le 29 octobre devant Kaïrouan, a effectué depuis son départ de Tébessa une marche des plus remarquables, tout en combattant sans cesse depuis son entrée en Tunisie.

Cette colonne est ainsi composée :

Général de division, Forgemol; chef d'état-major, colonel Senaud ; directeur des affaires arabes, commandant Pont.

Deux brigades d'infanterie : généraux de Gislain et de la Sougeole; 4 bataillons du 3e zouaves; 2 bataillons du 4e zouaves; 1 bataillon du 1er tirailleurs ; 1 bataillon du 3e tirailleurs; 1 bataillon du 34e de ligne, 1 bataillon du 100e de ligne.

Une brigade de cavalerie : général Bonie; 4 esca-

16.

drons du 3e chasseurs d'Afrique ; 2 escadrons du 4e hussards ; 1 escadron de spahis.

Artillerie : 4 batteries de montagne.

Plus 850 goumiers sous les ordres du commandant Didier.

Le convoi de cette colonne est considérable et se compose de 8.800 chameaux et de 2.200 mulets de réquisition, sans compter les mulets du train militaire.

Ce convoi jusqu'ici avait été sans précédent. En effet, le convoi le plus considérable qu'avait eu une colonne expéditionnaire était celui du général de Wimpffen dans son expédition du Sud oranais en 1869, et encore il ne comptait que 4.500 chameaux.

Le capitaine de Saint-Germain a dirigé jusqu'à Kaïrouan cette immense agglomération de chameaux et de mulets avec une telle habileté, qu'à son arrivée sous les murs de la ville sainte la colonne avait encore pour trois jours de pain.

Quant à l'état sanitaire de ces troupes, il est excellent. Les deux bataillons du 100e et du 34e qui ont été adjoints aux zouaves et aux turcos ont, eux aussi, admirablement résisté aux fatigues et aux privations.

Qu'il suffise de savoir que du 10 octobre au 29 du même mois ces 10 bataillons n'ont pas eu vingt malades sur tout leur effectif, ce qui donne un malade et demi par chaque bataillon.

La colonne Forgemol, formée à Tébessa, passa la frontière à Beccaria les 16 et 17 octobre, et le 18 elle campait sur les ruines d'Haydra, après avoir soutenu contre les Fraichiches, qui voulaient s'opposer à son passage, un combat assez important.

Ces ruines d'Haydra sont extrêmement belles ; tombeaux, colonnades, arcs de triomphe, tout est encore en état parfait de conservation. Depuis les Romains, pas un Européen n'était allé dans cette contrée.

Les jours suivants, la colonne Forgemol continua à marcher sur Kaïrouan, le plus directement possible. Cependant on dut abandonner la route ordinaire des caravanes, laquelle n'est autre que l'ancienne voie romaine pavée de Tébessa à Sousse, parce que, étant trop étroite, elle ne se prêtait pas à la marche en carré prescrite par le maréchal Bugeaud.

On se rappelle que le malheureux engagement de la colonne Innocenti, à Chellala, dans le Sud oranais, au printemps dernier, n'a que trop démontré que la marche en carré était la seule qui pût assurer une sécurité presque absolue au convoi d'une colonne expéditionnaire en Afrique.

Le 23 octobre, la colonne Forgemol eut un engagement très vif contre le marabout de Sidi-Bou-Rebdou.

Ce jour-là, dès le départ de la colonne de son campement de Baïrt-Rouïah, notre cavalerie signala de nombreux cavaliers zlass qui avaient pris position en avant du marabout de Sidi-Bou-Rebdou, ainsi que plusieurs centaines de fantassins qui s'étaient embusqués à droite sur les pentes couvertes de cactus du Djebel-Reukada.

La colonne, après être arrivée à portée de l'ennemi, fit halte.

Le capitaine de Saint-Germain donne l'ordre aux chameliers de faire accroupir leurs animaux et de se coucher eux-mêmes à terre. Les deux bataillons des 3ᵉ et 1ᵉʳ tirailleurs qui flanquent le convoi sur le côté gauche, font face au marabout, dont ils sont seulement séparés par une distance de 800 mètres, et ouvrent le feu sur des groupes de cavaliers zlass qui se font voir à gauche de ce monument dans un petit bois d'oliviers.

Deux sections (4 pièces) de 80 rayé, de montagne, du 5e d'artillerie, sous les ordres du capitaine Perthus, une vieille connaissance de Khroumirie, prennent position auprès des turcos.

Les obus dirigés avec la plus grande précision renversent, en faisant voler des nuages jaunâtres de poussière, le mur en pierres sèches qui entoure le marabout. Bientôt la *kouba* (dôme) de cet édifice est criblée à jour par les projectiles, et une épaisse colonne de fumée noirâtre s'en échappe en tourbillonnant.

Le marabout est en flammes : cavaliers et fantassins ennemis s'en échappent au plus vite et sont ramassés au passage par les salves d'une compagnie du 4e zouaves qui est arrivée à hauteur de ce monument.

Pendant ce temps, la cavalerie, ne pouvant être d'aucune utilité sur ce terrain hérissé d'obstacles, se retire sous la protection du 4e bataillon du 4e zouaves et du bataillon du 34e qui font tête de colonne.

Le général Forgemol donne l'ordre à ces deux bataillons de chasser les fantassins zlass des pentes du Djebel-Reukada.

Les troupes mettent la baïonnette au canon : la charge fait entendre ses sons stridents et précipités ; un immense hurrah retentit : zouaves et lignards se jettent sur ces pentes couvertes de figuiers, de cactus, dont les épines les blessent cruellement aux jambes et aux mains.

Les officiers courent en avant le revolver au poing ; une noble émulation s'empare des deux corps.

— Hardi! hardi! crient les zouaves, ne nous laissons pas devancer par les *grandes capotes!*

— En avant! en avant! répondent les fantassins, arrivons en ligne avec les *zouzous.*

En un clin d'œil, nos soldats parviennent au sommet des collines. Les ennemis dégringolent les pentes opposées et sont fusillés comme des lapins au déboulé. De nombreux Zlass, mortellement atteints, roulent dans les massifs épineux.

A partir de ce moment, le combat dégénère en une vaste fantasia.

Les cavaliers zlass font un détour et viennent harceler l'arrière-garde, formée par le 3ᵉ zouaves.

Ces indigènes font preuve du plus brillant courage dressés sur leurs étriers, ils arrivent au galop jusqu'à 50 mètres de nos tirailleurs, s'arrêtent brusquement, déchargent leur long moukala et repartent à fond de train, courbés sur l'encolure de leurs petits chevaux.

Une vingtaine de Zlass payent de la vie leur téméraire audace. Sur l'un d'eux, les zouaves ramassent une vieille épée espagnole à deux mains du XVIᵉ siècle, au pommeau délicatement cislé, trophée sans doute conquis sur les troupes de Charles-Quint par un des ancêtres de cet indigène.

A la nuit, tout cet essaim de cavalerie disparaît au galop derrière les cactus et les figuiers de Barbarie qui bordent le fond de l'horizon.

Le 25 octobre, les quatre escadrons du 3ᵉ chasseurs d'Afrique se distinguèrent dans un brillant combat de cavalerie.

Ce jour-là, ces quatre escadrons, flanqués à droite et à gauche par les 850 goumiers du commandant Didier, éclairaient la colonne à son départ d'Enchyr-Sbiba et s'étaient portés à kilomètres au moins en avant de l'infanterie et de l'artillerie.

Vers neuf heures et demie, à la descente de Koudiat-el-Alfa, les goumiers sont accueillis par une décharge d'une centaine de cavaliers zlass embusqués derrière un pli de terrain. Nos Arabes, qui viennent d'avoir 1 tué et 5 blessés, se rallient au fanion du général Bonie. Celui-ci leur ordonne de rester sur le flanc droit pour protéger la colonne.

Pendant ce temps, les quatre escadrons de chasseurs d'Afrique partent à la charge, le colonel Dubuquoy en tête, et abattent à coup de pointe et de revolver de nombreux ennemis.

Le gros de cavaliers qui a fusillé nos goumiers disparaît dans le ravin de l'Oued-el-Athol; malgré les difficultés du terrain, le peloton de chasseurs qui en pointe d'avant-garde les poursuit la latte dans les reins, descend à fond de train la pente de ce ravin et se trouve tout à coup en présence de 3.000 cavaliers zlass qui les attendent dans cette embuscade, rangés en bataille et appuyés par le feu de plus de 500 fantassins cachés dans des touffes de cactus et de figuiers.

Il n'y a pas à hésiter : enlevée par ses officiers, cette poignée de chasseurs se précipite la pointe en avant, au plus épais des rangs ennemis.

Une décharge terrible l'accueille : une vingtaine de hasseurs roulent à terre avec leurs chevaux. N'ayant pas le temps de recharger leurs moukalas, les Zlass les jettent derrière l'épaule; puis, tirant leurs longs sabres, à lame pesante, accrochés à l'arçon de la selle, engagent le combat à l'arme blanche.

Une véritable mêlée corps à corps a lieu dans le ravin. Deux chasseurs d'Afrique sont tués; onze cavaliers démontés sont grièvement blessés par les Zlass à coups de sabre et de crosse de fusil.

Un chasseur veut parer un énorme coup de taille que lui porte un Tunisien. La lame de celui-ci glisse le long de la poignée de son sabre et lui enlève complètement la pointe de l'os du coude. Un de ses camarades le venge, en faisant sauter le crâne de l'Arabe d'un seul coup de taille.

Un lieutenant, M. de Carbonnières, reçoit d'un chef ennemi un premier coup de sabre qui lui fend son képi, et un second qui le blesse légèrement à la main ; il riposte par un coup de pointe en pleine poitrine ; à sa grande surprise, l'arme, qui a porté sur une épaisse cuirasse en peau séchée au soleil, se plie, et l'officier perd les arçons par la violence du choc. Un maréchal des logis vient à son aide et d'un coup de revolver casse la tête au chef ennemi.

Un chasseur démonté se débat au milieu des Zlass. Ce malheureux reçoit successivement une balle dans la cuisse, huit coups de sabre au flanc et de nombreux coups de crosse sur la tête. On le dégage enfin ; il en réchappera.

Un brillant capitaine, M. Louis de Cassagnac, l'ancien porte-fanion du général Changarnier sous Metz et frère du directeur du *Pays*, est entouré par un gros de cavaliers. Avec le même sang-froid que dans une salle de tir à Paris, il en abat successivement trois avec son revolver.

A ce moment, le régiment entier descend dans le ravin et dégage son avant-garde.

Dès le début de la charge, le colonel Dubuquoy était en tête : son cheval jeune et ardent veut s'emballer ; cet officier, en tirant à pleines mains sur les brides pour modérer son allure, lui fait faire un brusque écart à gauche et se jette en travers du cheval d'un chasseur du premier rang : celui-ci ne peut s'arrêter à temps et culbute la monture du colonel Dubuquoy, qui roule à terre et s'évanouit par suite de la violence de sa chute.

Le docteur et quelques sapeurs de l'escorte mettent pied à terre pour le secourir, pendant que le régiment continue à charger en avant.

Un gros de cavaliers ennemis, voyant cet officier supérieur étendu à terre, fait un détour et va l'enlever. Les quelques hommes qui l'entourent se défendent à coups de carabine.

Heureusement, le dernier escadron, qui allait les dépasser, aperçoit le danger que court son colonel, fait un à-gauche et parvient à le dégager.

Malgré la brillante charge que je viens de raconter, les Arabes entourent toujours nos chasseurs de leurs masses tourbillonnantes.

Le général Bonie, en attendant l'arrivée de l'infanterie encore assez éloignée du lieu du combat, fait replier le régiment sur la crête du ravin; là, d'après son ordre, les chasseurs mettent pied à terre, et forment le carré pour tenir la défense, un cavalier tenant cinq chevaux, la face tournée à l'intérieur du carré.

Le général Bonie se place à cheval à l'un des angles, l'épée haute, son fanion blanc et rouge à ses côtés, pendant que les tirailleurs prennent position en avant de leurs montures et engagent un vif combat de mousqueterie.

Deux pièces d'artillerie, envoyées au secours des chasseurs, prennent les dissidents en flanc et les mitraillent à 400 mètres de distance. Ceux-ci, avec la plus grande audace, viennent combattre presque sous la gueule des canons : quelques cavaliers zlass poussent même la témérité jusqu'à se faire brûler la cervelle sur les affûts.

L'infanterie n'arrivant pas encore, un escadron armé de revolvers est détaché et s'avance jusqu'au bord du ravin, où se tiennent presque tous les Zlass. Là, chaque soldat tire six coups de son arme et l'escadron rejoint le gros de la cavalerie, après avoir tué environ 50 hommes à l'ennemi.

A l'arrivée du 3e zouaves, qui tient le devant et tire des salves, tous les assaillants disparaissent dans une déroute complète, laissant le terrain jonché de cadavres d'hommes et de chevaux.

On assure que l'ennemi a eu plusieurs centaines d'hommes mis hors de combat.

Pendant que le 3e chasseurs d'Afrique accomplissait, à l'avant-garde, ce brillant fait d'armes, le convoi fut de nouveau attaqué sur les deux flancs. Le 4e bataillon du 1er tirailleurs, qui le protégeait, chassa l'ennemi d'un ravin couvert de figuiers, où nos braves indigènes ne purent pénétrer qu'en brisant à coups de crosse et de sabre-baïonnette ce massif épineux. Sur ce point, plusieurs ennemis étaient armés de fusils à longue portée, comme le prouvent de nombreuses balles rayées ramassées par nos soldats.

Le 26 au matin, les sentinelles tuèrent un Arabe et en blessèrent trois autres qui voulaient pénétrer dans le camp. Pendant la même nuit les grand'gardes furent sérieusement attaquées à deux reprises différentes. Il ne fallut rien moins que les feux rapides faits dans toutes les directions pour maintenir l'ennemi à distance.

Le 27, au point du jour, le camp fut attaqué. Plusieurs bataillons se déployèrent. L'ennemi fut délogé par nos obus et essuya des pertes considérables.

Pendant l'étape de ce jour-là, l'arrière-garde eut à combattre depuis le départ jusqu'à deux heures de l'après-midi.

Ce même jour, nos cavaliers firent prisonniers plusieurs Zlass qui s'enfuyaient à Kaïrouan. L'un deux, qui avait pris part aux engagements contre la colonne Étienne, comme il l'avoua lui-même, avait eu le poignet cassé d'un coup de feu et portait le bras en écharpe.

Le reste de la marche sur Kaïrouan s'accomplit sans qu'on rencontrât un seul Arabe, et le 29 octobre, la division Forgemol entrait dans la ville sainte, après avoir effectué, dans un pays presque inconnu, une des plus belles marches qui aient été faites jusqu'à ce jour.

Kaïrouan : Entrée du grand bazar.

CHAPITRE XXIII

Kaïrouan.

Les camps sous Kaïrouan. Aspect nord de la ville. Les cimetières. La zaouïa de Sidi-Sahab. Visite au tombeau du barbier du Prophète. Les citernes romaines. Danses d'un aïssa-houa. Les murailles. Notice historique. Les portes. Insolence et rapacité des Kaïrouannis. Types et costumes. La vengeance du tirailleur Messaoud. La porte de Tunis. Dans la grande rue. Boutiques. Le grand bazar. Aspect des rues. Les maisons. Le quartier des vieux croyants. La maison du gouverneur. La maison du marabout. La porte de Djelladine. La kasbah.

Kaïrouan, 1er novembre.

Nous sommes toujours campés sous les murs de la ville sainte.

Profitant de nos instants de loisir, nous visitons en tous sens cette ville, jusqu'alors mystérieuse et inviolée pendant douze siècles de la présence de tout *Roumi*.

Comme je l'ai déjà dit, les camps de nos trois colonnes sont établis au nord de Kaïrouan, à 2 kilomètres environ des remparts.

Rien de plus curieux, le matin, au point du jour, alors que la diane nous fait sortir de nos maisons de toile, que l'aspect de l'antique cité, colorée de teintes rosâtres par les premiers rayons du soleil levant.

A gauche, l'enceinte crénelée dont les murailles, de ce côté, n'ont pas été réparées depuis des siècles, et sont couvertes de lézardes; au centre et à droite, l'immense agglomération des maisons des faubourgs, avec leurs larges toitures terrassées, que surmonte la massive construction de la zaouïa de Sidi-Abd-el-Kader-el-Ghilâni, école renommée, dont la direction est entre les mains de la confrérie religieuse du même nom.

Souvent, au coucher du soleil, quelques femmes, enveloppées de longues mantes noires en poil de chèvre, se hasardent timidement sur ces terrasses et regardent, d'un œil étonné, l'océan de tentes qui borde toute cette partie de l'horizon.

Une route poussiéreuse, bordée de quelques haies de figuiers de Barbarie, et sillonnée journellement par des milliers de soldats et d'Arabes, conduit en ville.

A un kilomètre de l'enceinte, sur toute la partie est, le sol est couvert de milliers de tombeaux en briques rougeâtres de forme carrée et surmontés à la partie sous laquelle repose la tête des défunts, de petits dômes en maçonnerie, percés d'un tuyau en bois qui communique avec l'intérieur du caveau.

De distance en distance s'élèvent quelques marabouts.

Mais l'agglomération des tombeaux devient surtout compacte aux abords d'une immense zaouïa, véritable forteresse avec ses murailles blanchies à la chaux et surmontée d'un minaret de forme carrée entièrement revêtu à l'extérieur de plaques en faïence polychrome.

C'est la célèbre zaouïa de Sidi-el-Sahab, que les Kaïrouannis appellent communément la zaouïa de Sidi-Sahab ; celle-ci doit sa renommée à deux faits d'une nature toute spéciale ; elle renferme la tombe de Sidi-Sahab, le barbier du Prophète, qui porte, dit la tradition, dans un sac en velours vert, déposé sur sa poitrine, trois poils de la barbe de Mahomet, et la tombe d'un de ses compagnons, Sidi-el-Owaïs. C'est là l'explication de son nom : *Mosquée de Monseigneur le Compagnon*.

On raconte que Sidi-Sahab a été un des plus intimes des amis personnels et disciples de Mahomet. Après la mort de son maître, il vint en Afrique, et mourut à un âge très avancé à Kaïrouan. Durant sa vie il a toujours porté sur sa poitrine la barbe de son illustre maître, et il a été enterré ainsi. De là la légende que Kaïrouan contient le tombeau du barbier du Prophète. La tombe de « Monseigneur le Compagnon » a souvent été reconstruite depuis l'an 70 de l'hégire, mais son emplacement primitif a toujours été l'objet des soins les plus jaloux.

La porte de cette zaouïa était ouverte.

Nous entrâmes dans une vaste cour carrée garnie d'énormes portes en chêne, bardées de fer.

Sur un banc en pierre, adossé à la muraille, étaient accroupis, les jambes pendantes, quelques vieux Arabes à longue barbe blanche, au visage ascétique,

que leurs turbans verts nous désignaient pour des pèlerins ayant fait le voyage de la Mecque.

De cette cour nous passâmes dans un patio supporté par de vieilles colonnes romaines et dallé en marbre blanc : au centre, la base d'une colonnade en porphyre rougeâtre, creusée à l'intérieur et marquée de profondes cannelures par le frottement séculaire des cordes, servait d'ouverture à une citerne profonde.

L'eau que nous en tirâmes au moyen d'un seau en cuir attaché à une corde était fraîche et limpide.

Sous un arceau, un mufti, drapé dans une gandoura sordide, psalmodiait d'une voix gutturale des versets du Coran écrits sur une planchette de bois, à deux petits enfants assis à ses côtés.

Au fond d'un couloir obscur s'ouvraient les cellules occupées par les religieux.

Un lieutenant indigène de tirailleurs nous servait d'interprète : nous demandâmes aux religieux de la zaouïa de nous montrer le tombeau du fameux Sidi-Sahab, le barbier du Prophète.

Ceux-ci nous répondirent que Sidi-Sahab était seulement le barbier du frère de Mahomet, et que d'ailleurs son tombeau n'était pas dans cette zaouïa, mais dans un marabout situé à Gabès.

La ruse était trop grossière :

— Vous mentez! dit un d'entre nous; ouvrez! ou demain une compagnie de tirailleurs viendra occuper votre zaouïa.

Cette menace produisit son effet, l'un des religieux se leva en murmurant le fameux mot : *Mecktoub!* (C'était écrit!) et, se munissant d'une énorme clef, nous ouvrit une porte située au fond de la cour, en levant les bras au ciel d'un air désespéré.

Nous montâmes un escalier de quelques marches au haut desquelles se trouvait une porte massive, que notre Arabe ouvrit. A notre grande surprise, nous nous trouvâmes dans une salle d'une beauté exquise, ayant environ seize pieds carrés, faiblement éclairée par douze fenêtres à vitraux colorés, dont les nuances se réfléchissaient sur les dalles en marbre blanc et noir. Huit des fenêtres encerclent la partie inférieure de la coupole; les quatre autres, qui sont presque obscurcies par les sculptures dont elles sont ornées, sont percées dans les murailles.

Les murailles sont couvertes, jusqu'à la hauteur de sept pieds environ, de magnifiques moulures mauresques, datant d'au moins dix siècles. Au-dessus, des moulures d'arabesques, toutes différentes, sculptées dans le ciment. Puis à vingt pieds du sol s'étend une corniche en marbre, surmontée d'une large frise d'arabesques plus belles encore que les autres, entrecoupées par les vitraux colorés. Le tout est surplombé par la coupole, qui a la forme d'un melon et dont les diverses sections qui convergent vers le centre, sont ornées d'arabesques dont la beauté surpasse, si c'est possible, celle des sculptures des murailles.

De cette salle, qui sert en quelque sorte de vestibule, une porte en bois sculpté conduit dans une grande cour carrée, flanquée de trente-deux piliers en marbre blanc pur supportant des arcades en forme de fer à cheval.

Ce patio est un véritable bijou de cette brillante architecture mauresque du IXe siècle.

Nous nous crûmes transportés en plein Alcazar, dans ces merveilleux palais de Séville et de Cordoue.

Jusqu'à une hauteur de 2 mètres, les murailles étaient couvertes de merveilleuses plaques en faïence persane, aux reflets dorés et verdâtres, surchargées de dessins bizarres, et dont nos musées acquerraient au poids de l'or les moindres fragments. Quant aux voûtes et à la partie supérieure du cloître, elles disparaissaient sous une véritable dentelle fouillée en plein marbre jauni par les siècles.

Les plafonds en bois peint des cellules qui entourent cette cour, sont d'un très grand effet. Une de ces cellules, située à la gauche de l'enclos, contient une grande tombe. Le gardien nous a dit que c'est celle d'un pèlerin indien venu à Kaïrouan, et nommé Syed-Abdullah-ben-Chérif-el-Hindoui.

Au fond de la cour, on voit un appartement intérieur. Sa porte, en marbre blanc et rouge, a au moins quinze pieds de hauteur. Les deux fenêtres sont en marbre blanc avec des grilles en bronze massif. Les fenêtres et les portes, qui ont toutes au centre des écussons avec le croissant et l'étoile, sont ornées à profusion de fruits, de feuillages, de fleurs et de cornes d'abondance sculptés. Ici notre guide fit une autre pose; puis, murmurant de ferventes prières et faisant tourner son chapelet d'ambre avec une merveilleuse rapidité, il finit par nous ouvrir la porte en bois de cèdre sculpté, et nous nous trouvâmes dans le *sanctum sanctorum*, en présence de la tombe de Sidi-Sahab-Bunabi.

La salle a environ vingt et un pieds carrés et est très élevée. Les murs sont revêtus de plaques de marbre blanc et noir formant des dessins géométriques. De longues inscriptions sont incrustées dans la maçonnerie de chaque côté de la salle. La coupole, dont le centre s'élève à au moins quarante pieds au-dessus du sol, est décorée à profusion d'arabesques; un lustre en antique cristal de Venise, pouvant contenir environ cinquante cierges en cire, y est appendu. La salle est éclairée par quatre fenêtres à vitraux colorés; dans les intervalles, il y a des panneaux ornés de sculptures, et la coupole est éclairée par quatre vitraux plus petits. De riches tapis de Kaïrouan, de Turquie et de Perse couvrent le sol. Des Korans enluminés reposent sur des lutrins en écaille de tortue et en nacre.

La tombe est entourée de quatre colonnes en marbre soutenant un grillage d'environ dix pieds de hauteur; la barre supérieure de ce grillage est surmontée d'œufs d'autruche et de boules d'or. Le tombeau proprement dit est couvert d'un drap mortuaire en velours noir, sur lequel se détachent des inscriptions arabes brodées en argent; c'est un cadeau d'Ahmed, bey de Tunis, ainsi que le dais en brocart rouge, bleu et jaune qui recouvre le tombeau.

Au-dessus du catafalque sont fixées treize somptueuses bannières, offrandes votives des beys successifs de Tunis au sanctuaire de « Monseigneur le Compagnon ». La beauté de leur couleur lutte avec la délicatesse des broderies dont elles sont ornées. La dernière a été envoyée à la *zaouïa*, il y a huit mois, par Mustapha-ben-Ismaïl, le favori du bey actuel, afin que le saint intercédât pour empêcher l'invasion française.

Immédiatement en dehors de la porte se trouve la tombe de Mohamed-Shousd, ancien gouverneur de Kaïrouan, qui exerçait, il y a moins d'un quart de siècle, une autorité semi-indépendante dans la ville sainte, et à côté de lui repose le grand auteur arabe Cheikh-el-Esran.

Sortant de la salle du tombeau, nous entrâmes, après avoir traversé la cour adjacente et le vestibule, dans un cloître oblong entouré de sièges en marbre blanc. L'ornementation en est riche et coûteuse; au fond il y a une porte et des fenêtres analogues à celles du sanctuaire même, et le toit a pour supports dix colonnes de marbre et des arcades. Cela nous conduisit à une salle d'entrée qui n'est employée que pour les cérémonies d'apparat et qui est garnie presque jusqu'au sommet de moulures antiques et de riches arabesques. La grande entrée est construite en marbre rouge et blanc, et la porte qui la ferme est couverte de cuivre bruni. Le gardien héréditaire de la *zaouïa* est Si-Hamudi-Buka, cadi de Kaïrouan.

En sortant de ce sanctuaire, que venaient de visiter les premiers Européens depuis plus de douze siècles, nous arrivâmes à une énorme citerne, de construction romaine.

Cette citerne de forme carrée, mesure près de cent mètres sur chaque face, et est encore entourée à fleur de terre des vestiges de la voûte qui la recouvrait jadis.

Une autre citerne, de forme ovale, est située à deux cents mètres environ de la première.

A ces immenses réservoirs viennent s'abreuver journellement les milliers de chevaux, mulets et chameaux de nos trois camps.

Les corvées viennent également y puiser l'eau nécessaire pour les soldats.

De ces citernes nous arrivons à un immense *fondouk*, où se reposent en temps ordinaire les caravanes venant du Sud.

Au pied de l'enceinte dont le mur en cet endroit est orné d'un verset du Koran, tracé avec des briques placées en relief, un spectacle des plus curieux s'offre à nos regards.

Une centaine de soldats, de goumiers et d'Arabes font cercle autour d'un aïssa-houa, ou charmeur de serpents.

Ce fanatique, nu jusqu'à la ceinture, les jambes recouvertes par un pagne en lambeaux, était hideux d'aspect avec ses longs cheveux durs et raides, tombant jusqu'à la taille, ses yeux hagards et injectés de sang.

Sur un fragment de tapis sont accroupis trois musiciens, munis d'un tambour de basque, d'une flûte en roseau, et d'une *darbouka* (vase en terre) dont le fond est recouvert d'une peau tendue en guise de tambour.

Nous jetons une piécette en argent à l'aïssa-houa, qui nous annonce avec force contorsions qu'il va donner une représentation en notre honneur.

Aux sons de son bizarre orchestre, il s'élance en hurlant, et brandissant un serpent de chaque main et dont à chaque instant il fourre la tête dans sa bouche.

Bientôt il enroule ces reptiles autour de son cou, en guise de collier et, s'armant d'une boule en acier à facettes aiguës et que surmonte une pointe effilée, il se frappe la tête à coups redoublés, s'enfonce la lame dans les joues, fait sortir presque entièrement un de ses yeux hors de l'orbite.

Écœurés, nous nous retirons au plus vite, pendant que le cercle des indigènes encourage cet insensé de you ! you ! frénétiques.

Nous arrivons à la muraille crénelée qui entoure l'enceinte sacrée. Elle paraît avoir été construite vers le xve siècle, alors que la ville était en pleine décadence.

Kaïrouan s'étend du nord-ouest au sud-est ; sa configuration est très irrégulière ; elle se rapproche aussi près que possible de la forme d'une poire, et la circonférence de ses murailles est, d'après les levés du commandant Peigné, exactement de 3.125 mètres. En dehors des murailles, il y a une ceinture de ruines, de monticules, de cimetières et de bâtiments, s'étendant à une distance d'environ 800 mètres dans toutes les directions, et au sud se trouvent les grands faubourgs de Kablya et de Jiblya, qui s'étendent au sud-est jusqu'à la porte des Peaussiers et au sud-ouest jusqu'à la porte Neuve. Les murailles de la ville, construites avec de petites briques oblongues, ont environ 30 pieds de hauteur ; leur épaisseur varie de 7 à 12 pieds, et leur sommet est formé de crénelures arrondies, au-dessous desquelles il y a des meurtrières et une étroite terrasse qui n'a nulle part plus de 4 pieds de largeur.

On suppose généralement que Kaïrouan occupe l'emplacement du *Vicus Augusti*. Cette ville fut fondée vers le milieu du viie siècle de l'ère chrétienne, entre les années 670 et 675, par Sidi-Okba-Ibn-Nafa, un des généraux du kalife Moawiya, et le conquérant musulman de la Berbérie chrétienne : Sidi-Okba voulut faire de Kaïrouan un boulevard pour protéger ses conquêtes en Afrique.

Les Berbères réussirent plusieurs fois à s'en emparer, et ils la saccagèrent dans chacune de leurs invasions. Vers l'an 800 de l'ère chrétienne, El-Aghlab, chef berbère, devenu maître de Kaïrouan, en fit le siège de la dynastie des Aghlabites. La ville se couvrit alors de beaux édifices et atteignit l'apogée de sa prospérité. La suprématie de Tunis la rejeta dans la suite au second rang, et, vers le xe siècle, elle entra dans une voie de décadence dont ne la relevèrent que par intervalles les faveurs de quelques princes.

Si l'on en croit la tradition, Kaïrouan, au viiie siècle, comptait plus de 200.000 habitants. Aujourd'hui sa population atteint à peine le chiffre de 22.000 âmes : 10.000 dans l'enceinte fortifiée, 12.000 dans les faubourgs.

Cinq portes donnent accès dans l'enceinte fortifiée :

1° Au sud, la porte des Pruniers ou du Sahel (Bab-el-Khoukh);

2° A l'est, la porte des Peaussiers (Bab-el-Djelladine);

3° A l'est, la porte Neuve (Bab-Djedid);

4° Au nord, la porte de Tunis (Bab-el-Tunis);

5° Au nord, la porte de la kasbah (Bab-el-Kechlah).

En outre de ces cinq portes, il existe quelques *Khankhal* ou poternes maintenant fermées.

Nous entrons en ville par la porte de Tunis.

Cette porte ainsi que la porte des Peaussiers sont exactement de la même construction, c'est-à-dire qu'elles se composent d'une arcade bordée de boutiques, aux extrémités de laquelle se trouvent une porte intérieure et une porte extérieure. La Bab-el-Tunis donne sur une grande place servant de marché *extra muros*. La porte extérieure se compose d'une arche élevée, en forme de fer à cheval, reposant sur deux colonnes corinthiennes. L'ouverture par laquelle on entre est surmontée d'une longue plaque en marbre blanc, reposant comme un lintean sur deux magnifiques supports en basalte portant une inscription tournée sens dessus dessous, et datant apparemment du XIIIe siècle.

En dépit de l'érudition traditionnelle de Kaïrouan, aucun de ses habitants actuel n'a pu déchiffrer cette inscription. Une inscription à l'intérieur de l'arche dit que la porte a été construite en l'an 1181 de l'hégire. La porte intérieure possède deux gracieuses arches en forme de fer à cheval; la plus basse est en marbre noir et en marbre blanc. Immédiatement à l'intérieur est une mosquée, la Jaina Lohesi, portant l'inscription habituelle autour de son minaret en briques.

Une première porte, bardée de fer, franchie, nous traversons une cour carrée et arrivons à la porte proprement dite de Tunis, qui aboutit à un large couloir voûté, tournant à angle droit et donnant accès en ville.

Ce passage, orné de vieilles colonnes romaines, à la voûte formée de briques appliquées sur champ, est garni de petites boutiques en bois, où des marchands débitent du tabac et de menus articles de bibeloterie.

Une section du 23e chasseurs garde cette porte. Les hommes ont formé les faisceaux le long de ce passage et font circuler à grands coups de matraque la cohue qui entre ou sort de la ville.

Rien de plus pittoresque que cette voûte sombre et noircie par le temps, au fond de laquelle s'ouvre, dans l'ogive de la porte, le ciel bleu que découpent en silhouettes éclatantes les dômes des mosquées et les flèches des minarets.

Quelle variété de costumes et de types défilant journellement sous cette porte ! petits fantassins, les mains dans les poches, flânant comme en France, zouaves et tirailleurs à la démarche vive et alerte, spahis drapés dans leurs manteaux rouges, Arabes la tête ceinte du haïk, Tunisiens aux gandouras éclatantes, etc.

Que de bruit ! que de mouvement ! A chaque instant des bandes de chameaux, de mulets, des *arabas*, aux hautes roues sculptées et peintes en rouge, des estafettes, des goumiers accroupis sur leurs selles à haute palette, traversent la foule des piétons qui crie et s'agite en tous sens.

Les Kaïrouannis paraissent consternés de toute cette animation qui remplit leur ville, naguère si calme et silencieuse.

Malgré leur haute taille et leur forte stature, les Kaïrouannis ne présentent pas ce type guerrier et énergique que nous avons trouvé chez les Khroumirs, les Meknas et les Zlass.

L'aspect général est plutôt humble et efféminé ; leur teint est à peine cuivré.

Le costume est celui des riches Tunisiens : turban blanc ou rouge entourant la chechia, gandoura en soie rouge ou verte, à larges galons et broderies en soie jaune, babouches en cuir fauve ; sur l'épaule, le burnous à glands de soie.

Ajoutons que la plupart des habitants de Kaïrouan sont de riches musulmans venus de tout le nord de l'Afrique pour finir leurs jours dans la ville sainte et être enterrés au pied de la zaouïa où repose le barbier du Prophète.

Malgré l'atmosphère de bigoterie bien naturelle

dans un lieu aussi saint, bigoterie qui se traduit, d'ailleurs, par une fleur de fanatisme qui, pendant douze siècles, a rendu l'entrée de Kaïrouan difficile aux voyageurs chrétiens, il s'y produit un phénomène qui ne surprendra pas ceux qui connaissent la chronique scandaleuse de la Rome papale de César Borgia au commencement des temps modernes, et de la Mecque de toutes les époques; les mœurs y sont relâchées à ce point que le plus grand nombre des danseuses qui charment les musulmans de Tunis ont vu le jour sur le sol sacré où repose la barbe du Prophète.

J'ajouterai que, le 30 octobre, ces braves Kaïrouannis, quand nos goumiers, nos tirailleurs et nos allès (hommes du convoi) voulurent entrer dans la grande mosquée de Sidi-Okba pour accomplir leurs dévotions, leur en interdirent rigoureusement l'entrée, disant que du moment qu'ils s'étaient souillés en servant les Roumis, ils n'étaient plus dignes de pénétrer dans une *djemma* (mosquée) de la ville sainte.

Ce rigorisme n'a nullement été goûté par nos Arabes; aussi, plusieurs Kaïrouannis ont appris à leurs dépens à connaître les douceurs de la *matraque*; de plus, aujourd'hui, tous les Algériens de la division Forgemol se promènent avec des airs conquérants dans les rues de Kaïrouan et bousculent à qui mieux mieux les habitants, en leur disant:

— Vous êtes des lâches! des femmes, qui n'osez tenir un moukala! nous respectons l'ennemi brave, mais non pas le poltron qui n'ose faire parler la poudre!

Finissons sur les Kaïrouannis par le fait suivant que je garantis absolument authentique.

Dans le 4ᵉ bataillon du 1ᵉʳ tirailleurs, se trouve un caporal nègre du nom de Messaoud, grand et solide gaillard, qui jadis fut détenu esclave à Kaïrouan. Son maître était dur, cruel, et pour la moindre faute le rouait de coups.

Messaoud parvint à s'échapper, gagna l'Algérie et s'engagea au 1er tirailleurs, où il devint caporal. Son bataillon faisant partie de la division Forgemol, Messaoud revint à Kaïrouan, mais cette fois en triomphateur.

Avant-hier, notre nègre alla s'embusquer devant la maison de son ancien maître, guetta sa sortie et à son tour lui infligea une telle correction qu'il l'eût tué, sans aucun doute, si des soldats ne le lui avaient arraché des mains.

La porte de Tunis franchie, nous pénétrons dans la grande rue de Kaïrouan, qui traverse la ville.

Cette rue, large de 12 à 15 mètres, est bordée de boutiques garnies d'auvents en bois calciné et desséché par les brûlants rayons de soleil. La chaussée est relevée sur les côtés et forme un ruisseau dans le milieu. Cette rue coupe la ville en deux parties et conduit à Bab-el-Djelladine.

A l'entrée de cette rue, de grandes serviettes en mousseline à raies rouges, jetées sur des cordes qui traversent la chaussée d'une terrasse à l'autre, indiquent la présence d'un bain maure.

Les petites boutiques de cette rue sont occupées par divers industriels : menuisiers confectionnant des escabeaux, des coffres, des *chatars* (étagères) aux tons dorés, couverts de fleurs et d'oiseaux ; étameurs, façonnant à grands coups de marteau ces lavabos et ces plateaux en cuivre si renommés en Tunisie ; marchands d'huile, au magasin lambrissé de plaques de faïence et tenant enfermée dans de hautes amphores à dessins jaunes et noirs une huile rance, épaisse et verdâtre ; tisserands, fabriquant avec les poils de la chèvre et du chameau des vêtements et des tentes ; épiciers, débitant des figues, de la potasse, du salpêtre et surtout d'énormes pains de dattes.

Dans cette rue donne l'entrée principale du grand bazar, lequel, en réalité, se compose de plusieurs allées couvertes, étroites, anguleuses et bordées de boutiques pratiquées dans l'épaisseur des murailles.

Ce bazar était surtout renommé pour ses fabriques de selles brodées en fils d'or, d'argent, et sa maroquinerie très recherchée.

Aujourd'hui dans le *Souk el Djelladine* (le bazar des Peaussiers) la plupart des boutiques sont fermées : dans les quelques échoppes restées ouvertes, les marchands n'exposent que quelques mauvaises *giberas* (gibecières) vendues communément 3 et 4 francs à Tunis, et qu'ici on fait payer de 15 à 20 francs aux officiers et soldats désireux d'emporter un souvenir de la ville sainte.

Fait curieux à noter, le bourgeois de Kaïrouan, d'ordinaire si contemplatif et si peu commerçant, est devenu, depuis l'occupation française, aussi *mercanti* que le premier Maltais ou Juif venu, sous l'influence universelle de la pièce de cent sous additionnée à plusieurs autres.

Jamais les souks ni les fondouks (bazars et marchés) n'ont été aussi animés. Il y a dans ce dédale de rues tortueuses des scènes extrêmement pittoresques à prendre sur le vif, une foule compacte, grouillante et bariolée qui eût fait le bonheur et le désespoir d'un coloriste, où les burnous frangés d'or de nos caïds coudoient les haillons de nos chameliers à l'assaut d'un pain d'anis ou d'un mouton à l'encan.

Une rue s'étend autour de la ville à proximité des remparts, mais en maints endroits des constructions s'élèvent en travers. Le centre de la ville se compose d'un labyrinthe de rues tortueuses bordées de maisons à un seul étage, surmontées de toits en terrasse, dont la monotonie est rompue par les minarets et les dômes presque innombrables des mosquées, des marabouts, des écoles, des *zaouïas* et des bains.

Les rues de Kaïrouan, à l'exception de la grande rue, bien qu'étroites et resserrées, sont bordées de maisons bien bâties, en briques crépies à la chaux vive, à un ou plusieurs étages. De distance en distance, quelques essais de trottoirs.

Dans plusieurs rues, des arceaux voûtés à un étage, jetés sur la chaussée, relient entre elles les maisons.

Celles-ci, de même que toutes les habitations de l'Orient, où la vie est concentrée à l'intérieur, ont leur façade percée de quelques fenêtres étroites à grillages de bois.

Les portes, en bois épais, portent les trois poignées bombées que l'on retrouve sur toutes les constructions tunisiennes, et sont constellées de nombreux dessins formés avec les têtes des clous qui boulonnent la charpente.

Dans les murailles sont fixés des crocs et des anneaux pour suspendre les lanternes et les verres de couleur pendant les saturnales des nuits de Ramadan.

La plupart des maisons ont leur porte flanquée de deux colonnes romaines ; du reste cet ornement abonde dans Kaïrouan : dans les mosquées, les zaouïas, les maisons particulières; à chaque angle de rue, on ne voit qu'antiques colonnes provenant des temples latins qui jadis existaient dans la contrée.

Au delà de la grande rue, se trouve une voie bordée de maisons à un et deux étages, d'assez belle apparence : nous sommes dans le quartier des fonctionnaires du bey.

Ces demeures sont ornées de *miradores* à fenêtres dorées et couvertes de grillages ouvrés et ciselés ; l'une d'elles possède une galerie couverte, supportée par des colonnes en marbre ; une autre est garnie d'un balcon et de bonnes persiennes vertes, qui détonnent visiblement au milieu de ces constructions de couleur si orientale. Les portes sont sculptées, ornées de pierres blanches et noires pour conjurer le mauvais œil.

Plus loin, devant la grande mosquée de Sidi-Okba, se trouve le quartier des vieux croyants. Presque toutes les maisons sont désertes, inhabitées : leurs propriétaires ont émigré vers le Sud pour ne pas voir le Roumi profaner l'enceinte sacrée, ou se trouvent à la tête des Zlass insurgés.

On me fait voir, dans cette rue, la maison où habitait le fameux Ali-Ben-Amar, tué le 23 octobre dernier à Kala-Srira ; cette maison, entièrement lambrissée en carreaux de faïence, est aujourd'hui occupée par le génie de la colonne Étienne, qui y a établi ses bureaux.

Dans ce quartier, plusieurs maisons appartenaient à des marabouts, comme l'indiquent les portes peintes en rouge avec ornements blancs, surmontées d'inscriptions célébrant les louanges et les vertus de leurs propriétaires.

Contre la porte de Djelladine s'élève la maison du gouverneur tunisien, Mohamed-ben-Maroboth, construction consistant en un unique rez-de-chaussée. A gauche, une sorte de vérandah en tuiles supportée par une colonne romaine protège l'entrée des bureaux ; une large porte en bois sculpté à hautes palmes et surmontée d'un grillage en fer forgé, œuvre de quelque habile serrurier maltais ou italien, donne accès dans un vaste vestibule garni de faïence polychrome.

Deux soldats tunisiens, le caban noir jeté sur l'uniforme en lambeaux, montent la garde, l'arme au bras, contre cette entrée.

Le jour de notre entrée dans Kaïrouan, aucun soldat du bey ne s'était fait voir dans la ville ; le lendemain, nous aperçumes seulement quelques-uns de ces valeureux guerriers.

Aujourd'hui, complètement rassurés, ils ont reparu avec leurs sabres et leurs fusils rouillés qui leur semblent plutôt un fardeau qu'une arme défensive.

La porte de Djelladine, qui se trouve auprès de la maison du gouverneur, présente cette particularité que, seule des cinq portes de Kaïrouan, elle est surmontée d'une double ogive.

La Bab-el-Djelladine, située à l'extrémité de la rue, a été réparée, d'après l'inscription qu'elle porte, en l'an 1180 de l'hégire. Elle présente aussi une gracieuse combinaison de colonnes d'ordre composite et d'arches en fer à cheval. La porte des Reines-Claude (El-Khoukh) est construite sur le même modèle que les deux autres. A l'un des côtés de la porte il y a une belle colonne byzantine. L'inscription de la porte extérieure porte la date de 1180. La porte de la citadelle, construite après la révolution de 1864, et la porte Neuve (Bab-Djedid), n'ont rien de remarquable ; la dernière date à peine de vingt ans.

En temps ordinaire, la garde de la Bab-el-Djelladine était confiée à un vieux marabout qui demeurait, ainsi que l'indique sa porte peinte en rouge, dans la cour du réduit.

Au delà de cette porte, et contre le grand marché aux bestiaux dont le sol cimenté est incliné en pente, de façon à ce que les eaux pluviales entraînent les immondices, se trouve un café où se réunissent de nombreux officiers, sur une terrasse ornée de grilles en bois et couverte de gros pots en terre vernissée où poussent des jasmins de Stamboul, des héliotropes et des lauriers-roses.

Sur la face nord se trouve la kasbah, vaste enceinte de forme carrée d'environ 200 mètres de côté enclavée dans la muraille. A l'intérieur, au-dessous du chemin de ronde qui court autour des créneaux, se trouve une cour garnie de casemates, où campent deux compagnies du 48e.

Au centre de cette cour, et de même que dans toutes les maisons particulières de Kaïrouan, se trouve un puits-citerne.

Plus à droite, le vieux bastion ouest, où nos pièces de 90 de campagne viennent de remplacer les vieilles rouillardes tunisiennes.

Kaïrouan : La grande Mosquée de Sidi-Okba.

CHAPITRE XXIV

Kaïrouan.

Les mosquées. La légende de Sidi-Okba. La mosquée de Sidi-Okba. Les 534 colonnes. La Kibla. La chaire du grand mufti. Le cloître. Le minaret. Les armures chrétiennes. La mosquée de l'émir Abada. La mosquée de l'Olivier. La mosquée de Malek. La mosquée des Trois-Portes. La zaouïa de Sidi-Awani. La zaouïa de Sidi-Salem. La zaouïa de Ben-Aïssa. Danses des religieux. La zaouïa de Sidi Khangani. La zaouïa de Sidi-el-Alnouani. La fête du Baïram. Départ de Kaïrouan. Camp de El-Onk. Les vipères noires. En mer. En route pour la France.

Kaïrouan, 1er novembre.

Les édifices religieux sont naturellement fort nombreux à Kaïrouan.

Tout d'abord nous visitâmes la *Djemma-Khébir* ou grande mosquée de Sidi-Okba, qui s'élève à l'extrémité ouest de la ville.

Cette mosquée fut construite, vers le milieu du VIIe siècle, par Sidi-Okba, dont le tombeau se trouve en Algérie, dans l'oasis qui porte son nom aux environs de Biskra.

A propos de Sidi-Okba, un lieutenant indigène du 1er tirailleurs m'a raconté sur ce conquérant l'anecdote suivante que je crois inédite :

Pendant une de ses nombreuses guerres contre les Berbères, Sidi-Okba fut un jour fait prisonnier par ses ennemis, qui le forcèrent à égorger des bœufs destinés à leur alimentation. Sidi-Okba obéit, puis ayant plongé ses mains dans le sang de ces animaux, il les essuya à sa longue barbe.

Les Berbères lui demandèrent pourquoi il avait fait ce geste. Le prisonnier déclara qu'il avait tout simplement, par un geste machinal, essuyé ses mains. La vérité est qu'il avait juré de laver ce sang le jour où il aurait tiré une vengeance éclatante de ses ennemis.

Il tint parole : quelques jours après il put s'échapper, revint au milieu des siens et, s'étant mis à leur tête, surprit dans une embuscade les Berbères qu'il massacra impitoyablement jusqu'au dernier.

La mosquée qu'il construisit à Kaïrouan est unique en son genre, et constitue un monument historique de la plus haute importance.

Une porte y donne accès, dans une rue poussiéreuse qui donne sur le rempart nord de la ville. Cette porte est pratiquée dans une épaisse muraille blanchie à la chaux vive, haute de 8 mètres, épaisse de 6 mètres et flanquée d'énormes contreforts. Deux autres portes conduisent dans la cour du cloître.

La première porte, de forme ogivale et flanquée de

La grande Zaouïa de Sidi-Sahab, le barbier du Prophète, au nord-est de Kairouan.

deux colonnes romaines, est surmontée d'un fronton dentelé et d'une petite coupole côtelée. La porte, elle-même, en bois de nuance claire, est formée de petits losanges découpés à jour.

Un soldat du 48e se tient contre cette entrée l'arme au pied. Depuis trois jours, d'après l'ordre du général Saussier, tous les matins, de neuf heures à midi, les officiers et soldats sont admis à visiter l'intérieur de cette mosquée.

Celle-ci est de forme carrée, la toiture est plate en forme de terrasse, et munie de quatre *koubas* (coupoles), surmontées de croissants en fer-blanc et garnies de vitraux pour laisser pénétrer le jour à l'intérieur.

Après avoir franchi un petit vestibule, nous descendîmes trois marches, et nous nous trouvâmes tout à coup dans un intérieur des plus grandioses et des plus bizarres.

Qu'on se figure une véritable forêt de magnifiques colonnes en onyx, porphyre et marbre blanc veiné de rose, chefs-d'œuvre de la sculpture romaine, supportant avec leurs chapiteaux corinthiens la voûte plate, ornée d'arabesques en stuc et en plâtre. Ces colonnes, au nombre de 180, proviennent des temples romains qui jadis abondaient dans cette contrée. Quelques-unes seulement sont munies de chapiteaux de style mauresque, de forme évasée.

Conduits par les gardiens, nous cheminons sur les nattes qui recouvrent les dalles, à travers ce dédale de colonnes, reliées entre elles par des arceaux de forme mauresque et se touchant presque les unes les autres, tant le nombre en est grand.

Au centre de cette mosquée, ces colonnes sont plus écartées et forment une grande allée centrale, qui partage en deux l'intérieur de la mosquée, éclairée par la faible lueur colorée filtrant à travers les vitraux des coupoles.

Des traverses en bois peint grossièrement en rouge sont jetées d'un chapiteau à l'autre.

De la voûte de la grande allée centrale, pendent trois énormes lustres, formés de cercles de fer, garnis de godets en verre et se rétrécissant graduellement comme les anciennes crinolines.

Cette allée conduit à la *kibla* ou niche de l'iman, qui se trouve toujours orientée vers le levant dans toutes les mosquées.

Cette *kibla*, que surmonte le dôme de la grande coupole, est une véritable merveille de l'art mauresque du VIIe siècle, avec ses sculptures et ses rosaces en pleine pierre et son lambrissage en plaques de faïence persane à deux tons. La petite niche concave où se tient le grand iman est supportée par deux colonnes en onyx.

Du dôme pend un magnifique lustre de forme européenne en cristal coloré de Murano. Les nattes sont en paille de diverses nuances. A des traverses pendent des centaines de petites lampes en cristal et d'œufs d'autruche garnis de passementerie et de glands, ex-voto des pèlerins musulmans venus de tous les points de l'Afrique.

A droite de cette niche se trouve la chaire à prêcher, haute de 6 mètres, en bois vermoulu, couverte de merveilleuses sculptures, chef-d'œuvre de l'art mauresque, œuvre sans rivale et digne de figurer dans nos plus grands musées. Ces boiseries très remarquables ont des siècles d'existence. Le cicérone tunisien dit qu'elles ont été faites à Bagdad.

Contre cette chaire, une haute cloison en bois, surmontée de dentelures et sculptée avec le même art que l'œuvre précédente, forme une espèce de sacristie. Au fond, une porte entourée d'encadrements donne accès dans une pièce obscure qui sert exclusivement à l'iman.

Il paraîtrait qu'avant notre arrivée six magnifiques armures de chevaliers français enlevées par les Maures aux troupes du roi saint Louis qui assiégeaient la Goulette, ainsi qu'une cuirasse et un morion pris sur les Normands du roi Bohémond de Sicile, étaient suspendus aux colonnes de la grande allée, en guise d'*ex-voto*. Ces armures ont disparu ainsi que les drapeaux qui garnissaient les murs.

Les gardiens du temple, interrogés à ce sujet, nous répondirent qu'il y a deux mois environ, le bey avait fait transporter ces objets à Tunis pour qu'ils ne fussent pas pillés par les insurgés. Ces braves religieux mentaient effrontément; mais je crois qu'aucune force humaine n'eût pu leur faire avouer l'endroit où ces trophées étaient cachés.

Le côté de la mosquée qui fait face à la *kibla* s'ouvre au moyen de dix énormes portes en bois blanc résineux sculpté, sur une large cour de forme carrée, entourée d'un cloître supporté par quatre rangs de vieilles colonnes romaines au nombre total de 342.

De larges dalles en marbre blanc et noir, couvertes d'inscriptions en lettres latines et provenant de tombeaux et de temples romains, recouvrent le sol. Trois bases de colonnes servent d'orifice à la grande citerne de la mosquée qui occupe tout le sous-sol de cette cour. Cette citerne est alimentée par les pluies, dont les eaux sont recueillies sur les terrasses de cet édifice et de la galerie. L'eau en est excellente et très claire.

Sur un autre tronçon de colonne est installé un cadran solaire dont les inscriptions sont en arabe. Au fond, le minaret, haute tour quadrangulaire en briques rougeâtres surmontée d'un clocheton, a deux étages de colonnes bâtis en retrait et blanchis à la chaux.

Le premier étage, de beaucoup le plus large et le plus élevé, est en pierres romaines de petit appareil. Les angles en sont parfaitement conservés et nets. Le deuxième et le troisième étage sont de style arabe et relativement modernes. On entre dans la tour par une porte située sur la face sud (intérieur). Cette baie est faite de trois pierres de marbre blanc, profondément et merveilleusement sculptées. Le dessin représente des guirlandes entrelacées.

Dans le mur sud de cette tour se trouvent encastrées deux pierres, dont l'une renversée près de la porte. L'une de ces pierres porte le fragment d'une dédicace, probablement d'une dédicace d'un temple en l'honneur, et suivant la formule consacrée PRO SALUTE, de Septime Sévère et de son fils Caracalla.

L'épaisseur des murs de la tour est de 3 mètres environ. Ils sont percés régulièrement de meurtrières pour canons et fusils.

Cent vingt-neuf marches en marbre blanc conduisent au sommet d'où l'on embrasse un horizon immense et peu varié. C'est, à l'est et au sud, le Sahara, nu, plat et désert; au nord, le Djebel-Zaghouan, le Djebel-Djackar; à l'ouest, les collines et le Djebel-Ousselet.

Nous sortons de ce vieil édifice, vivement impressionnés par la vue de ces merveilles de l'art mauresque qui nous ramènent à la plus belle époque de cette brillante civilisation aujourd'hui éteinte et disparue dans le chaos des âges.

Nous nous dirigeons ensuite vers le faubourg de la Jibliya, où est située la grande mosquée de Si-Emir-Abada. Cette mosquée a six dômes en forme de melon et un septième qui n'a jamais été achevé. Sa construction, bien que très curieuse, est entièrement moderne. Les diverses coupoles sont couvertes de longues inscriptions en briquetage. Le fondateur, Amr-Ben-Sad ou Emir Abada, vivait il n'y a pas plus de trente ans, et sa fille est mariée au cheik actuel Haj-Mabruk-el-Saleh-Kaïrouanni. Le portique de la maison du cheik porte la date de l'an 1270 de l'hégire.

A l'intérieur de la mosquée, il y a d'énormes tablettes en bois sur lesquelles sont gravés un code de droit mahométan, et, à ce qu'il nous a paru, les règles d'un système d'arithmétique. Haj-Mabruk nous a gravement montré ce qu'il nous a dit être une prophétie de l'invasion de Kaïrouan par les Français. Le fait est que c'est une définition de mesures françaises. Hadj ne sait pas lire. La tombe, les tablettes et tout l'ameublement sont couverts d'inscriptions. Une tablette en bois de 12 pieds de long est placée debout au milieu et en travers du tombeau. A l'une des extrémités, il y a trois grosses bombes en fer qui ont servi; à l'autre, des boulets de canon. Sur des tréteaux en bois, aussi couverts en bois, sont déposés soixante sabres en fer de grande dimension et très pesants, mais de fabrication moderne. Les lames portent de longues légendes en langue arabe. Je n'ai pu apprendre l'usage de ces armes.

18.

La mosquée est singulièrement dépourvue de décorations. Dans une cour adjacente, il y a quatre ancres, mesurant une moyenne de 16 pieds sur 9, et qui paraissent porter les traces de l'action de la mer. Elles ont été apportées ici de Porto-Farina aux frais d'Ahmed-Bey. Haj-Mabruk dit qu'elles ont appartenu à l'arche de Noé. Selon toute probabilité, elles sont venues primitivement d'un navire de guerre européen ou d'une galère des chevaliers de Saint-Jean capturée par des pirates tunisiens, ou ayant fait naufrage sur la côte de la Tunisie.

La mosquée de l'Olivier, dans le faubourg de Kabliya, ne contient rien de remarquable, mais une bande de briquetage fantastique qui entoure le minaret a été prise par erreur pour une inscription.

La mosquée de Malek, dans le bazar, et la mosquée du Bey, construite au-dessus des échoppes des cordonniers, sont aussi dépourvues d'intérêt. Sur le minaret de l'une sont inscrits des versets religieux mahométans; l'autre contient des galeries ressemblant exactement à celles qu'on voyait si fréquemment dans les églises anglaises, il y a un quart de siècle.

La mosquée des Trois-Portes a une très curieuse façade en pierres sculptées, mais l'intérieur ne contient que la collection habituelle de colonnes mal assorties. Presque en face est l'importante *zaouïa*, ou collège de Sidi-Hussein-Awani. Un préau entouré d'arcades soutenues par des colonnes romaines conduit à une grande salle carrée surmontée d'une coupole en forme de melon. Celle-ci est éclairée par vingt-huit fenêtres à vitraux peints. Le cheik actuel, Syad-Amr-El-Awani, a été dans sa jeunesse élève de Si-Ahmed-el-Tijani, à Temassin, dans le Sahara de Constantine, et le sanctuaire d'Hussein-el-Awani est actuellement le quartier général de la puissante confrérie de Tijani, à Kaïrouan. Ses sympathies politiques sont favorables à la France; le cheik a accueilli très cordialement la visite des officiers français à sa *zaouïa*, et a exprimé l'espoir qu'elle obtiendrait une protection spéciale.

Le collège voisin de Sidi-Abdallah-Ben-Khut-Hami est de mêmes formes et dimensions, mais il contient plusieurs piliers byzantins dans son préau. La *zaouïa* de Sidi-Ali-Ben-Salem est en ruine.

Près de la grande mosquée d'Okba est l'important collège des disciples de Sidi-Abd-el-Kader-el-Ghilani de Bagdad.

Sa forme est presque identique à celle du collège d'Hussein-el-Awani, mais son dôme est plus élevé et ses proportions sont plus grandes. Je crois que son riche ameublement et ses tentures ont été récemment enlevés. Les disciples d'El-Ghilani à Kaïrouan seul s'élèvent à près de 2.000, et on suppose que cette puissante confrérie éprouve un amer ressentiment de la récente invasion du pays par les Français. Son influence sur tout le monde mahométan est indéniable, ses dogmes et son enseignement représentent une réalité vivante, et c'est par suite des délibérations de ses membres à Kaïrouan que la tribu des Zlass a résolu d'abandonner une défense sans espoir et de sauver ainsi la ville sainte de la destruction. Les mouvements de cette confrérie sont maintenant surveillés de très près par les Français.

En dehors de la porte des Tanneurs est un autre collège très important — la *zaouïa* de Mohamed-Ben-

Aïssa de Mequiney, dans le Maroc. La confrérie extraordinaire de l'Aïssawi est un des traits les plus remarquables de l'islamisme moderne. Ses adeptes croient à la vertu protectrice de la frénésie religieuse et des tortures corporelles, et on suppose que ses cheiks exercent l'influence du mesmérisme sur leurs adeptes. Ses tendances ne sont pas considérées comme dangereuses au point de vue politique. On entre dans cette *zaouïa* par un vestibule et une cour entourée d'arcades. Elle consiste en une grande salle oblongue, très élevée de plafond ; celui-ci est soutenu par seize belles colonnes romaines, formant deux ailes de chaque côté d'une coupole décorée de lampes et de festons d'œufs d'autruche. Aux murailles sont suspendus les tambours, les tambourins, les sabres et les fourches de fer employés durant les cérémonies.

Le cheik, Syad-Hamuda, un Arabe pâle de figure, de manières affables, nous a dit qu'il a cinquante disciples complètement initiés, et environ six cents appartenant à la seconde classe, ou classe inférieure. Kaïrouan est un des principaux sièges de cette secte. Il nous a dit aussi qu'il était prêt à permettre à tout Européen qui le désirerait d'assister à la célébration des rites de l'Aïssavi. J'ai assisté à une réunion de la confrérie, à laquelle se trouvaient aussi le colonel Moullin, vice-gouverneur français de la ville, et plusieurs officiers.

Devant une assemblée de plusieurs centaines de spectateurs, un certain nombre des Aïssaouas les plus expérimentés s'infligèrent, d'une façon violente, les diverses tortures dont les traces sont familières au voyageur en Algérie. Un cercle de musiciens groupés autour du cheik commença à jouer un air lent et monotone sur de petits tambours et tambourins en poterie *(Garboukas)*, augmentant graduellement la cadence, jusqu'à ce que les plus dévots commencèrent à incliner la tête et à hurler une sorte de chœur. Une longue ligne d'hommes et de jeunes garçons se forma bientôt en travers de la salle, balançant leur corps et accompagnant la musique en cadence.

Soudainement, ils commencèrent à agir l'un après l'autre, à rejeter leurs vêtements et à imiter les cris et les mouvements des animaux sauvages. Puis, un soldat tunisien saisit un sabre et commença à se porter rapidement des coups à la poitrine, dont le sang jaillit abondamment. Un second se plaça sur le flanc une longue fourchette de fer qu'un des assistants du cheik enfonça dans la chair à coups de maillet. Un autre se passa une brochette de fer à travers la joue, tandis qu'un quatrième se perforait la chair des épaules avec des poignards. Une grande bouteille de verre fut brisée et les morceaux dévorés; des douzaines de clous de fer furent avalés avec avidité, tandis que trois branches de figuier d'Inde couvertes d'épines étaient mangées en autant de minutes par une vingtaine de prétendus chameaux.

A mesure que la frénésie des Aïssawins augmentait, il fallait parfois quatre hommes pour contenir un disciple dont l'exaltation dépassait les bornes, et il ne reprenait conscience qu'après que le cheik lui avait imposé les mains sur le front et prononcé certaine formule à son oreille. Au bout d'une heure, un mouton vivant fut jeté au milieu de la salle. Il fut écorché, déchiré en pièces, et sa chair encore pantelante fut dévorée en moins de dix minutes.

Certains des spectateurs français avaient vu les

rites de l'Aïssawi en Algérie ; mais aucun d'eux n'était préparé aux horreurs additionnelles du spectacle à Kaïrouan, et je ne pense pas qu'aucun d'eux veuille le revoir.

Il ne servirait à rien de continuer à décrire les mosquées et les tombes de Kaïrouan. Un seul édifice encore mérite d'être mentionné ; c'est le collège à deux étages et la tombe des descendants de Sidi-Abid-el-Khangani, mort en l'an 805 de l'hégire, et dont la famille de Mourabat (Almoravide) fournit les gardiens héréditaires : le cheik actuel est Si-Mahmoud-Maroboth, frère du général Mohamed-Maroboth, gouverneur de Kaïrouan. Le bâtiment est actuellement occupé par le colonel Moullin, commandant de la place de Kaïrouan, et après la mosquée du « Compagnon » c'est certainement le plus remarquable édifice de la ville et des environs.

L'entrée consiste en une haute arche en fer à cheval de style mauresque construite en marbre noir et jaune, soutenue par des colonnes en marbre blanc et une maçonnerie en pierres sculptées, le tout à près de 40 pieds de hauteur.

Au-dessus de la porte et à l'intérieur du cintre de l'arche, il y a une fenêtre sous laquelle s'étend une frise ornementale de marbre de diverses couleurs. Un vestibule conduit dans une cour entourée d'arcades de marbre en forme de fer à cheval, soutenant une seconde colonnade. Le pavement est en marbre noir et blanc formant des figures géométriques, et à chaque extrémité il y a un magnifique réservoir d'eau. Cette cour conduit à une mosquée dans laquelle on entre par deux portes sculptées, ayant une niche et flanquées de deux piliers en porphyre vert qui les séparent. Aux angles de la mosquée et à l'intérieur sont les tombeaux du fondateur et de ses fils, ainsi que de tous les ancêtres de la famille de Maroboth. Le *mahareb* de la mosquée est très élégant. A côté de la première cour il y a un autre enclos entouré d'arcades en pierres de taille soutenues par des piliers romains et byzantins, et derrière cet enclos il y a un cimetière ouvert. Tout l'établissement contient environ trente cellules monastiques.

On dit que l'occupation de l'édifice par les Français a plus déplu que tout le reste au général tunisien Maroboth et aux habitants de Kaïrouan. Dans la grande cour il y a une belle inscription kufique en gros caractères taillés dans une plaque de marbre blanc, incrustée dans la façade de la mosquée.

Citons enfin la zaouïa de Sidi-Mohammed-el-Alnouani, située contre la mosquée d'Okba, et dont l'encadrement en pierres sculptées de la porte est une véritable merveille.

Cette zaouïa est vide et abandonnée. Les religieux qui l'occupaient se sont réfugiés à Tripoli.

Du patio de cet édifice, nous entrâmes dans une petite chapelle voûtée, de forme circulaire, éclairée à sa partie supérieure par des vitraux multicolores enchâssés dans d'épaisses lamelles de plomb.

Des colonnes romaines en porphyre supportaient la *koûba* (dôme), d'où pendait une énorme lampe en fer.

Au centre s'élevait le tombeau de Sidi-Mohammed, entouré d'une véritable cage en bois dont les lattes étaient peintes en vert et rouge. Un riche tapis de Perse recouvrait le cercueil, qui a été emporté par les religieux jusqu'à Tripoli.

Au pied de cette tombe, sur un panneau en bois à fond doré, était tracé, en caractères noirs sculptés en relief, l'éloge du défunt.

De la voûte tombaient les plis de nombreux étendards en brocart de soie verte et rouge lamés d'inscriptions en fil d'or.

De magnifiques tapis en découpures de draps multicolores, aux tons effacés, comme de vieilles tapisseries de Flandre, recouvraient les murailles.

Aucun des 200 ou 300 autres collèges, mosquées ou tombeaux de Kaïrouan ne mérite l'attention même la plus passagère.

Au delà des faubourgs de la Jibliya et de la Kabliya il y a un immense cimetière. Les monuments anciens qu'il contient sont magnifiques. Des centaines de tombeaux de marbre, couverts d'inscriptions arabes, s'étendent dans toutes les directions. Par le cimetière de Kaïrouan on pourrait écrire à nouveau l'histoire du développement et de la décadence de l'islamisme dans le nord de l'Afrique; mais l'abondance des matériaux est si grande que le savant le plus enthousiaste reculerait devant la tâche de les décrire.

Telle est « Kaïrouan la Sainte », la « Cité de la Victoire », qui, s'élevant sur les ruines du *Vicus Augusti* romain, envoya des armées à la conquête d'une grande partie des deux continents, devint le siège d'une lignée de souverains indépendants, et fut ensuite pendant des siècles la métropole reconnue de l'Islam dans l'Ouest. Durant le temps de sa longue décadence, elle a servi de point de ralliement aux tribus nomades qui l'entourent, a été leur lieu de pèlerinage pendant la vie et leur cimetière après leur mort. Mais toute la science, la culture et l'érudition de Kaïrouan ont disparu depuis longtemps. Les gardiens des sanctuaires savent à peine lire ou écrire; nul ne connaît moins son histoire que ses habitants, et le zèle religieux a fait place à la bigoterie engendrée par l'ignorance et la superstition. Son histoire a été bien écrite par d'autres; tout ce que j'ai cherché à faire, c'est de décrire Kaïrouan telle qu'elle est.

Kaïrouan, 2 novembre.

Ce matin, une salve d'artillerie tirée par les canons tunisiens du bastion ouest annonce qu'aujourd'hui est le jour du Baïram ou fête du Mouton, qui correspond dans le calendrier turc à notre 1er janvier. Ce jour-là, les habitants riches de la ville font égorger à la porte des mosquées de nombreux moutons, dont les quartiers sont distribués aux indigents.

Depuis hier, un fort convoi de 1.000 chameaux chargés à vide part journellement en colonne de ravitaillement à destination de Sousse, sous la garde d'un bataillon de zouaves et d'un escadron de chasseurs d'Afrique.

Sousse, 4 novembre.

Hier, j'ai quitté Kaïrouan avec le convoi dirigé par le commandant Watringue du 4e zouaves, et suis arrivé à Sousse, après avoir passé la nuit à El-Onk, dans un campement infesté d'affreuses vipères noires. Au moment de mon arrivée, le transatlantique *Immaculée-Conception* était sous vapeur dans la rade, prêt à partir pour la Goulette et de là pour la France.

19

Bientôt je fus à bord, et le paquebot, fouettant de son hélice les eaux bleuâtres du golfe, s'éloigna. Peu à peu je vis disparaître dans la brume les côtes de la Tunisie, avec ce serrement de cœur que l'on éprouve en quittant les lieux que l'on est exposé à ne jamais revoir.

TABLE

Chapitre Premier.	— De Marseille à la Calle	1
— II.	— La Calle	7
— III.	— Remel-Souk	13
— IV.	— El-Aïoun. — Demnet-Rebah	32
— V.	— Le Kef-Bababrick	43
— VI.	— El-Aïoun	54
— VII.	— Djebabra. — Sidi-Youssef	69
— VIII.	— Fedj-Manâ	82
— IX.	— Marabout de Sidi-Abdallah	89
— X.	— Kranguet-Meridj	102
— XI.	— Mz'ra de Ben-Metir	114
— XII	— El-Guemaïr	125
— XIII.	— Sidi-Couïder. — Bersigue	147
— XIV.	— Djebel-Tarrabia	162
— XV.	— Sfax	177
— XVI.	— Gabès	204
— XVII.	— Mehediah. — Monastir. — Sousse	214
— XVIII.	— La Goulette. — Carthage	230
— XIX.	— Sousse	248
— XX.	— L'Oued-Laya. — Sidi-el-Hani	256
— XXI.	— Kaïrouan	268
— XXII.	— De Tébessa à Kaïrouan	278
— XXIII.	— Kaïrouan	291
— XXIV.	— Kaïrouan (suite)	311

www.ingramcontent.com/pod-product-compliance
Lightning Source LLC
Chambersburg PA
CBHW060627170426
43199CB00012B/1469